Geschichte der Philosophie

VON DER ANTIKE BIS HEUTE

Herausgeber: Peter Delius
Redaktion, Layout: Kathleen Wünscher
Glossar: Sasan Seyfi
Design: Peter Feierabend
Herstellung: Mark Voges
Reproduktionen: Digiprint, Erfurt
Druck: Druckhaus Locher GmbH, Köln
Printed in Germany
ISBN 3-8290-0511-3

10 9 8 7 6 5 4 3 2

Christoph Delius und Matthias Gatzemeier,
Deniz Sertcan, Kathleen Wünscher

Geschichte der Philosophie

VON DER ANTIKE BIS HEUTE

KÖNEMANN

Inhalts-
verzeichnis

600 v.Chr.

DIE ANTIKE

400

DAS MITTELALTER

1400

DIE RENAISSANCE

1600

DAS 17. JAHRHUNDERT

1700

DIE AUFKLÄRUNG

1800

DAS 19. JAHRHUNDERT

1900

DAS 20. JAHRHUNDERT

2000

ANHANG

Anfänge der Philosophie

Die Antike

GRIECHISCHE PHILOSOPHIE

Vom Mythos zum Logos

„Das Staunen veranlaßte schon von Beginn an die Menschen zum Philosophieren und tut es auch jetzt noch." Dieses auf Platon zurückgehende, bis heute gültige Diktum des Aristoteles, der unter dem „philosophischen Staunen" die Verwunderung über unerklärliche Erscheinungen und Begebenheiten versteht, aus der sich dann die Frage nach den Ursachen ergibt, spricht zugleich das Problem des Ursprungs und Anfangs der Philosophie an: Nicht nur die schulgebundene, die professionelle Philosophie enthält philosophisches Wissen, sondern auch der Mythos, denn auch er ist durch das verwunderte, nach Erklärung suchende Fragen motiviert. Und in der Tat ist die Grenze zwischen Mythos, vorphilosophischem Denken und Philosophie nicht so leicht zu ziehen, wie es die Einteilungen der Philosophiegeschichten nahelegen.

Die Inhalte, mit denen sie sich jeweils beschäftigen, d. h. die Frage nach dem Ursprung der Welt, die Erklärung von Naturerscheinungen und gesellschaftlichen Normen und Institutionen, sind ihnen allen gemeinsam; sie unterscheiden sich allerdings in der Art und Weise, wie sie diese Themen behandeln, genauer: in der jeweils besonderen Art, diese Dinge zur Sprache zu bringen. Der vielzitierte Übergang vom Mythos zum Logos ist markiert durch den Unterschied von Götter- und Heldengeschichten erzählender (narrativer) und streng argumentierender Sprache. Anstelle der Erklärung der Welt durch Götter wird mehr und mehr eine rationale Form der Weltbewältigung gesucht. Aristoteles verdeutlicht diesen Unterschied folgendermaßen: „Mythologen haben nur in der ihnen faßbaren Art nachgedacht und auf uns wenig Rücksicht genommen. Denn wenn sie Götter zu Prinzipien machen, alles durch Götter entstehen lassen und behaupten, alles, was nicht Nektar und Ambrosia genösse, sei sterblich, dann ist klar, daß sie damit etwas für sie Verständliches sagen, während sie gerade über das Wirken dieser Ursachen etwas für uns ganz Unverständliches gesagt haben. Aber über mythische Erkenntnisse braucht man keine ernsthaften Überlegungen anzustellen. Auskunft holen muß man sich dagegen bei denen, die mit Beweisen argumentieren." Der Ursprung der Philosophie im engeren Sinne ist die Entdeckung des Arguments.

Die griechische Philosophie entsteht nicht auf dem Festland (nach Athen kommt sie erst in der zweiten Hälfte des 5. Jahrhunderts, in Sparta wird sie nie heimisch), sondern in den griechischen Kolonien Kleinasiens (Milet) und Unteritaliens (z. B. Kroton und Elea). Dies hat seinen Grund darin, daß dort die Konfrontation mit neuen Fragen und Problemen und mit anderen Denkweisen eher Anregungen zur theoretischen Auseinandersetzung bieten als im

DIE ANTIKE

Der **Ursprung der abendländischen Philosophie** liegt im antiken Griechenland. Angefangen zu philosophieren haben die Griechen ca. 600 v. Chr.
Diese Zeit ist gekennzeichnet durch tiefgreifende wirtschaftliche und gesellschaftliche Veränderungen, die zu einer Krise des Adelsstaates und schließlich zu neuen politischen Herrschaftsformen (Tyrannis, Demokratie) führten.

Zeitgleich mit diesen Veränderungen erfolgt auch der sogenannte **Übergang vom Mythos zum Logos**, d. h. an die Stelle der mythologisch-religiösen Weltdeutung (z. B. Göttergeschichten, die von der Entstehung und dem Verlauf der Welt und der Dinge erzählen), tritt zunehmend eine philosophisch-wissenschaftliche, rationale Welt-erklärung. Dieser Übergang vollzieht sich jedoch ganz allmählich, so daß Einflüsse des Mythos bei vielen antiken Denkern noch spürbar sind.

Die antike Philosophie beginnt mit den **Vorsokratikern (ca. 650–500 v. Chr.)**, zu denen die Philosophen von Milet (Thales, Anaximander), die Phytagoreer, die Eleaten (Xenophanes, Parmenides) und die Atomisten (Leukipp, Demokrit) gehören.

Pythagoras, Kupferstich, 16. Jahrhundert, Bibliothèque Nationale, Paris

Im Zentrum der vorsokratischen Philosophie steht die Frage nach dem die Welt durchdringenden Grundprinzip und der Ursubstanz, aus der die Welt und die Dinge entstanden sind.

Die nachfolgende **klassische Periode (von ca. 480– ca. 320 v. Chr.)** ist die **Zeit der höchsten Blüte**, in der die Griechen die größten Leistungen auf dem Gebiet der bildenden Kunst (Ausbau der Akropolis unter Perikles, bedeutende Bildhauer: Myron, Phidias, Polyklet), Dichtung (Zeit der größten Repräsentanten der attischen Tragödie: Äschylus, Sophokles, Euripides) und Philosophie (Sokrates, Platon, Aristoteles) vollbrachten.

Athen wird in dieser Zeit zum Zentrum der Philosophie, und hier gelangt auch die neue Staatsform der Polis zur vollen Entfaltung.

Der **Hellenismus (323–ca. 1. Jh. v. Chr.)** ist die Epoche, in der durch die Aufnahme orientalischer Elemente eine Mischkultur entsteht, wobei jedoch das Griechische bestimmend bleibt. Die Griechen herrschen in dieser Zeit bis in Gebiete des mittleren Ostens und bis nach Nordindien. Wissenschaften und Handel erleben einen erheblichen Aufschwung. Die Zentren der Kultur sind Alexandria und Pergamon.
Kennzeichnend für die Kunst und Architektur ist das Nebeneinander unterschiedlicher Stilrichtungen. Literatur und Philosophie zeichnen sich durch eine kosmopolitische Haltung aus. Es entstehen neue Philosophenschulen (Stoiker, Epikureer).

Mutterland; die Bedürfnisse des weit über die Grenzen der Polis hinausgehenden Verkehrs, besonders des Handels, erzwingen geradezu neue, verläßliche und transparente sprachliche und methodische Argumentations- und Kommunikationsformen.

Die thematischen Schwerpunkte der griechischen Philosophie umfassen die drei Gebiete Physik (Naturtheorie), Ethik und Logik. Dabei zählt zur Physik nicht nur die Erklärung der Gestirnswelt und der Erde, der Naturerscheinungen, der Zeit, des Raums und der Bewegung, sondern auch die Theologie, verstanden als Lehre von den Göttern, die sich aus der Naturbetrachtung ergibt. Diese drei Gebiete werden von antiken Philosophiehistorikern mit einer historischen Zuordnung derart versehen, daß die Vorsokratiker als Begründer der Physik, Sokrates und Platon als Urheber der Ethik und Aristoteles als Erfinder der Logik gelten.

Die Vorsokratiker

Der Übergang vom Mythos zum Logos vollzieht sich nur allmählich. Eine Gruppe von Denkern, die philosophische Fragen nach dem Ursprung der Dinge und einem einheitlichen Weltprinzip zwar noch in der Sprache des Mythos, aber doch in erkennbar metaphorischer Verwendung von Götternamen und in allegorischer Umdeutung der Mythen aufwerfen, sind beispielsweise die Orphiker, benannt nach dem mythischen Sänger Orpheus.

Diese Fragen machen dann auch den Kern der in Milet beheimateten Ionischen Naturphilosophie aus, die sich jetzt in konsequenter Abkehr von der Sprache des Mythos um eine streng rationale Welterklärung bemüht. Für Thales bildet das Wasser, für Anaximander das qualitätslose und ewige Unendliche und für Anaximenes die als göttlich, dynamisch und lebenspendend angesehene Luft den Entstehungsgrund, den Ursprung, das Prinzip (Arché) der Welt. Allen diesen Denkern, mit denen nach Aristoteles die griechische Philosophie im engeren Sinn beginnt, ist das Anliegen gemeinsam, eine einzige Erklärung für den Ursprung der Welt zu finden.

Die Pythagoreer sehen die Zahl als Prinzip sowohl der materiellen als auch der gesellschaftlichen Welt an. Die Natur der Dinge scheint ihnen den Zahlen nachgebildet zu sein. Die Zahlen ordnen den Kosmos, indem sie das Unbestimmte abgrenzen und damit bestimmen. Die Pythagoreer etablieren den Kanon der vier Pythagoreischen Wissenschaften mit Arithmetik, Geometrie, Astronomie und Akustik (rationale Harmonielehre), die später als Quadrivium die Basis der Sieben Freien Künste bilden sollen. Sowohl theoretisch wie auch lebenspraktisch befassen sie sich intensiv mit ethischen und politischen Problemen und setzen damit einen philosophischen Schwerpunkt, der erst später bei den Sophisten und Sokrates sowie Platon wieder explizit aufgenommen wird.

Die Basis jeglicher Erkenntnis ist für Heraklit, den Einzelgänger unter den Vorsokratikern, die empirische Beobachtung der Vielheit der Dinge, die ihn zu der Überzeugung führt, daß die gesamte Welt aus Gegensätzen besteht. Alles Geschehen ist Ausdruck des Verhältnisses von Gegensätzen. Der Vater aller Dinge ist der Krieg, d. h. der Kampf der Gegensätze, die jedoch schließlich in der ewigen Weltvernunft (Logos) zu einer umgreifenden Einheit gelangen. „Aus Allem wird Eins und aus Einem wird Alles."

Eine radikale Kritik an Sitte und Tradition, insbesondere an anthropomorphen Gottesvorstellungen übt Xenophanes, der Begründer des erkenntnistheoretischen Skeptizismus. Mit seiner These von der Einheit, Unbeweglichkeit und Ewigkeit des Alls kann er als Wegbereiter des Eleatismus angesehen werden, dessen Begründer Parmenides aus Elea (in kritischer Abkehr

Gruppe von Philosophen, Römisches Mosaik aus Pompeji, 1. Jh. n. Chr., Museo Nazionale Archeologico, Neapel

Die „Sieben Weisen", zu denen bei wechselnden Gruppierungen insgesamt weit mehr als sieben Staatsmänner des 7. und 6. Jahrhunderts v. Chr. gezählt wurden, galten in der griechischen Tradition als Begründer eines erst später philosophisch systematisierten, durchaus praktisch ausgerichteten Denkens und Handelns nach Regeln. Von ihnen sind sinnspruchartige Lebensweisheiten überliefert wie „Erkenne dich selbst", „Maßhalten ist das Beste", „Herr der Lust sein", „Alles zur rechten Zeit", „Die meisten Menschen sind schlecht".

Ob das pompejische Mosaik, das wahrscheinlich einem hellenistischen Vorbild folgt, die „Sieben Weisen" zeigt, ist fraglich, aber nicht ganz ausgeschlossen, denn es gibt tatsächlich antike Darstellungen dieses Motivs (z. B. in Köln). Das Mosaik wird zuweilen auch als Bild der Platonischen Akademie angesehen. Platon wäre dann der Sitzende unter dem Baum, der mit einem Stab in den Sand zeichnet oder auf eine Kugel deutet, die als Armillarsphäre bzw. als Himmelsglobus mit den Planetenbahnen zu identifizieren sein dürfte. In jedem Fall demonstriert das recht lebendig mit Bedeutung aufgeladene Bild einer Gruppe von „Weltweisen" im Gespräch das fortlebende Interesse gebildeter Römer an der im Ursprung griechisch geprägten Philosophie.

Sokrates, 470–399 v. Chr., Porträtbüste, Marmor, sogenannte Farnesische Herme, Museo Archeologico, Neapel

In den unteren Teil dieser Herme sind der Name des Sokrates und ein Zitat aus seinen von Platon überlieferten letzten Gesprächen eingemeißelt. So erlaubt die Skulptur die Identifikation zahlreicher anderer Exemplare des Porträts, deren Vorbild wohl von den Schülern des kritischen Atheners in Auftrag gegeben wurde. Das Zitat bezieht sich auf die Macht vernünftiger Argumente und die moralische Verpflichtung, ihnen zu folgen. Mit der geduldigen und gründlichen Diskussion dieser Haltung setzte Sokrates einen neuen Akzent gegenüber den vor allem naturphilosophischen Betrachtungen früherer Denker.

von Heraklit) aufgrund der folgenden streng logischen und sprachphilosophischen Argumentation eine statische, monistische Seinslehre (Ontologie) entwickelt: Sein erkenntnistheoretischer Grundsatz, daß Denken und Sein dasselbe sind, besagt, daß Denkunmögliches nicht existieren kann. Da Aussagen über Veränderungen stets die nicht-Existenz eines Zustandes implizieren (des vorhergehenden oder des nachfolgenden), kann es keine Veränderung geben, denn nicht-Existenz kann nicht gedacht und nicht einmal sinnvoll ausgesagt werden. Also kann das Sein nur als unveränderliche, ungewordene und unvergängliche Einheit (Monismus) gedacht werden. Daraus ergibt sich ein Widerspruch, denn im Alltag beobachtet man ständig Veränderungen. Diesen Widerspruch löst Parmenides, indem er die Wahrnehmung gegenüber dem Denken als Schein, Trug und bloße Meinung (Doxa) ansieht. Damit werden Denken und empirische Erfahrung streng getrennt.

Empedokles' Elemente-Theorie stellt eine Vermittlung von Heraklit und Parmenides dar. Das Seiende ist nicht einheitlich, sondern besteht letztlich aus den qualitativ verschiedenen Formen von Feuer, Wasser, Erde und Luft, deren unterschiedliches Mischungsverhältnis zu einer Vielheit empirischer Gegenstände führt. Das Phänomen der offenkundig erfahrbaren Veränderung erklärt und rettet Empedokles, indem er es als Trennung bzw. Vereinigung von Elementen deutet, die nicht mechanistisch oder zufällig zustande kommt, sondern durch die den gesamten Kosmos beherrschenden Kräfte Liebe und Streit. Anaxagoras nimmt nicht vier, sondern eine unendliche Anzahl unveränderlicher und unsichtbarer Grundstoffe an, deren Mischung und Zusammenwirken durch den das ganze Universum beherrschenden Geist (Nus) gelenkt wird.

Auch die Atomisten Leukipp und Demokrit versuchen, die Gegensätzlichkeit der Positionen von Heraklit und Parmenides zu überwinden, allerdings unter Verzicht auf ein den Kosmos leitendes geistiges bzw. metaphysisches Prinzip. Sie postulieren kleinste unteilbare Urbestandteile, Atome, die sich durch Gestalt und Anordnung unterscheiden. Rein mechanisch und zufällig zustande kommende Änderungen dieser Konstellationen bewirken die Zustandsvariationen der Welt.

Mit den Sophisten setzt eine neue Epoche der griechischen Philosophie ein: Der Interessenschwerpunkt verlagert sich von naturphilosophischen, kosmologischen und ontologischen Fragen hin zu ethisch-gesellschaftlichen Problemen. Sie bringen die Philosophie nach Athen und provozieren nicht zuletzt wegen ihrer enormen Breitenwirkung die Gegenbewegung der sokratisch-platonischen und der Aristotelischen Philosophie, die hauptsächlich durch den erkenntnistheoretischen und ethischen Skeptizismus der Sophisten motiviert ist: Aus der pragmatischen Erfahrung der Relativität und Subjektivität von Erkenntnissen und Wertungen heraus gelangen die Sophisten zu der allgemeinen Einstellung, daß generell gesichertes Wissen nicht möglich ist; konsequenterweise geben sie den Wahrheitsanspruch der Philosophie auf und setzen an die Stelle der Überzeugung durch Argumente die Überredung durch Redekunst.

Die Entwicklung und der Ausbau der kommunikationstheoretischen Philosophie verdankt sich dieser Vorrangstellung der Rhetorik. Die Sophisten waren Wanderlehrer, die in vielen Städten Griechenlands insbesondere die heranwachsende Jugend mit politischen Ambitionen gegen zum Teil enormes Honorar (wogegen Sokrates und Platon heftig polemisieren) mit der Parole die Kunst des Redens lehrten, sie könnten im Gerichtsprozeß oder in der politischen Auseinandersetzung die schwächere

Der Diskuswerfer von Myron, um 450 v. Chr., Römische Kopie, Museo delle Terme, Rom

In dem berühmten Gedankenexperiment, das Achilles mit einer Schildkröte um die Wette laufen läßt, weist Zenon von Elea auf Schwierigkeiten der begrifflichen Fassung von Zeit und Bewegung hin. Achilles gibt der Schildkröte einen Vorsprung, sie startet an Punkt A. Wenn Achilles A erreicht, befindet sich die Schildkröte an einem Punkt B, wenn Achilles B erreicht an einem Punkt C usw. Demnach kann Achilles die Schildkröte nie einholen, wenn auch der Abstand immer kürzer wird. Zenon will zeigen, daß die Erfahrung von Mannigfaltigkeit und Bewegung auf Schein beruht und deshalb der Logik widerspricht. Der Verstand soll zu der Einsicht führen, daß das Wahre nur das Eine Unwandelbare ist. Der Diskuswerfer ist genau in einem Augenblick des Stillstandes gezeigt: Die Ausholbewegung geht in den Abschwung zum Wurf über. Aber dieser Augenblick enthält für jeden Betrachter die vorausgehende und die nachfolgende Bewegung in sich. Diese dynamische Auffassung von Zeit und Bewegung, in der ein punktueller Augenblick nur ein Übergang und kein real isoliertes Moment ist, führt über Zenons Paradoxien hinaus.

Sokrates und seine Schüler, Kupferstich nach einem Gemälde von Pinelli

Im Jahre 399 v. Chr. wurde Sokrates wegen Gottlosigkeit und Verführung der Jugend angeklagt und zum Tode verurteilt. Eine von seinen Freunden arrangierte Möglichkeit zur Flucht lehnte er ab, weil er damit sein Unrecht eingestanden hätte. Über die letzten Stunden des Sokrates berichtet Platon in seinen Dialogen „Kriton" und „Phaidon". Da es sich dabei um eine verklärende Darstellung handelt, ist der historische Wahrheitsgehalt der Beschreibung schwer überprüfbar. Historisch ist jedoch zweifellos die Gelassenheit, mit der Sokrates seinem Tod entgegensah, sowie die Tatsache, daß er die letzten Stunden im Gefängnis mit seinen Freunden und Schülern verbrachte. Es entsprach der hellenistischen Vorstellung, daß der Dienst an den Freunden Vorrang vor familiären Verpflichtungen hatte. Sokrates erlitt den Tod durch das Schierlingskraut. Wie berichtet wurde, soll er den Giftbecher ohne Angst und mit heiterer Miene genommen haben. Selbst seine Ironie ging ihm in dieser Stunde nicht verloren, denn bevor er den Becher leerte, fragte er, ob er einige Tropfen von dem Trunke den Göttern opfern solle.

Position zur stärkeren machen. Zu den bekanntesten Sophisten zählt Protagoras, der die Relativität der Dinge besonders hervorhebt. Nach seiner Auffassung kann eine Aussage in der einen Situation wahr und in der anderen falsch sein. Daraus folgt der bekannte Homo-Mensura-Satz, der die Basis jeglicher Erkenntnis in die Subjektivität des Menschen verlegt: „Der Mensch ist das Maß aller Dinge: für die seienden, daß sie sind, für die nicht seienden, daß sie nicht sind." Die Sophistik übte einen großen Einfluß auf die nachfolgende Periode der klassischen griechischen Philosophie (Sokrates, Platon, Aristoteles) aus.

Sokrates

Sokrates, der 399 v. Chr. hauptsächlich wegen des Vorwurfs, er verderbe mit seinem sophistischen Philosophieren die Jugend, zum Tod durch den Schierlingsbecher verurteilt und hingerichtet wurde, setzt der Wortstreitkunst (Eristik) der Sophisten, die nur auf den Gewinn im Streit, nicht auf Wahrheit ausgerichtet ist, seine Konzeption der wahren Unterredung, des nichtmonologischen, gemeinsamen philosophischen Gesprächs entgegen.

Die Grundlage seiner Dialektik ist das Sokratische Fragen, durch das der Gesprächspartner über den Nachweis von Widersprüchen zunächst dazu veranlaßt wird, seine bisher als selbstverständlich angenommenen theoretischen und praktischen Überzeugungen zu reflektieren und zu revidieren, um dann von sich aus ein begründetes Wissen über sich selbst und über das moralische und politische Leben zu erarbeiten. In diesen Gesprächen stellt sich Sokrates zunächst als Unkundigen, der Belehrung Bedürftigen dar, damit sich der Gesprächspartner ohne Scheu auf eine Unterredung einläßt. Durch gezieltes Fragen gelingt es Sokrates, sein Gegenüber zur kritischen Sicht auf die besprochene Thematik zu bewegen. Dieses Gespräch ist für Sokrates auch dann sinnvoll, wenn es zu keinem eindeutigen Ergebnis kommt und die Problematik lediglich aufgezeigt und einer Lösung nähergeführt wird. Auf viele Gesprächspartner wirkte diese Art des Dialogs abschreckend, aber einige erkannten auch ihren erzieherischen Wert.

Sokrates versteht seine philosophische Tätigkeit nicht als Lehre, sondern als Geburtshilfe (Mäeutik) zur kritischen Selbstreflexion; für sich behauptet er selbstironisch, nur dies zu wissen, daß er nichts wisse. Obwohl er keine philosophischen Schriften verfaßte (seine Philosophie kennen wir vor allem durch Platon und andere Zeitgenossen), war seine Wirkung außerordentlich groß. Etliche Sokrates-Schüler gründeten eigene Philosophenschulen: Platon die Akademie, Antisthenes die Schule der Kyniker und Aristipp die hedonistische Variante der kyrenaischen Schule.

Die Platonischen Körper in der Zuordnung zu den antiken Elementen, aus: Johannes Kepler, „Harmonices Mundi", libri V., Linz 1619, Bayrische Akademie der Wissenschaften, Kepler-Kommission

In seinem Dialog „Timaios" legt Platon sein Bild von Entstehung und Beschaffenheit des Kosmos dar. Schon vor der physischen Existenz der fünf Elemente Feuer, Luft, Wasser, Erde und Äther strukturiert sich die Form annehmende Materie, so Platon, gemäß idealen geometrischen Körpern, deren Flächen gleichseitig und gleichwinklig sind und deren Ecken auf einer Kugel liegen. Nur genau fünf Körper erfüllen diese Bedingungen. Die mathematischen Beziehungen dieser Körper und die Beziehungen der Elemente untereinander erlauben viele spekulative Analogiesetzungen.

Platon

Grundzüge der Philosophie

Platon erarbeitet seine philosophische Position oft in kritischer Auseinandersetzung mit seinen Vorgängern, insbesondere mit Pythagoras, Heraklit und Parmenides sowie mit den Sophisten. Aufgrund seines dialogischen Philosophieverständnisses vermeidet er es weitgehend, inhaltliche Aussagen als sicheres Wissen darzustellen; methodische Einsichten (erkenntnistheoretischer, logischer und sprachphilosophischer Art) präsentiert er dagegen in der Regel als bleibende Erkenntnisse.

An gesicherten Wissensinhalten finden wir allgemeine Äußerungen der Art, daß es Ideen, besonders die Idee des Guten, geben müsse, daß Unrecht tun schlimmer sei als Unrecht zu erleiden, daß die Möglichkeit von Lernen und Erkenntnis angenommen werden müsse und daß ein Leben der Vernunft einem unvernünftigen Leben vorzuziehen sei. Ein auffälliges Charakteristikum Platonischer Philosophie sind die zahlreichen Mythen und Gleichnisse, die jedoch keineswegs einen Rückfall in mythisches Denken bedeuten; sie dienen der Illustration, der Erläuterung oder der Ergänzung der Argumentation, nicht als deren Ersatz, und stehen nie im Widerspruch zu ihr.

Schwerpunkt seiner Philosophie ist die Ethik, Hauptanliegen der Nachweis der Möglichkeit gesicherten Wissens. Während die ethischen Dispute des Sokrates sich überwiegend auf Probleme der Individualethik beziehen, rückt Platon den umgreifenden Aspekt der Sozialethik, den des politisch-sozialen Handelns, in den Vordergrund, in dessen Kontext auch die Frage nach der richtigen Erziehung und Bildung eine erhebliche Rolle spielt.

Platons Ideenlehre

Die Ideenlehre Platons dient dem Zweck, gegen den Subjektivismus und Relativismus der Sophisten eine philosophische Basistheorie bereitzustellen, aus der sich die Möglichkeit objektiver Wahrheitserkenntnis ergibt. Ausgangspunkt seiner Überlegungen hierzu ist die erkenntnistheoretische Grundannahme, daß Gleiches nur durch Gleiches erkannt wird, d. h. daß die Gegenstände der Erkenntnis dem Erkenntnisvermögen entsprechen (und umgekehrt), was insbesondere bedeutet, daß die Sicherheit der Erkenntnis von den jeweiligen Gegenständen abhängt, weshalb die sich verändernden Gegenstände der empirischen Welt niemals zu einem dauerhaft gesicherten Wissen führen können. Damit nun ein solches möglich ist, postuliert Platon die Existenz von Ideen als Erkenntnisgegenstände besonderer Art, die (analog zum Seinsbegriff des Parmenides) als unveränderlich, ewig und (im Gegensatz zur wandelbaren Sphäre der Empirie) als nicht der Wahrnehmung zugänglich, sondern nur durch Vernunft erfaßbar gesetzt werden. Wer diese Ideen erkennt (was Platon übrigens nie für sich in Anspruch genommen hat), verfügt über unwandelbares, auf Dauer gesichertes Wissen im Unterschied zur bloßen Meinung (Doxa), mit der sich die breite Masse zufriedengibt und die für den gesamten Bereich der Wahrnehmungsurteile das Optimum an Erkenntnismöglichkeit darstellt.

Ideen gibt es für die verschiedensten Erkenntnisbereiche: für Naturdinge (z. B. Bäume und Tiere), für künstlich hergestellte Gegenstände (z. B. Tische), für ethisch-politische Sachverhalte (z. B. Tugenden und Staatsformen) und nicht zuletzt für die Gegenstände der Geometrie (z. B. Kreis und Dreieck). Vor allem in bezug auf letztere, nach deren Vorbild Platon offensichtlich seine Ideenlehre konzipiert hat, aber auch hinsichtlich gesellschaftlicher Gegebenheiten erscheint es unmittelbar einsichtig, daß die empirischen Realisierungen niemals dem Ideal entsprechen, weshalb sie eine apriorische Konstruktion von Ideen geradezu herausfordern. Auf diese Weise gewinnt Platon mit seiner Ideenlehre zugleich ein kritisches Instrumentarium gegenüber den herrschenden Zuständen von Moral, Tradition und Staat.

Um die Erkenntnismöglichkeit der Ideen plausibel zu machen, erzählt Platon einen Mythos, nach dem die als unsterblich angenommenen Seelen in ihrem vorgeburtlichen Zustand alle Ideen geschaut haben; durch die Geburt sei dieses Wissen verschüttet worden, man könne es aber durch Wiedererinnerung (Anamnesis) aktivieren; Lernen ist für ihn nicht das Anfüllen einer Tabula rasa, sondern ein Voranschreiten in der Wiedererinnerung. Erkenntnispsychologisch beginnt der Weg zur Erkenntnis der Ideen mit verschiedenen Wahrnehmungseindrücken derselben Art (z. B. von schönen Gegenständen oder Menschen), bis schließlich die umgreifende und einheitliche Idee des Schönen selbst aufscheint. Den erkenntnistheoretischen Weg beschreibt Platon als Stufenfolge von fünf Schritten: 1. Name bzw. Benennung; 2. Begriff oder Definition; 3. Abbild; 4. Einsicht und

Wissenschaft; 5. nicht erzwingbares, plötzliches Aufleuchten der Idee. Die letzte Stufe, die Ideenschau, ist nur erreichbar, nachdem man alle anderen durchlaufen hat, und sie ist nur dem zugänglich, der im Verein mit anderen eine lange Zeit hindurch eine philosophische Lebensform praktiziert hat.

Die Ontologie, die Theorie verschiedener Seinsarten und -bereiche, ergibt sich unmittelbar aus der Ideenlehre: An der Spitze der Seinshierarchie stehen die Ideen; nur sie sind im eigentlichen Sinn an sich und wahrhaft seiend; sie dienen der Sinnenwelt als Ur- oder Vorbilder. Die empirische Welt der körperlichen, wahrnehmbaren, vergänglichen Sinnendinge sieht Platon dagegen nicht als selbständig, sondern nur durch ihre Teilhabe an den Ideen als seiend an; sie existieren nur als Nachahmungen oder Abbilder der Ideen. Dieser Aufteilung der Seinsbereiche entspricht die der Erkenntnisvermögen in Denken und Wahrnehmung. Die damit gegebene strenge und unvermittelte Trennung von Seins- und Erkenntnisbereichen hebt Platon (z.T. wenigstens) auf, indem er in seinem Spätwerk „Timaios" den bestimmungsfreien Raum bzw. die qualitätslose Materie oder die (aus pythagoreischer Tradition übernommenen) idealen Zahlen als vermittelnde Instanzen zwischen Ideen und Sinnenwelt einführt und zwischen der den Ideen und dem Denken zugeordneten Wahrheit und der sich auf die empirische Welt beziehenden bloßen Meinung die richtige, die wahre Meinung einfügt.

Platons Ethik und Staatsphilosophie

Die Leitvorstellung allen individuellen und gesellschaftlichen Handelns, aber auch jeder theoretischen Bemühung ist die an der Spitze des Ideenkosmos stehende bzw. alle Ideen überragende Idee des Guten (die Platon übrigens an keiner Stelle inhaltlich näher bestimmt). Als Meta-Idee fällt ihr die Aufgabe zu, die Existenz der anderen Ideen und damit auch der gesamten Welt zu sichern, die Nützlichkeit der Ideen in Wissenschaften und Handlungen zu garantieren, den Mißbrauch von Kenntnissen und Fähigkeiten zu verhindern sowie in konkreten Anwendungsfällen das angemessene Ziel-Mittel-Verhältnis auszuloten. Die in den Frühdialogen entwickelten Analysen zu verschiedenen sozialen Tugenden (Tapferkeit, Gerechtigkeit usw.) halten der (in Platons Augen völlig verdorbenen) gesellschaftlichen Praxis ein normatives Idealbild entgegen, das zugleich der Vorurteils-

Die Schule von Athen, Fresko von Raffael, 1508–1511, Vatikanische Museen, Rom

In seiner symphonischen Vielfalt scheint Raffaels Fresko nicht nur viele Philosophen, sondern Philosophie selbst darzustellen und abstrakte Räume des Gedankens in einem architektonischen Volumen anschaulich werden zu lassen. Kaum ein Betrachter wird angesichts der virtuosen Lässigkeit, mit der Charaktere und Bewegungstypen zu einem Panorama visualisierter Thesen, Forschungen und Positionen verbunden sind, an die sehr bruchstückhafte Antikenkenntnis der Renaissance denken. Daß nicht alle dargestellten Philosophen zur gleichen Zeit lebten, wußte Raffael natürlich, er zeigt keine historische Szene.

Nur relativ wenige Personen sind ganz eindeutig gekennzeichnet. In der Mitte zeigt Platon, den „Timaios" unter dem Arm, gelassen nach oben zum „Ideenhimmel", während sein Schüler Aristoteles die waagerecht gestreckte Hand nach vorne richtet. Er glaubte, so ist hier symbolisiert, nicht an für sich bestehende Ideen, das Allgemeine und Besondere sind für ihn im Irdischen vermittelt. Sokrates, beiden den Rücken wendend, zählt an seinen Fingern Argumente auf. Links vorne sitzt und schreibt Pythagoras, vor sich eine Tafel mit einer Darstellung harmonischer Zahlenproportionen. Diogenes liegt ungeniert und leichtbekleidet auf der Treppe, während ganz rechts Ptolemaios als gekrönter König einen Globus hält.

Platon, 427–347 v. Chr., Porträtbüste, Römische Kopie nach griechischem Original, Marmor, Louvre, Paris

Wie sein Lehrer Sokrates war Platon der Ansicht, daß Wahrheit nicht gleichsam in Formeln gebracht und somit jederzeit situationsneutral weitergegeben werden könne, sondern in jeweils eigener, dabei aber nicht von unverzichtbar notwendigen Gesprächspartnern isolierter Aneignung zu erfahren sei. So sind seine Schriften stets Dialoge, in denen sich zwei oder mehrere Personen unterhalten.
Dasjenige, worauf sich wahre Einsichten richten, liegt allerdings für Platon nicht im Bereich des Situationsabhängigen. Das Werdende und Vergehende ist vielmehr durch eine prinzipielle Kluft vom zeitlosen Bereich der Ideen getrennt, die als tatsächliche Wesenheiten und als Urbilder der empirischen Dinge unabhängig von ihrem Gedachtwerden existieren.

kritik und der Desillusionierung verbreiteter Wertungen, vor allem der Meinungen der Sophisten und Politiker, dient. Die im Dialog „Menon" vorgetragene These von der Lehrbarkeit der Tugend beruht auf der Voraussetzung, daß Tugend Wissen sei und niemand wider besseres Wissen handeln könne. Eine ähnliche Argumentationsfigur liegt seiner Ethik- und Politiktheorie insgesamt zugrunde: Niemand, der über hinreichende Einsicht verfügt, kann sich aufgrund seines anthropologischen Selbstverständnisses als Vernunftwesen angesichts der Alternative, ein Leben der Vernunft oder der Unvernunft zu führen, für die Lebensform der Unvernunft entscheiden. Wichtigstes Erziehungs- und Bildungsziel ist daher die Aufklärung des Menschen über sich selbst.
In dem sehr umfangreichen Werk „Der Staat" entwirft Platon eine umfassende Bildungs-, Gesellschafts- und Verfassungstheorie. Den Staat gliedert er in drei Stände (Klassen, Schichten):
1. Dem Herrscherstand der Wächter obliegt die Staatsführung; ihm wird ein Höchstmaß an Bildung in allen Wissensbereichen abverlangt; Platon erörtert ausführlich die Ausbildung der Wächter in Gymnastik und Musik (Dichtung, Musiklehre, Rhythmustheorie) sowie in den vier Pythagoreischen Wissenschaften, denen er noch die Stereometrie anfügt; erst mit Beginn des 50. Lebensjahres ist diese umfassende Bildung als Vorbereitung auf die Staatslenkung abgeschlossen. 2. Der Kriegerstand, eine Kombination aus Polizei und Militär, hat für die äußere und innere Sicherheit zu sorgen. 3. Der Erwerbsstand ist für Ernährung, Handel und Handwerk zuständig. Diesen drei Ständen werden jeweils die Einsicht, die Tapferkeit und das Maßhalten als Tugenden zugeordnet; die vierte Kardinaltugend, die Gerechtigkeit, umgreift die anderen und somit auch alle Stände, indem sie den Zusammenhalt und das Verhältnis der Tugenden und Gesellschaftsschichten zueinander regelt. Für die beiden ersten Klassen postuliert Platon Güter-, Frauen- und Kindergemeinschaft, weil nur so, d. h. durch den völligen Verzicht auf Privateigentum und Privatansprüche, die größten Übel für den Staat, das Mehrhabenwollen und die daraus resultierenden Streitigkeiten vermieden werden könnten. Aufgrund ihrer allseitigen Ausbildung, die nicht der bloßen Wissensvermittlung, sondern durchgängig der Hinführung zu den Ideen dient, erwerben die Wächter das Recht und die Pflicht, dem Staat als Philosophenkönige zu dienen, ein Amt, das Platon ausdrücklich auch für Frauen vorsieht.
Im Kontext der Erörterungen zur Bildungstheorie formuliert Platon eine harsche Dichterkritik. Er will die Dichter in seinem Staat nicht zulassen, weil und insofern sie 1. lügen, d. h. die Wahrheit weder kennen noch verbreiten, 2. Kinder und Jugendliche durch falsche Vorstellungen verführen und von der Erkenntnis der Ideen abhalten, 3. nicht die Ideen und auch nicht ihre Abbilder , sondern nur Abbilder von Abbildern (d. h. Artefakte) darstellen bzw. nachahmen.

Platons Naturphilosophie

Die Ursachenlehre und die Erklärung der Weltentstehung sind die Hauptthemen der Naturphilosophie Platons. Als Ursachen, die für eine vollständige Erklärung des Geschehens in der

Das Höhlengleichnis des Platon, Kupferstich von Jan Saenredam, nach Cornelis van Haarlem, 1604, Albertina, Wien

Platons „Höhlengleichnis" findet sich in seinem Dialog „Politeia" („Der Staat"): Lebenslang in einer Höhle gefesselte Menschen sehen beständig im Feuerschein die Schatten von Dingen, die sie nicht sehen, und sie halten die Schatten für die Dinge selbst. Diese aber sind ihrerseits nur Abbilder eines idealen Seins, dessen Bild wiederum die außerhalb der Höhle strahlende Sonne ist. Mit diesem Gleichnis beschreibt Platon den Weg der Erkenntnis zu den Ideen, die als Urbilder der Realität der Welt der realen Dinge übergeordnet sind. Die sichtbaren, realen Dinge sind diesen Ideen nachgebildet.
Den abgebildeten Stich hat ein gelehrter Amsterdamer Humanist in Auftrag gegeben und im Konzept auch entworfen, wobei sich die wandelbare zeitgenössische Aktualisierbarkeit einprägsamer klassischer Bilder und Gleichnisse zeigt.

Welt herangezogen werden müssen, gibt er an: 1. die Materie, aus der etwas besteht; 2. die physikalische Ursache, die eine Wirkung herbeiführt; 3. den Zweck, den ein Vorgang, ein Prozeß erfüllen soll; 4. die Ideen, denen gemäß letztlich alles Geschehen in der Welt vor sich geht. Hiermit ist die (von Aristoteles ausführlicher erörterte) klassische Vier-Ursachen-Lehre grundgelegt: Material-, Wirk-, Zweck- und Formursache (Causa materialis, efficiens, finalis und formalis). Ursache im eigentlichen Sinn ist für Platon die Vorstellung des Besten, d. h. die Idee des Guten.

Zur Erklärung der Weltentstehung bedient er sich der mythischen Darstellung: Ein Weltbaumeister (Demiurg) ordnet das ursprünglich gegebene Chaos zu einem Kosmos, d. h. zu einem wohlgeordneten einheitlichen Ganzen, und zwar in der Weise, daß er im steten Blick auf die Ideen aus dem vorgegebenen Material die schönst- und bestmögliche aller Welten zusammenfügt. Leibniz greift später diesen Gedanken auf. Es handelt sich hier nicht um eine Schöpfung aus dem Nichts (Creatio ex nihilo) – diese Vorstellung ist der gesamten griechischen Philosophie fremd, denn sowohl die Weltmaterie als auch die Ideen sind dem Demiurgen vorgegeben.

Die Struktur der Welt erklärt Platon im Rückgriff auf die Vier-Elementen-Lehre des Empedokles, der er als Vorstufe immaterielle geometrische Gebilde, genauer: die fünf regulären Polyeder (Tetraeder, Oktaeder, Ikosaeder, Würfel, Dodekaeder, die später Platonische Körper genannt werden) voranstellt, die er dann auf zwei Urdreiecke zurückführt. Vor diesen bestimmen die Zahlen und vor ihnen die Ideen den Aufbau der Welt, so daß sich folgende ontologische Hierarchie des Kosmos ergibt: Ideen, Zahlen, geometrische Körper, Elemente, konkrete Dinge.

Aristoteles

Grundzüge der Philosophie

Die Philosophie des Aristoteles ist thematisch außerordentlich breit und enzyklopädisch angelegt. Sie läßt erstmals in der Philosophiegeschichte eine Binnendifferenzierung erkennen, die in der Folge zur Etablierung separater Wissenschaftszweige führt (z. B. Psychologie, Logik, Zoologie). In allen Bereichen ist eine sorgfältige, streng durchgeführte Methodik zu erkennen, die konsequent mit den von Aristoteles eingeführten Termini und Definitionen arbeitet. Man kann ihn als Begründer der Philosophiegeschichtsschreibung ansehen, denn fast zu jeder Thematik zitiert, kritisiert und rekonstruiert er ausführlich die Theorien anderer Philosophen; damit ist sein Werk zugleich eine Fundgrube für die weitgehend verlorenen Schriften der Vorsokratiker.

Von Platon übernimmt er nur sprachphilosophische und logische Theorieansätze sowie die Annahme einer durchgängigen Zweckbestimmtheit (Teleologie) nicht nur des Handelns, sondern auch des Naturgeschehens. Die Ideenlehre lehnt er radikal ab; er bezeichnet sie als leere Worte und poetische Metaphern. An die Stelle der transzendenten Ideen setzt er die in den Dingen immanent wirkenden Formen als Grundprinzipien der Welt.

Ein weiterer bedeutsamer Unterschied zu Platon besteht im dezidierten Interesse des Aristoteles an der Einzelerforschung der Natur, dabei insbesondere an der Analyse und Erklärung des Problems der Veränderung und des Werdens, in dessen Kontext er die berühmten geschichtswirksamen Unterscheidungen von Materie und Form sowie von Akt und Potenz entwickelt.

Logik und Sprachphilosophie

Die Schriften zur Logik faßt man unter dem Sammelbegriff Organon (Werkzeug) zusammen. Aristoteles' größte Leistung auf dem Gebiet der Logik ist die Entdeckung der Schlußlehre, der Syllogistik, und damit verbunden die Einsicht, daß bestimmte Schlüsse allein aufgrund ihrer Form als gültig angesehen werden können. Ein Syllogismus besteht aus zwei Vordersätzen (Prämissen) und einem Schlußsatz (Konklusion). Zum Beispiel: Erste Prämisse: „Alle

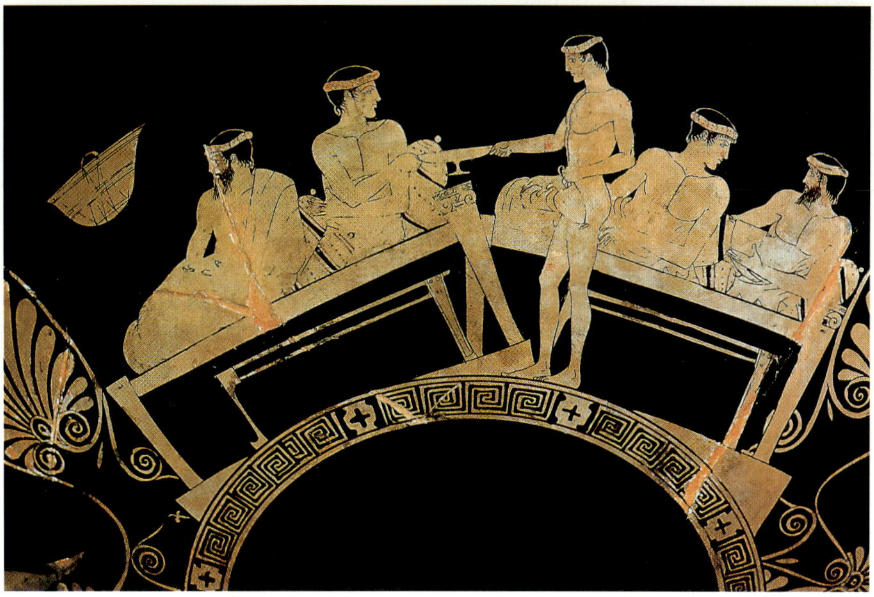

Symposion, griechische Vasenmalerei, um 460–450 v. Chr., Außenbild einer Schale, Louvre, Paris

Die griechischen Symposien waren abendliche Trinkgelage unter Männern. Bei diesen Anlässen wurde ein „Symposiarch" bestimmt, der Gesprächsthemen (über deren Verhandlung es oft zum Streit kam) vorgab und entschied, in welchem Moment wieviel und in welchem Verhältnis von Wein und Wasser getrunken wurde. Oft wurde zweifellos über die (Knaben-)Liebe gesprochen, und um Eros, allerdings als daimonische, zwischen Göttlichem und Menschlichem vermittelnde Macht, geht es auch im berühmtesten Werk des literarischen Genres des Symposion, nämlich in Platons Wiedergabe einer solchen Unterhaltung.

Nach einer eindrucksvollen Steigerung und Vertiefung der Überzeugungskraft aufeinanderfolgender Argumente erscheint Eros hier als Band, das den Kosmos zusammenhält, und als Bedingung der Erkenntnis der Idee des Schönen, die mit der höchsten Idee des Guten verschmilzt. Aus philosophischen Gründen der Weltdeutung durch Mythen prinzipiell abgeneigt, faßt Platon im „Symposion" dennoch Auffassungen, die anders schwer darstellbar sind, in eine von Sokrates vorgetragene mythische Erzählung. So wird, durchaus dem Thema des Dialogs angemessen, auch die Poesie ins Recht gesetzt.

Die Philosophie (Platon und Aristoteles), dargestellt in einem Relief von Luca della Robbia, um 1437–1439

Um eine Einteilung der Wissenschaften in verschiedene Gebiete, wie sie von Aristoteles vorangetrieben wurde, bemühten sich zuvor schon Platon und die Sophisten. Sie hatten dabei vor allem die sinnvolle Lehrbarkeit der Wissenschaft und Philosophie im Blick. In der Spätantike und im Mittelalter entwickelte sich dann der Disziplinenkanon der Artes liberales („freie Künste"), nach dem der Lehrstoff an Schulen und schließlich an Universitäten organisiert war. Diese Künste waren Grammatik, Rhetorik, Dialektik (Logik), Geometrie, Arithmetik, Musik und Astronomie. Das Relief vom Glockenturm des Doms in Florenz steht in einer Folge von Darstellungen dieser Künste und zeigt die Philosophie oder speziell die Logik szenisch als erregten Disput zwischen Platon und Aristoteles.

Menschen sind sterblich"; Zweite Prämisse: „Alle Könige sind Menschen"; Konklusion: „Alle Könige sind sterblich". Dabei ist „Mensch" der Mittelbegriff, der in der Konklusion wegfällt. Die Folgerung ist notwendig wahr, wenn die Prämissen wahr sind. Syllogismen dieser Art nennt Aristoteles apodiktisch oder beweisend. Ist die Wahrheit der Prämissen nicht beweisbar, wie es in der ethischen und rhetorischen Argumentation in der Regel der Fall ist, so nennt er sie dialektische oder Wahrscheinlichkeitsschlüsse. Für das Grundproblem der Syllogistik, die Gewinnung der ersten, ihrerseits nicht ableitbaren wahren Aussagen, verweist Aristoteles auf unsere Fähigkeit, bei einfachen, unmittelbaren Wahrnehmungen etwas als etwas zu erkennen, z. B. einen Gegenstand als den Menschen Kallias zu identifizieren und diese Erkenntnisleistung als Wahrnehmungsurteil formulieren zu können.

In der Sprachphilosophie übernimmt Aristoteles von Platon die Bestimmung des wahrheitsfähigen Satzes als aus Subjekts- und Prädikatsausdruck bestehend. Darüber hinaus entwickelt er in der Kategorienschrift eine Theorie, nach der alle in Behauptungen möglichen Ausdrücke in die folgenden zehn Prädikationstypen (Kategorien) eingeteilt werden können: Substanz, Quantität, Qualität, Relation, Ort, Zeit, Lage, Haben, Wirken und Leiden. Bei der Substanz unterscheidet er eine erste, die sich auf konkrete Einzeldinge bezieht, und eine zweite Substanz , die das Wesen (oder die Definition) einer Sache ausdrückt. Priorität hat (im Unterschied zu Platons Ontologie) die erste Substanz, weil ohne deren Vorhandensein alles andere weder existieren noch ausgesagt werden kann.

Aristoteles' Naturtheorie

Da Aristoteles die Natur als den Bereich derjenigen Dinge definiert, die in sich selbst das Prinzip (den Ursprung) der Bewegung und der Ruhe haben, worunter er nicht nur die physikalischen Körper, sondern auch die vier Elemente versteht, ergibt sich für ihn hier als primäres Problem, das Phänomen der Bewegung (gemeint ist damit nicht nur die Ortsbewegung, sondern jegliche Art der Veränderung) zu analysieren und zu erklären. Parmenides hatte behauptet, daß man „Bewegung" nicht denken kann. Diese Auffassung widerlegt Aristoteles, indem er die Unterscheidung zwischen der Negation von Existenz und Prädikation einführt, die die Möglichkeit eröffnet, daß bei Aussagen über die Bewegung nicht die Existenz, sondern nur das Zukommen eines Prädikats negiert wird.

Somit erhält er folgende Analyse des Bewegungsvorgangs: 1. Es gibt etwas Beharrendes, den gesamten Bewegungsprozeß Überdauerndes: die Materie (Stoff; Hyle); 2. zusätzlich gibt es zwei Formbestimmungen, nämlich a. eine für den Beginn des Prozesses und b. eine für deren Ende. Da sich nach Aristoteles alle natürlichen Veränderungen ziel- und zweckgerichtet (teleologisch) vollziehen, ist das Anfangsstadium jeweils ein Noch-nicht, ein Fehlen, eine Beraubung (Privation) der endgültigen Bestimmung, das Endstadium dagegen markiert das Erreichen des Zieles (bzw. Zwischenzieles). Anders formuliert: Der Beginn ist der Zustand der Möglichkeit (Dynamis; Potenz), der Abschluß der der Wirklichkeit (Energeia; Akt) bzw. der Verwirklichung (Entelechie). Aristoteles erläutert dies am Beispiel des Satzes „Ein Mensch wird gebildet", dessen vollständige Ausformulierung alle genannten Elemente erkennen läßt: Aus einem ungebildeten (Formbestimmung als Privation; Möglichkeit) Menschen (Materie) wird ein gebildeter (Formbestimmung als Ziel; Wirklichkeit) Mensch (Materie).

Die Metaphysik des Aristoteles

Aristoteles kennt keine transzendenten Wesenheiten wie die Idee. Den platonischen Dualismus von Idee und realem Gegenstand will er überwinden. Für ihn liegt das Wesen der Dinge in ihnen selbst, wobei dieses Wesen nur der Möglichkeit nach in den Dingen angelegt ist. Durch eine konkrete Form gewinnt dieses Wesen Aktualität, d. h. im Gegenstand verbinden sich Stoff und Form zu einer Einheit. Als Seinsarten unterscheidet er Belebtes und Unbelebtes und differenziert das Belebte nach unterschiedlichen Seelenfähigkeiten in Pflanzen (Ernährungs- und Wachstumsfähigkeit), Tiere (außerdem Bewegungs- und Wahrnehmungsfähigkeit) und Menschen (dazu die Denkfähigkeit).

Die Metaphysik, die allgemeine Weisheitslehre oder erste Philosophie, ist die Grundlagentheorie der ersten Ursachen und Prinzipien des Seins und des Denkens (Erkennens). In bezug auf das Sein erörtert Aristoteles die (von Platon her bekannte) Vier-Ursachen-Lehre und die allgemeinsten Eigenschaften des Seienden, wie Einheit, Identität, Substantialität, Möglichkeit, Wirklichkeit, Materialität und Formbestimmtheit; diese Grundbestimmungen sind zugleich Eigenschaften der Dinge und Prinzipien des Denkens.

Wenn man die Kette der Ursachen im Weltgeschehen immer weiter verfolgt, so gerät man in die Gefahr des methodisch nicht akzeptierbaren unendlichen Regresses. Um diesen zu vermeiden, postuliert Aristoteles die Existenz eines Wesens, das Ursache für alles andere, selbst aber nicht verursacht ist: den unbewegten Beweger. Er ist ewig, unveränderlich, unbewegt, Gegenstand des Strebens (und dadurch Bewegung auslösend), reine Aktualität (ohne Potentialität), immateriell, Vernunft. Es handelt sich um ein philosophisches Grundprinzip der Welterklärung, das Aristoteles zwar Gott nennt, das aber nicht die Welt erschaffen hat und lenkt oder irgendwie an ihr Anteil nimmt.

Die Ethik und Staatsphilosophie

Die Ethik des Aristoteles ist eine Glücks- und Tugend-Ethik. Ausgehend von der Tatsache, daß allem (theoretischen, praktischen und politischen) Handeln eine Zielvorstellung zugrunde liegt, die als Leitidee die jeweilige Tätigkeit bestimmt, definiert er das Gute als das Ziel des Handelns (nicht, wie Platon, als transzendente Größe). Die Frage nach einem alle einzelnen Handlungsziele umgreifenden, allgemeinen Guten führt ihn zur Einteilung von Handlungen in solche, die wir um weiterer Ziele willen verfolgen, und solche, die wir nur um ihrer selbst willen vollziehen. Nur letztere können als allgemeine Handlungszwecke dienen, und nur das Glück, die Glückseligkeit (die Eudaimonie) erfüllt die Bedingungen eines höchsten, um keines anderen Guten willen angestrebten Ziels.

Die inhaltliche Bestimmung des Glücks findet Aristoteles, indem er nach den für den Menschen als Mensch spezifischen Tätigkeiten und Fähigkeiten fragt; sie liegen in besonderen, über die Tierwelt hinausragenden Seelenveranlagungen. Somit ergibt sich als Definition der Glückseligkeit: Sie ist eine Tätigkeit der (menschlichen) Seele aufgrund der ihr spezifischen Befähigung, nämlich der Vernunft. Dabei vergißt Aristoteles nicht, darauf hinzuweisen, daß ein Mindestmaß an äußeren Glücksgütern (wie Besitz und Gesundheit) für die Erreichung des vollkommenen Glücks unerläßlich ist.

Die Vernunfttätigkeit kann sich auf den Bereich des praktischen Handelns oder auf den der Theorie beziehen, so daß sich eine Zweiteilung der Tugenden in ethische und dianoetische ergibt. Die ethischen Tugenden (neben den vier Kardinaltugenden analysiert Aristoteles eine ganze Reihe weiterer praxisbezogener Verhaltensweisen) bestehen in der Einhaltung der rechten Mitte zwischen zwei Extremen, bei der

Aristoteles, 384–322 v. Chr., Marmor, Kunsthistorisches Museum, Wien

Aristoteles war zwanzig Jahre lang Mitglied in Platons Akademie und anschließend Lehrer von Alexander dem Großen, bevor er in Athen eine eigene Philosophenschule gründete. An Platons Philosophie kritisiert er die unüberwindbare Kluft zwischen Idee und Erfahrungswelt, zwischen Wesen und realem Gegenstand. Für ihn liegt das Wesen der Dinge in ihnen selbst und nicht in einer transzendenten Idee von ihnen. Die platonische Theorie von der Ideenschau ist für ihn die Kenntnis des Allgemeinen, die eine Ergänzung der Erfahrung als Kenntnis des Einzelnen darstellt. Aristoteles gilt als großer Systematiker der Philosophie. Die Vielfalt der Erscheinungen zu ordnen und zu klassifizieren war ein wichtiges Anliegen seiner Schule.

Die Schule des Aristoteles, Fresko von Gustav Adolph Spangenberg, 1883–1888, Universität Halle

Attalos-Stoa, erbaut 159–132 v. Chr., 1952–1956 rekonstruiert, Athen

Die Stoa ist eine öffentliche Wandelhalle, die man in der Antike an Kultbauten und großen Platzanlagen findet. Die damals bekannteste Wandelhalle Athens war die „Stoa Poikile" („Bunte Halle"), die mit vielen Gemälden berühmter Maler geschmückt war und zum Treffpunkt der nach ihr benannten stoischen Philosophenschule wurde. Da die Gründer der stoischen Schule nicht genügend Geld besaßen, um Grundstücke zu erwerben, nutzten sie dieses öffentliche Gebäude für den Unterricht.
Nach Auffassung der Stoiker ist die gesamte Natur vom göttlichen Vernunftprinzip durchdrungen. Nur wer im Einklang mit diesem Prinzip lebt, kann Glückseligkeit erlangen. Das Leben in Übereinstimmung mit sich selbst und der Natur erreicht der Mensch, indem er sich freimacht von Affekten (Furcht, Begierde), die die erstrebte Gemütsruhe stören. Die Freiheit von solchen Affekten – die Apathie (Leidenschaftslosigkeit) – gehört zu den höchsten Idealen der Stoiker.

Tapferkeit z. B. in der Mitte zwischen Feigheit und Draufgängertum. Unter den dianoetischen, den Verstandes-Tugenden, versteht er die fünf Arten wissenschaftlicher Tätigkeit, weshalb er diese auch in seiner Nikomachischen Ethik diskutiert; sie werden nicht durch einen Mittelwert, sondern durch das jeweils erreichbare Optimum definiert.
Seine Staatsphilosophie ist im Gegensatz zum Platonischen Idealstaat, dessen Güter- und Frauengemeinschaft Aristoteles dezidiert ablehnt, pragmatisch konzipiert. Auch er erörtert ausführlich Erziehungsprobleme, insbesondere die musische Bildung, widmet aber einen großen Teil seiner Politica Fragen der Ökonomik, der Bürgerrechte sowie der Ämter- und Behördeneinteilung. Als Elemente der Staatsgewalt unterscheidet er, die neuzeitliche Gewaltenteilung antizipierend, Legislative, Exekutive und Gerichtsbarkeit. Den Staat bestimmt er von seinem ethischen Ziel her als autarke und autonome Gemeinschaft von Gleichen zum Zweck des bestmöglichen Lebens, d. h. zur Ermöglichung der Eudaimonie der Bürger. Die beste Staats- oder Verfassungsform, d. h. die für die meisten Menschen zuträglichste mit der geringsten Gefahr des Mißbrauchs für egoistische Zwecke, sieht er ebenfalls unter pragmatischer Perspektive und unter Anwendung des Prinzips der Mitte in einer Mischform aus Demokratie und Oligarchie, in der extreme Armut und übermäßiger Reichtum vermieden und der mittleren Bürgerschicht die meisten Rechte eingeräumt werden.

Die Philosophie des Hellenismus

Zusammen mit der von Platon gegründeten Akademie und der von Aristoteles gegründeten peripatetischen Schule bilden der Garten Epikurs und die Stoa die vier großen antiken Philosophenschulen.
Daneben gibt es noch einige andere Schulen, wie z. B. die der Kyniker, die auf den Sokratesschüler Antisthenes oder auf den Pythagoreer Diodoros von Aspendos zurückgeht. Wegen seines schamlos-provozierenden Auftretens gab man Diodoros den Beinamen „kyon" (Hund), wonach die Schule benannt ist. Aber erst mit Diogenes von Sinope etabliert sich die Schule und erhält sich bis ins 5. Jahrhundert n. Chr.
Kennzeichnend für den Kynismus ist die beißende, zynische Kritik an Sitten, Institutionen und religiösen Meinungen sowie der Rückzug in die private, von gesellschaftlichen Zwängen freie, mit den eigenen Überzeugungen übereinstimmende Lebensform. Oberstes Lebensziel ist das Glück, das man erlangt durch Vermeidung von Unglück, und ein Leben der Selbstverwirklichung, verstanden als ein Leben nach der Maxime „Zurück zur Natur" und damit als Autarkie gegenüber herrschenden Vorstellungen von äußeren Glücksgütern wie Ehre, Reichtum und Gesundheit. Ermöglicht wird diese Einstellung durch Ausbildung der Vernunftfähigkeit, Bedürfnisreduzierung (Askese) und Vermeidung der Hauptursachen des Unglücks, nämlich Unwissenheit, Luxusstreben und unreflektiertes Ausleben der Begierden.

Epikur gründet seine Schule um 307 v. Chr. in Athen in Konkurrenz zur Akademie und zum Peripatos, der Schule des Aristoteles. Auch der Epikureismus ist eine individuelle eudaimonistische Philosophie. Das Glück besteht in einem Leben der Freude und Lust und in der Abwesenheit von Schmerz und Unruhe. Grundbedingung dafür ist die Ataraxie, die unbeirrbare Gemütsruhe, die vor allem durch philosophische Einsicht und ein zurückgezogenes Leben erreicht wird; der verbreitete Vorwurf der ausschweifenden Zügellosigkeit ist unberechtigt. Das Verstehen der Zusammenhänge und Abläufe der Natur vermittelt nicht nur theoretische Kenntnisse, sondern vor allem auch praktische Aufklärung, die von der Furcht vor den Göttern und vor dem Tod befreit.

Nach Epikurs Erkenntnistheorie, die auf den Atomismus und auf die Wahrnehmungslehre Demokrits zurückgeht, kommen Sinneseindrücke durch Ausfluß aus den Gegenständen, die aus Atomen zusammengesetzt sind, zustande. Auch die menschliche Seele, die mit dem Tod vergeht, besteht aus Atomen. Götter werden als unvergängliche Atomkonstellationen aufgefaßt.

Zenon von Kition gründet um 300 v. Chr. in der Stoa Poikile, einer bunt ausgemalten Wandelhalle in Athen, die Stoiker-Schule, die bis in die Mitte des 3. Jahrhunderts n. Chr. fortbesteht. Die frühe Stoa zeigt starke Affinitäten zum Kynismus und sieht sich wie dieser in der Nachfolge des Sokrates und in kritischer, zum Teil polemischer Opposition zur Akademie und zum Peripatos.

Wie Sokrates versucht auch Zenon, in einer Welt der vor allem durch den Skeptizismus der Sophisten verursachten erkenntnistheoretischen Verunsicherung und der politisch-gesellschaftlichen Instabilität ein Denkgebäude zu entwerfen, das theoretische Sicherheit und praktische Verläßlichkeit gewährleistet. Sein Hauptanliegen ist es, ein philosophisches System individueller Lebenshilfe und, im Unterschied zu Epikureern und Kynikern, politischer Festigkeit zu entwerfen. Das Glück, zugleich das Ziel des Menschen, besteht darin, ein Leben der Übereinstimmung mit sich selbst und mit der Natur zu führen, und dies erreicht man, indem man die Gesetze der Natur erforscht und sich konsequent an der Vernunfterkenntnis orientiert, falsche Vorurteile und Neigungen sowie das Streben nach bloß äußeren Gütern überwindet und nur die Tugend als Richtschnur des Handelns zuläßt. Grundlage der Erkenntnis ist die Wahrnehmung, die untrüglich wahre Vorstellungen liefert, von denen aus mit Hilfe der Logik weitere sichere Schlußfolgerungen möglich sind. Die Welt, den Kosmos, deutet er als einheitlichen, lebendigen Organismus, der vom

Epikur, um 342–271 v. Chr., hellenistische Büste, Louvre, Paris

Im Zentrum der Philosophie Epikurs steht die Lehre vom glückseligen Leben. Das Prinzip der Lust, das die Grundlage des Glücks bildet, definiert Epikur als Abwesenheit von körperlichem und seelischem Schmerz. Das Ideal der epikureischen Philosophie besteht in einem einfachen Leben, das es dem Menschen ermöglicht, grundlegende Bedürfnisse zu befriedigen und schweren Schicksalsschlägen mit Gleichmut zu begegnen. Die von Epikur gepriesene Lust hat allerdings nichts zu tun mit Sinneslust und Schwelgerei. Der Mensch soll auch Erlebnisse vermeiden, die zwar ein momentanes Glück garantieren, jedoch Schmerz und Unglück zur Folge haben könnten.

Diogenes in der Tonne, von Alexander dem Großen besucht, Umrißstich nach einem römischen Relief

Diogenes von Sinope, hier dargestellt in seiner Behausung – einem Faß bzw. einer mächtigen Tonne aus Ton –, ist nicht zu verwechseln mit Diogenes Laertios, der ein halbes Jahrtausend später lebte und die einzige erhaltene antike Philosophiegeschichte schrieb. Die „Botschaft" des Mannes aus Sinope, der lange in Athen lebte, bestand in seiner Lebensweise und schlagfertigen Antworten und Kernsprüchen, die er lieferte und physisch demonstrierte. Das athenische „Establishment" konfrontierte er mit einem besitzlosen und nach ausgeglichener Bedürfnislosigkeit strebenden Dasein, das provokativ eitle Konventionen entlarven und natürliche Menschlichkeit zeigen sollte. Mit einem brennenden Licht tappte er am hellen Tag über den Markt und sagte, er suche einen Menschen (d. h. nicht in gesellschaftlichen Zwängen selbstvergessene Larven). Alexander den Großen, der ihm der Legende nach einen Wunsch erfüllen wollte, bat er nur um eins: „Geh' mir ein wenig aus der Sonne." Spöttisch, aber ganz in seinem eigenen Sinne, nannte man ihn „Hund" (griech. „kyon"); entsprechend werden er und andere Zeitgenossen, die seine Haltung teilten, als „Kyniker" bezeichnet.

Chrysipp, Marmorstatue, 3. Jahrhundert v. Chr., Louvre, Paris

Chrysipp war der dritte Leiter der stoischen Schule in Athen. Wie die anderen Stoiker unterteilte er die Wissenschaft in Physik, Ethik und Logik und sah alle Natur von einem vernünftigen Prinzip hervorgebracht. In zahlreichen Schriften systematisierte er dieThesen seiner Vorgänger. Sehr eindrucksvoll zeigt die Statue den individualisierenden Realismus der hellenistischen Kunst. Ein Moment der Konzentration ist wiedergegeben, suggestiv besonders im Blick und der „sprechenden" Hand, ohne daß das Überindividuell-typische der Haltung, der gewissermaßen allgemeinen Formel eines denkenden Menschen, vernachlässigt wäre. Diese auch auf eine Situation des Lehrens vor Zuhörern zu beziehende Formel bürgerte sich für Philosophendarstellungen ein; wenn sich später bestimmte römische Kaiser so porträtieren ließen, unterstrichen sie ihren Anspruch als Philosophenkaiser.

Feuer als allgemeinem Weltprinzip und vom göttlichen Pneuma (Lufthauch, Atem) des Logos völlig durchwaltet und durch göttliche Fügung oder Vorsehung in seiner Entwicklung gänzlich determiniert ist. Da der allgemeine Welt-Logos auch das politische Leben bestimmt, ergibt sich von hier aus zwangsläufig für die Staatstheorie eine Überwindung des griechischen Polis-Denkens und eine Ausweitung des Blickfeldes zum Kosmopolitismus.

Chrysipp gilt, weil er die philosophische Position neu formulierte und systematisierte, als zweiter Begründer der Stoa. Sein Interessenschwerpunkt ist die Dialektik, verstanden als logische und argumentationstheoretische Grundlagenwissenschaft, die neben der formalen Logik die Sprach- und Semantiktheorie, die Definitionslehre, die Erkenntnistheorie und die Rhetorik umfaßt. Die berühmte Stoische Logik geht im wesentlichen auf ihn zurück.

In der Erkenntnistheorie verbindet er Empirismus und Rationalismus: Ausgehend vom (möglicherweise trügerischen) Sinneseindruck, aus dem der vernunftbegabte Seelenteil eine Vorstellung (Phantasia) entwickelt, entsteht Wahrheit und Erkenntnis, aber erst dann, wenn diese Vorstellung von der Vernunft selbst überprüft worden ist. Mit Hilfe des Gedächtnisses, des Vergleichungs- und des Abstraktionsvermögens bilden wir aus den geprüften Vorstellungen Erfahrungserkenntnisse, die zu Definitionen und Begriffen führen. Die stoische Grundmaxime der Übereinstimmung mit der Natur bezieht Chrysipp unmittelbar auf die Vernunftnatur des Menschen. Obwohl der Mensch grundsätzlich dem alles determinierenden Welt-Logos unterworfen ist, hat er doch die Möglichkeit, sich durch freie Willensentscheidung eine autarke Selbstbestimmung zu bewahren.

Mit Panaitios, dem Begründer der mittleren Stoa, beginnt die Orientierung der griechischen Philosophie am römischen Weltreich-Denken. Er befaßt sich weniger mit Dialektik und Physik, den Schwerpunkten seiner Vorgänger, sondern vor allem mit Problemen der Ethik, und dies insbesondere unter pragmatischen und politischen Aspekten. Er lehnt den ethischen Rigorismus der Stoa mit Askese und Triebunterdrückung ab und bewertet die Lust sowie den Besitz äußerer Güter positiv. Im Gegensatz zum bisher vorherrschenden Ideal des weltfremden stoischen Weisen entwickelt er eine praxisbezogene politische Pflichtenlehre, mit der er bei der politischen und intellektuellen Elite Roms (Cicero, Scipio) großen Anklang findet.

RÖMISCHE PHILOSOPHIE

Bewahrung des Griechischen

Die Philosophie der römischen Antike orientiert sich ohne nennenswerte Originalität weitgehend an der griechischen und tritt nicht in der Form kontinuierlicher Schulbildung auf. Wirkungsgeschichtlich besteht ihr Hauptverdienst darin, dem römischen Weltreich philosophisches Denken vermittelt und eine lateinische Fachsprache der Philosophie entwickelt zu haben, die die Basis der Verbreitung der Philosophie im Mittelalter wurde.

Lukrez schreibt ein Lehrgedicht über die Natur der Dinge, in dem er die Lehre Epikurs mit dem Atomismus Demokrits verbindet. Das ganze Werk durchzieht das Anliegen, die Naturprozesse durchgängig rational zu erklären, um auf diese Weise die Menschen von Todesangst, Götter- und Priesterfurcht zu befreien.

Cicero verbindet in seinem Werk verschiedene philosophische Richtungen der Antike. In der Erkenntnistheorie schließt er sich der skeptischen Variante der Akademie an, in Ethik, Anthropologie und Theologie der Stoa. Ihm verdankt die griechische Philosophie die Anerkennung bei den Römern, die dem philosophischen Denken eher ablehnend gegenüberstehen. Er verdient vor allem als Übersetzer und Vermittller griechischer Philosophie Beachtung. Die griechischen Theorien zur Ethik und Staatsphilosophie überträgt er auf das römische Imperium. Als reflektierter und zugleich pragmatischer Politiker sieht er das Lebensideal in einer Synthese von Philosophie und Rhetorik, und zwar stets im Dienst des Staates, den er als Zusammenschluß auf der Grundlage einer Rechtsvereinbarung und einer Gemeinsamkeit von Interessen definiert. Um den Mißbrauch der Rhetorik zu verhindern, verlangt er vom Redner nicht nur rhetorisches Können, sondern vor allem auch moralische Dignität.

In der Erkenntnistheorie negiert er die Möglichkeit absolut gesicherten Wissens und spricht sich konsequenterweise gegen jede Art von Dogmatismus aus, verlangt aber stets die genaue Prüfung des eigenen Urteils durch sorgfältiges Abwägen aller möglichen Gegenargumente.

Seneca, ebenfalls aktiv an der Politik Roms beteiligt, Lehrer und Erzieher Neros, auf dessen Befehl er später Suizid begeht, lehnt den Atomismus dezidiert ab und orientiert sich vor allem an der alten Stoa, dem Kynismus und dem Epikureismus. Hauptanliegen seiner Philosophie ist die lebenspraktische, zum Teil recht volkstümlich vorgetragene Ethik auf der Grundlage der stoischen Güterlehre. Als Lebensziel propagiert er das Ideal des unerschütterlichen stoischen Weisen, der sich insbesondere durch Beherrschung der Leidenschaften und Gefaßtheit gegenüber dem Tod auszeichnet. Wie Lukrez stellt er die Erforschung der Natur in den Dienst von Aufklärung und Ethik.

Marc Aurel, der „Philosoph auf dem Kaiserthron", folgt weitgehend der stoischen Ethik und Staatsphilosophie. Seine Verknüpfung von Ethik und Religion führt zu der These, daß Unvernünftigkeit mit Ungehorsam gegenüber Gott gleichzusetzen sei. Aus der Vernunftidentität aller Menschen leitet er ein kosmopolitisches Staatsideal ab, das zugleich die ideologische Legitimationsinstanz des römischen Herrschaftsanspruches bildet.

Die Spätantike

Mit dem Neuplatonismus (3.–6. Jahhundert), der bis zur Wiederentdeckung der Aristotelischen Schriften im Mittelalter zur beherrschenden geistigen Macht wird und die anderen philosophischen Schulen und Richtungen fast völlig verdrängt, erfährt die antike Philosophie eine grundlegende Erneuerung. Sein Begründer Plotin entwirft in der Hypostasen-Lehre ein alle Bereiche des Seins und des Denkens umfassendes einheitliches Erklärungsmodell, das im Anschluß an Platons Ontologie, aber mit nicht unerheblichen Veränderungen die Welt in die hierarchisch geordneten Seinsstufen (Hypostasen = Grundlagen, Stützen des Seins) Eins, Geist und Seele aufgliedert.

Die niedere Stufe geht jeweils durch Emanation (Ausfließen) bzw. Ausstrahlung aus der höheren hervor, ohne daß die höhere dadurch eine Seinsminderung erfährt: 1. Grund und Ursprung alles Seienden ist das Eine, das Ur-Eine, auch als das Gute oder das Göttliche bezeichnet; es existiert jenseits allen Seins und Denkens, ist unkörperlich und eigenschaftslos; 2. die Weltvernunft oder der Geist (Nus) bildet den Ort der Vielheit und der Ideen und damit des wahrhaft Seienden; 3. die Seele ist teils als allgemeine Welt-, teils als individuelle Menschen-, Tier- oder Pflanzenseele konzipiert; dadurch, daß sie die gesamte Welt durchwirkt, gestaltet sie den Kosmos zu einem einheitlichen Organismus. Es folgen die unvollkommenen Hypostasen der Körperwelt, der konkreten Dinge, die Plotin ontologisch abwertet, indem er die Materie als das Böse qualifiziert; hiermit legt er den Grund für eine lange Tradition der Leibfeindlichkeit. Das höchste ethische und geistige Ziel des Menschen besteht im überrationalen Einswerden mit dem Ur-Einen, einer Art Unio mystica (mystischen Vereinigung), deren Voraussetzung eine nur durch strenge Askese erreichbare Loslösung von allem Körperlichen ist.

Boethius betrachtet wie auch viele Neuplatoniker die Philosophie Platons und Aristoteles' als eine Einheit und sieht seine Aufgabe hauptsächlich darin, deren Werke ins Lateinische zu übersetzen und zu kommentieren. Mit seinen Schriften zum Organon des Aristoteles wird er zum Vermittler der antiken Logik für die mittelalterliche Philosophie. Nach seiner Verurteilung wegen Hochverrats durch Theoderich verfaßt er im Kerker die Schrift „Trost der Philosophie", in der er alle irdischen Güter als wertlos bezeichnet und Gott als das höchste Gut preist.

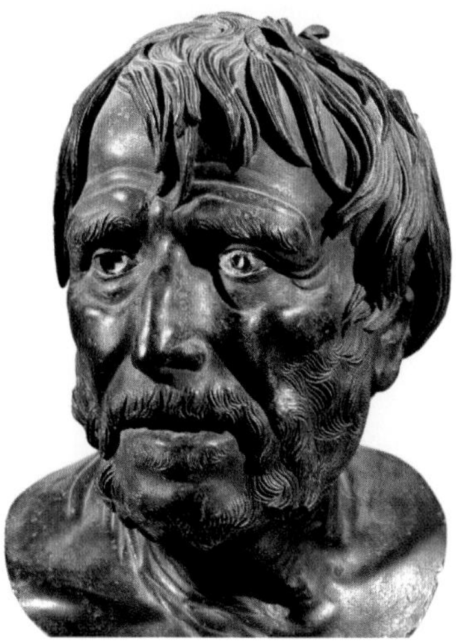

Pseudo-Seneca, Römische Kopie nach griechischem Original, Bronze, Museo Nazionale Archeologico, Neapel

Zu Beginn des 19. Jahrhunderts wurde das bislang einzig bekannte Porträt Senecas gefunden, das eine Inschrift mit seinem Namen trägt. Es hat sehr wenig Ähnlichkeit mit dem hier abgebildeten Bronzekopf, der auch in zahlreichen Marmorversionen existiert und seit dem Ende des 16. Jahrhunderts als Seneca-Porträt gegolten hatte. Da es im 17. und 18. Jahrhundert eine Art Senecarenaissance gab, befanden sich in vielen Kunstsammlungen der Zeit Gipskopien oder Gemälde von diesem Kopf.
Bewundert wurde der römische Philosoph und Dichter nicht nur seiner ethischen Haltung wegen, als Muster der Tugend, sondern auch als bedeutender Dramatiker, dessen Tragödien einigen Einfluß auf die französische und deutsche Barockdichtung ausübten.

Philosophie und Theologie

Das Mittelalter

GLAUBE UND WISSEN

Von der Spätantike zum Mittelalter

Im 4. Jahrhundert war die antike Kultur tiefgreifenden Wandlungen unterworfen. Durch die verstärkt herandrängenden germanischen Stämme aus dem Norden und innere Auflösungserscheinungen kam es schließlich Ende des 4. Jahrhunderts zur Teilung des Römischen Reiches in ein Ost- und ein Weströmisches Reich. Einige Zeit später wurde Rom, die Hauptstadt des Weströmischen Reiches, von einfallenden Barbaren geplündert, und im Jahr 476 zerbrach das gesamte Reich. Das Oströmische Reich mit der Hauptstadt Konstantinopel existierte nach dieser Teilung dagegen noch bis in das Jahr 1453, in dem die Türken Konstantinopel eroberten. Diese nahezu tausend Jahre dauernde Epoche zwischen dem Zerfall des Weströmischen und dem des Oströmischen Reiches umgrenzt in etwa die Zeit, die heute gemeinhin als Mittelalter bezeichnet wird.

Ein symbolisches Datum für den Übergang von der antiken zur mittelalterlichen und damit christlichen Philosophie ist die Schließung der Platonischen Akademie durch Kaiser Justinian im Jahr 529. Im selben Jahr wird der erste große Mönchsorden, der Orden der Benediktiner, gegründet, und von da an werden die Klöster zu Lehranstalten und geistigen Zentren.

Der Beginn des Mittelalters markiert auch die beginnende Ausbreitung des Christentums in Europa. In den großen antiken Städten gab es schon christliche Gemeinden, aber sie spielten keine bedeutende Rolle. Jetzt änderten sich die Verhältnisse. Zu Beginn des 4. Jahrhunderts erhielt das Christentum durch einen Erlaß Kaiser Konstantins eine gleichberechtigte Stellung neben der heidnischen Religion. Ungefähr hundert Jahre später wurde das Christentum zur alleinigen Staatsreligion. Innerhalb von vier Jahrhunderten war ganz Europa christianisiert worden.

Mit der Ausbreitung des Christentums in Europa setzt auch ein Wandel in der Philosophie ein. Mittelalterliche Philosophie besteht vor allem in der Verknüpfung von Philosophie und Theologie. Ihre grundlegenden Problemstellungen basieren auf der Frage nach dem Verhältnis von Glaube und Wissen. Die Grundlage bildete die christliche Lehre, die es zu verteidigen galt (Apologetik). Aber es wird deutlich, daß mittelalterliches Philosophieren keinen vollständigen Bruch mit der antiken Philosophie bedeutet. Viele Gelehrte suchten eine Anknüpfung an die Theorien antiker Philosophen und eine Verbindung dieser Theorien mit der christlichen Lehre.

Einer dieser Gelehrten war Aurelius Augustinus, der bedeutendste Philosoph der Zeit des Übergangs von der Spätantike zum Mittelalter. Sein Denken ist vor allem von Platon und dem Neuplatonismus beeinflußt. Vom Neuplatonismus übernimmt Augustinus den Gedanken, daß das gesamte Dasein göttlichen Ursprungs ist. Er teilt die platonische Vorstellung von den Ideen, aber

DAS MITTELALTER

Mittelalterliche Philosophie besteht in erster Linie in der **Verknüpfung von Philosophie und Theologie**, denn ihre Grundlage bildet die christliche Lehre, die es zu verteidigen und rational zu begründen galt.

Eines der Hauptthemen der mittelalterlichen Philosophie ist deshalb die Frage nach dem **Verhältnis von Glaube und Wissen** und der damit verbundene Versuch, den unvereinbar scheinenden Gegensatz von geoffenbarter Wahrheit und philosophischer Erkenntnis zu überwinden.

Die **erste Periode (ca. 200–700)** fällt zum Teil noch mit der Antike zusammen. Ihr bedeutendster Vertreter ist **Aurelius Augustinus**, der die wichtigsten Grundlagen der gesamten mittelalterlichen Philosophie legte.

Die theologisch-philosophische Lehre des europäischen Mittelalters wird **Scholastik** genannt (lat. „schola" = Schule). Mit diesem Begriff ist zugleich eine besondere Art und Weise der Begründung der Glaubenswahrheiten bezeichnet (scholastische Methode), die an den Klosterschulen praktiziert wurde.

Die Entwicklung der Scholastik erfolgte in drei Etappen. In der ersten Etappe, der sogenannten **Frühscholastik (ca. 800–1200)**, bildete sich die scholastische Methode heraus, und es erfolgte die erste Auseinandersetzung mit den Schriften des Aristoteles, die in dieser Zeit bekannt wurden.

Die Erde als Scheibe vom Ozean umflossen, französische Buchmalerei, 15. Jh., Bibliothèque Nationale, Paris

Die nachfolgende **Hochscholastik (ca. 1150–1300)** wird als Blütezeit der Scholastik bezeichnet. Sie ist gekennzeichnet durch das Bekanntwerden der übrigen Schriften des Aristoteles und den Versuch einer **Verbindung der aristotelischen Philosophie mit christlichen Auffassungen (Thomas von Aquin)**. Darüber hinaus erfolgte die Auseinandersetzung mit der arabischen Philosophie. In der letzten Epoche, der **Spätscholastik (ca. 1300–1400)**, erfolgt bereits der Niedergang der Scholastik.

Zu den Kernproblemen mittelalterlicher Philosophie gehört der **Universalienstreit**. Dabei geht es um die Frage, ob allgemeinen Begriffen eine eigene Realität zukommt oder ob sie nur Resultate des Denkens und der Sprache sind.

Bedeutungsvoll für die Entwicklung der Scholastik war die **Gründung von Universitäten** (12. Jahrhundert), die sich schnell zu Zentren des geistigen Lebens entwickelten.

er sieht sie in Beziehung zu Gottes Schöpfung. Gott schuf die Dinge nach den Ideen, die schon vorher in seinem Geist vorhanden waren. Wie für Platon, so sind auch für Augustinus die Ideen Urbilder, aber sie sind von Gott „gedachte" Urbilder, nach denen er die Dinge schuf. Auf diese Weise gelingt es Augustinus, die platonische Auffassung von den Ideen mit der heiligen Schrift zu verbinden. Auch Augustinus' Vorstellung vom Bösen entspricht im wesentlichen der des Neuplatonismus. Da das Böse nur die Negation des Guten ist, kommt ihm keine eigenständige Existenz zu.

Augustinus' gesamtes Denken ist auf Gott gerichtet. Im Christentum liegt für ihn die Quelle jeglicher Wahrheit. Zu klären bleibt, ob diese Wahrheiten nur durch den Glauben offenbar werden oder ob sie auch mit der Vernunft ergründet werden können. Vernunft und Glauben sind für Augustinus untrennbar verbunden. Vernunft ist im Glauben und im Glauben liegt Vernunft. So gehen auch Erkenntnis und Glauben einen gemeinsamen Weg, den Weg zu Gott. Nach Augustinus führt dieser Weg über das Innerste der Seele. Die Grundlage von Wissen, Erkenntnis und Wahrheit liegt in der Selbstgewißheit. An allen äußeren, nur sinnlich wahrnehmbaren Dingen kann man, was die Wahrhaftigkeit ihrer Existenz angeht, zweifeln. Aber indem der Mensch zweifelt, wird er sich selbst als eines Zweifelnden bewußt. Worin besteht jedoch die Bedeutung dieser Selbstgewißheit?

Diese Selbstgewißheit ist eine Wahrnehmung, die über die sinnliche Wahrnehmung und das dabei gewonnene Wissen hinausgeht. Je tiefer der Mensch in sein Innerstes vordringt, desto näher kommt er der Wahrheit, die nach Augustinus „im inneren Menschen wohnt". Die Selbstgewißheit steht bei Augustinus von vornherein in Beziehung zu Gott. In der Selbstgewißheit liegt Gottesgewißheit, denn Gott schuf den Menschen nach seinem Bilde.

DIE HERAUSBILDUNG DER SCHOLASTIK

Die scholastische Methode

Im 9. Jahrhundert ging es nicht mehr nur darum, die christliche und die antike Lehre voneinander abzugrenzen bzw. miteinander zu verbinden, sondern vielmehr um die Entwicklung einer systematischen Gesamtdarstellung und vernünftigen Begründung der Glaubenswahrheiten. Den Ort der Durchführung dieses umfangreichen Unternehmens bildete der lateinische Schulbetrieb, weshalb man hier von Scholastik (lat. „schola" = Schule) spricht. Der Philosophie, die der Theologie untergeordnet war bzw. mit ihr ineinsgesetzt wurde, kam dabei die Aufgabe zu, die zum Teil unüberwindbar scheinenden Widersprüche zwischen offenbarter Wahrheit und philosophischer Erkenntnis auszugleichen. Damit sollten alle gegen den Offenbarungsglauben erhobenen Einwände beseitigt und die christliche Lehre nicht nur wie bisher verteidigt, sondern auch rational begründet werden.

Zu diesem Zweck bediente man sich einer besonderen Vorgehensweise, der sogenannten scholastischen Methode, die von vielen Gelehrten entwickelt und in den Klosterschulen praktiziert wurde. Die Auseinandersetzung mit einem Text bedeutet danach zunächst die Kommentierung anhand der kirchlichen Autoritäten (Bibel, Kirchenväter) und im weiteren ein Streitgespräch zur Klärung offener Fragen, das mit den Mitteln und Methoden der Logik durchgeführt wurde. Widersprechende Meinungen werden einander gegenübergestellt, wobei schließlich mit Hilfe der Ansichten der Autoritäten eine Lösung des Problems herbeigeführt wird. Diese Vorgehensweise bewegt sich also weitestgehend im Rahmen der bereits vorgegebenen Interpretationen der Kirchenväter (beispielsweise Augustinus), die bereits die dogmatischen

Die Berufung des Heiligen Augustinus, Fresko von Guariento, 14. Jahrhundert, Chiesa degli Eremitani, Padua

Aurelius Augustinus (354–430), der zur theologischen Autorität der christlichen Kirche bis ins 17. Jahrhundert wurde, gilt als der bedeutendste Philosoph der Zeit des Übergangs von der Spätantike zum Mittelalter. Er war zunächst Rhetoriklehrer, bevor er sich nach einer Zeit innerer Unruhe und Orientierungslosigkeit zum Christentum bekehrte. In seinen berühmten „Confessiones" („Bekenntnisse") schildert er später, daß es eine göttliche Eingebung war, die ihn zum rechten Glauben führte und die Zeit der Suche und Unentschlossenheit beendete. Nach diesem Erlebnis gab er seine Lehrtätigkeit auf, zog sich auf ein Landgut zurück und widmete sich ausschließlich christlichen und philosophischen Themen.
Grundlegend für sein Denken war der Neuplatonismus, von dem er unter anderem die Ideenlehre und die Auffassung des göttlichen Ursprungs allen Daseins übernahm. Mit seiner Verknüpfung (neu)platonischer Gedanken mit der christlichen Lehre legte er die Grundlagen der gesamten mittelalterlichen christlichen Philosophie.

Albertus Magnus am Schreibpult, Fresko von Tommaso da Modena, 1352, Capitolo dei Domenicani, Treviso

Vermittelt durch arabische Philosophen wurden im 12. Jahrhundert die Schriften des Aristoteles in Europa bekannt. Die christliche Gelehrtenwelt wurde dadurch mit neuen Erkenntnissen auf dem Gebiet der Logik, Metaphysik und Naturphilosophie konfrontiert. Viele sahen jedoch einen Widerspruch zwischen der aristotelischen Lehre und dem christlichen Glauben, weshalb der Gebrauch der Schriften an einigen Universitäten verboten wurde. Albertus Magnus gebührt das Verdienst, der aristotelischen Philosophie zum Durchbruch verholfen zu haben. Er vertrat die Auffassung, daß die Beschäftigung mit der Natur unter Anwendung aristotelischer Gedanken zur wahren Philosophie führen müsse. Der Versuch, die systematisch-wissenschaftliche Philosophie des Aristoteles mit der theologischen Tradition zu verbinden, gelang jedoch erst seinem Schüler Thomas von Aquin.

Grundlagen des Glaubens geschaffen hatten. Die bedeutende Rolle der Logik innerhalb dieser Methode verwundert nicht, gehört sie doch zu den Sieben Freien Künsten, die den gesamten nichttheologischen Lehrstoff des Mittelalters ausmachten und den höheren Bildungsweg bestimmten. Die erste, unterste Stufe des Studiums der Sieben Freien Künste umfaßt die Gebiete Rhetorik, Grammatik, Dialektik bzw. Logik (das sogenannte Trivium), die zweite Stufe beinhaltet Arithmetik, Geometrie, Astronomie und Musik (das sogenannte Quadrivium).

Die Entwicklung der Scholastik erfolgte im wesentlichen in drei Etappen. In der ersten Etappe, der sogenannten Frühscholastik (ca. 800–1200) bildete sich die scholastische Methode heraus, und es erfolgte die erste Auseinandersetzung mit den Schriften des Aristoteles, die in dieser Zeit bekannt wurden. Die Hochscholastik (ca. 1150–1300) wird als Blütezeit der Scholastik bezeichnet. Sie ist gekennzeichnet durch das Bekanntwerden der übrigen Schriften des Aristoteles und den Versuch einer Verbindung der aristotelischen Philosophie mit christlichen Auffassungen (Thomas von Aquin). Außerdem erfolgte die Auseinandersetzung mit der arabischen Philosophie. In der letzten Epoche, der Spätscholastik (ca. 1300–1400) erfolgt bereits der Niedergang der Scholastik.

Der Universalienstreit

Die scholastische Methode wurde vor allem von Peter Abälard entwickelt, der durch seine Lösung des Universalienproblems Bedeutung erlangte. Das Universalienproblem gehört zu den Kernproblemen der mittelalterlichen Philosophie. Dabei geht es um die Frage, ob den allgemeinen Begriffen (Universalien) eine eigene Realität zukommt oder nicht. Gebraucht man z. B. die Begriffe „Mensch" oder „Tier" als Gattungsbegriffe (beispielsweise in dem Satz: „Alle Menschen sind sterblich"), dann entspricht ihnen in der Realität kein konkretes einzelnes Individuum, denn sonst würde man von dem Menschen oder diesem oder jenem Tier sprechen. Trotzdem verweisen diese Begriffe auf etwas und haben eine bestimmte Bedeutung. Die Frage ist, ob dieses Allgemeine auch Anteil an der Wirklichkeit hat, d. h. ob in der Realität so etwas wie Menschsein oder Tierheit vorhanden ist, genauso wie es einzelne Menschen und einzelne Tiere gibt, oder anders gesagt, ob es allgemeine Wesenheiten gibt, denen eine eigene Wirklichkeit entspricht, unabhängig von der Existenz der einzelnen Dinge.

Problemgeschichtlich geht der Universalienstreit auf die Kritik und Umdeutung der Ideenlehre des Platon durch Aristoteles zurück. Für Platon waren die Ideen das Wahrhaft-Wirkliche, während Aristoteles diese Art der Transzendenz als ein überflüssiges Konstrukt ansah.

Es gibt zwei Lösungsansätze des Universalienproblems, abgesehen von zahlreichen Varianten, die sich zum Teil nicht eindeutig einer der beiden grundlegenden Richtungen zuordnen lassen. Der eine Ansatz geht davon aus, daß das Allgemeine nur als Name (als Wort bzw. Zeichen) nach dem Einzelnen steht („universalia sunt nomina post rem"). Diese Auffassung wird als Nominalismus bezeichnet (lat. „Nomen" = Name). Geht man hingegen davon aus, daß es sich bei den Universalien um reale Dinge bzw. Urbilder handelt, vertritt man eine realistische Auffassung. Für die Anhänger des Realismus (oder Begriffsrealismus) gilt das Allgemeine als wahre Wirklichkeit, die vor dem Einzelnen, Individuellen existiert („universalia sunt realia ante rem").

Der Hauptvertreter des Nominalismus ist Roscelin von Compiègne. Er bezeichnet die Universalien als artikulierte Laute, denen in der Realität nichts entspricht. Damit sind die Universalien bloße Sprachprodukte. Für die Vertreter des Realismus ist das eine unhaltbare Auffassung. Wilhelm von Champeaux, ein Anhänger des Realismus, geht von einer den Dingen gemeinsamen Wesenheit aus, die unabhängig von der Realität der einzelnen Dinge existiert. Dem Gattungsbegriff entspricht somit eine reale Substanz, die mit diesem Wesen identisch ist. Die

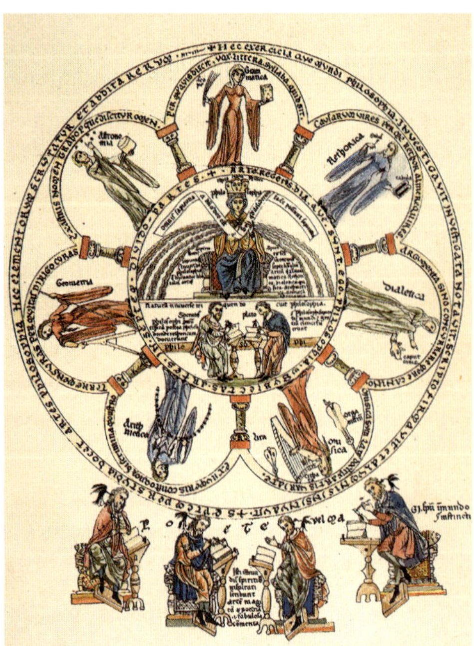

Die Sieben Freien Künste, aus: Herrad von Landsperg, „Hortus deliciarum", Umrißzeichnung nach der in der Bibliothek in Straßburg verbrannten Handschrift, um 1170, spätere Kolorierung

Die allgemeine Erziehung und Schulbildung im Mittelalter basierte auf dem aus der Antike stammenden System der Sieben Freien Künste („septem artes liberales"). In der Antike galten sie als eine Art Propädeutik (Einführung) der Philosophie, während sie im Mittelalter den Charakter einer allgemeinen Bildungslehre erhielten, die den gesamten nichttheologischen Lehrstoff umfaßte. Man unterscheidet zwei Stufen: die untere Stufe, das „Trivium", das die sogenannten „redenden" Künste beinhaltet (Grammatik, Rhetorik, Dialektik) und das „Quadrivium", welches die „rechnenden" Künste ausmacht (Musik, Arithmetik, Geometrie und Astronomie). Im Mittelalter bildeten die Sieben Freien Künste den Grundkurs an jeder Universität.

Unterschiede zwischen den einzelnen Individuen liegen für Wilhelm in den verschieden zusammengefügten Eigenschaften und Zuständen. Neben der realistischen bzw. nominalistischen Auffassung gibt es noch andere Möglichkeiten der Beantwortung der Universalienfrage. Ein interessantes Beispiel dafür ist der Vorschlag von Peter Abälard. Er kennt die divergierenden Lösungsansätze von Roscelin und Wilhelm und unterzieht beide einer kritischen Betrachtung. Roscelin unterschätze, so Abälard, den bedeutungstragenden Aspekt der Universalien, denn ohne Zweifel verweisen diese allgemeinen Begriffe auf etwas, weshalb sie nicht nur willkürlich Lautgebilde sein können. Aber Abälard kritisiert auch Wilhelms Darstellung. Das, worauf die Universalien verweisen, könne keine reale Substanz sein, denn ein real existierendes Allgemeines müßte dann verschiedene, einander widersprechende Eigenschaften aufweisen. Würde beispielsweise so etwas wie ein „Lebewesen" real existieren, dann wäre es zugleich vernunftbegabt und nicht-vernunftbegabt, was einen Widerspruch darstellt.

Das Allgemeine ist für Abälard kein real existierendes Ding, sondern eine vom Menschen hervorgebrachte Abstraktion. Nur im subjektiven Denken sind die Universalien allgemein. Die abstrakten Begriffe werden jedoch nicht willkürlich gebildet. Es handelt sich um eine Abstraktion aus den Einzeldingen, die der Verstand leistet, indem er, von den einzelnen Dingen ausgehend, deren Ähnlichkeiten bestimmt und diese zusammenfaßt. Mit dieser Auffassung weist Abälard auf den schöpferischen, aktiven Anteil des Menschen an seiner Welterfahrung hin, was angesichts der im Mittelalter verbreiteten Darstellung des Menschen als bloß passiv Empfangenden einen äußerst modernen Aspekt seiner Philosophie darstellt.

Die Aristoteles-Rezeption in der Hochscholastik

Im 8. Jahrhundert waren die Araber in Spanien eingedrungen, was nicht nur zur Vermittlung der Kultur und Wissenschaft des Orients beitrug, sondern auch zum Bekanntwerden der wichtigsten Schriften des Aristoteles in Europa führte. Die Rezeption der aristotelischen Schriften brachte Mitte des 12. Jahrhunderts bedeutende Veränderungen innerhalb der Scholastik. Über Syrien vermittelt war es in der arabischen Welt zu einer Aneignung griechischer Kultur gekommen. Die Werke der griechischen Gelehrten wurden ins Arabische übersetzt, und auf dieser Grundlage kam es zur Ausbildung einer islamischen Philosophie. Vor allem die Schriften des Aristoteles wurden studiert und kommentiert. Der Philosoph Al-Farabi war zum Beispiel der erste, der die Logik des Aristoteles auf die offenbarte Religion anwandte. Einen bedeutenden Beitrag hinsichtlich dieser Kommentierung leistete auch Ibn Ruschd (von den Lateinern Averroes genannt), der an einer Systematisierung der islamischen Lehre arbeitete und durch den vor allem die „Metaphysik" des Aristoteles bekannt wurde. Averroes ging, ebenso wie die Scholastiker, davon aus, daß die in den Religionen enthaltenen ewigen Wahrheiten mittels der Vernunft rational begründet werden können.

Die Schriften des Aristoteles, ebenso wie die darauf bezugnehmenden Erläuterungen der arabischen (und auch jüdischen) Gelehrten, wurden schließlich aus dem Griechischen bzw. Arabischen ins Lateinische übersetzt. Die Verbreitung dieser Schriften führte zu neuen philosophischen Ansätzen innerhalb der christlichen Philosophie sowie zu neuen Methoden des Philosophierens.

Triumph des Heiligen Thomas von Aquin, Gemälde von Francesco Traini, S. Caterina, Pisa

Mit Thomas von Aquin (1225–1274) erreichte die mittelalterliche Rezeption der Schriften des Aristoteles ihren Höhepunkt. Thomas versuchte, die christliche Lehre mit der Wissenschaftsauffassung des Aristoteles zu vereinen. Damit gelang ihm die bereits von seinem Lehrer Albertus Magnus angestrebte Synthese von Theologie und Philosophie, bei gleichzeitiger Anerkennung des Unterschiedes beider Lehren bezüglich ihrer Methoden. Die Grundlage der Theologie bildet der Glaube, die der Philosophie die Vernunft. Thomas vertrt die Auffassung, daß sich einige Wahrheiten sowohl mit der Vernunft (d. h. rational und wissenschaftlich) als auch durch die Offenbarung ergründen lassen, d. h. daß beide durch unterschiedliche Herangehensweisen letztlich zu einem gemeinsamen Ziel gelangen. Allerdings schränkte er diese Auffassung insofern ein, als er einige Wahrheiten für ausschließlich durch den Glauben und die Offenbarung erkennbar hielt.

Die Ebstorfer Weltkarte, um 1283, ehemals Kloster Ebstorf bei Uelzen

Während den Griechen die Lehre von der Kugelgestalt der Erde bereits geläufig war, sah man im Mittelalter in dieser Anschauung einen Widerspruch zu den christlichen Schriften und setzte die Vorstellung von der Erde als Scheibe dagegen. Wie in dieser berühmten Karte aus dem 13. Jahrhundert wird die Erde zumeist als kreisförmige, vom Ozean umflossene Fläche dargestellt, die in die drei Erdteile Europa, Asien, Afrika aufgeteilt ist, wobei Asien den größten Teil bildet. Im Zentrum befindet sich Jerusalem, das man für den Mittelpunkt der Welt hielt. Die Scheibe wird von der Gestalt Christi getragen, dessen Kopf, Hände und Füße die vier Himmelsrichtungen anzeigen, wobei der Kopf in östliche Richtung weist.

Es ist sofort sichtbar, daß die Darstellung der Welt stark vereinfacht ist und nicht den realen Größenverhältnissen entspricht. Das liegt zum einen daran, daß die Lage eines Ortes damals nicht nach neuzeitlichen Berechnungsmethoden bestimmt wurde. Andererseits stand die geographische Genauigkeit auch nicht im Vordergrund. Die mittelalterlichen Karten haben eher einen erzählerischen Charakter. Sie schildern die Geschichte der Welt, ausgehend von der Schöpfung, und berichten von Wundern im Sinne der damaligen Überlieferung. Deshalb ähneln sie viel eher einer Weltchronik als einer maßgetreuen Darstellung der Erdoberfläche.

Die christlichen Gelehrten wurden mit neuen Erkenntnissen auf dem Gebiet der Logik, Metaphysik und Naturphilosophie konfrontiert, deren Zusammenhang mit der Offenbarungslehre sich nicht ohne weiteres erschloß. Außerdem führte die Aristoteles-Rezeption zu einer Aufwertung von Wissenschaften wie Astronomie, Physik, Mathematik und Medizin. Diese Gebiete waren bisher ausnahmslos der Theologie untergeordnet gewesen. Jetzt wurde zunehmend deutlich, daß jede Disziplin (auch die Theologie selbst), ihre eigenen Inhalte und Methoden aufwies. Das galt auch für die Philosophie, die ebenfalls im Dienst der Theologie stand. Bei den islamischen Philosophen sah man nun, wie philosophische Themen behandelt wurden, ohne daß ständig Bezug auf die Autoritäten genommen wurde. Somit rückte die Frage nach dem Verhältnis von Theologie und Philosophie erneut ins Blickfeld.

Es war Thomas von Aquin, der wie kein anderer Denker seiner Zeit eine Synthese von Theologie und Philosophie anstrebte, bei gleichzeitiger Anerkennung der jeweiligen Eigenständigkeit beider Lehren bezüglich ihrer Methoden. Die Theologie beruht auf dem Glauben, die Philosophie auf der Vernunft. Thomas ist nun der Meinung, daß sich einige Wahrheiten sowohl mit Hilfe der christlichen Offenbarung als auch mit der Vernunft ergründen lassen. Theologie und Philosophie beinhalten somit zwei verschiedene Wege, die ein gemeinsames Ziel verfolgen, nämlich die Suche nach Wahrheit. Diese zwei Erkenntnismethoden bestehen jedoch nicht einfach nur parallel nebeneinander, sondern wirken aufeinander ein und tragen damit gegenseitig zu einem besseren Verständnis der anderen Herangehensweise bei. Eines der Hauptanliegen von Thomas ist die Verteidigung theologischer Inhalte mittels philosophischer Argumente. Nach Thomas sind jedoch der Vernunft bestimmte Grenzen gesetzt. Nicht alle Fragen können durch die Vernunft geklärt werden. Es gibt auch Wahrheiten, die sich erst durch die Offenbarung erschließen, wie z. B. die Dreieinigkeit und die Inkarnation. Die Synthese von Philosophie und Theologie gelingt Thomas auf der Grundlage seiner Aristoteles-Rezeption, die mit ihm ihren Höhepunkt erreicht. Am Beispiel der Schöpfungslehre läßt sich zeigen, wie Thomas die christliche Lehre mit der Wissenschaftsauffassung des Aristoteles zu vereinen sucht.

Thomas stimmt mit der neuplatonischen These überein, wonach alles Sein von Gott aus dem Nichts geschaffen wurde. Diese Annahme bildet die Grundlage seines Verständnisses der aristotelischen Wissenschaft. Nach Aristoteles muß man vom Einzelnen ausgehen, um etwas über das Wesen der Dinge auszusagen. Das Wesen der Dinge liegt in ihnen selbst. Aus seiner Unterscheidung von Stoff und Form entwickelt Aristoteles seine Lehre vom Werden. In der Materie ist, so Aristoteles, das Wesen nur der Möglichkeit (Potentia) nach angelegt. Erst durch die Form wird die Möglichkeit zur Wirklichkeit (Energeia). Bewegung und Entstehung sind ständige Veränderungen im Verhältnis von Materie und Form. Es ergibt sich ein stufenförmiger Aufbau alles Seienden, das von der ersten Materie als bloßer Möglichkeit bis zu Gott als reiner Wirklichkeit reicht.

Thomas identifiziert dieses Prinzip im Gegensatz zu Aristoteles mit dem Schöpfergott. Gott hat als erster Beweger das Verhältnis von Möglichkeit (Potenz) und Wirklichkeit (Akt) in die Welt gesetzt und damit den Prozeß des Werdens und Vergehens ausgelöst. Das Prinzip ist somit Ausdruck der göttlichen Vernunft. Warum und wie Gott die Welt geschaffen hat, kann die menschliche Vernunft allerdings nicht ergründen, da es sich bei der Schöpfung um einen Akt der Freiheit handelt.

Die Spätscholastik

Das späte Mittelalter (etwa ab dem 14. Jahrhundert) ist eine Krisenzeit, nicht nur was die wirtschaftliche und soziale Entwicklung angeht, sondern auch was das Verhältnis von Theologie und Philosophie betrifft. Der Gegensatz von Philosophie und Theologie wird zunehmend deutlicher, eine Synthese nach Art des Thomas von Aquin immer unmöglicher. Charakteristisch für die philosophischen Entwürfe dieser Zeit ist die konsequente Suche nach Gewißheit, wobei die Frage nach den Grundlagen menschlicher Erkenntnis in den Vordergrund rückt.

Die Philosophie des Wilhelm von Ockham ist ein Beispiel für die neuen Fragestellungen und Lösungsansätze des späten Mittelalters. Die Grundlage seines Denkens bilden vor allem zwei Prinzipien: das Omnipotenz- und das Ökonomieprinzip. Ersteres besagt, daß Gott die Dinge nach freiem Willen schuf, d. h. daß er sie auch hätte anders schaffen können. Das hat zur Folge, daß die Welt nicht mehr als notwendige, sondern als eine der möglichen Welten des Universums gesehen werden muß. Außerhalb Gottes (dem allein ein notwendiges Sein zukommt) gibt es nur kontingente (zufällige, mögliche), keine notwendigen Dinge. Die Vernunft kann demnach die Welt zwar als rational, nicht aber als notwendig begreifen und sie kann demzufolge auch keine vollständige Einsicht in das Wesen und die schöpferische Freiheit Gottes gewinnen. Hatte Augustinus noch den Zugang zu den Ideen Gottes durch Erleuchtung (Illumination) des menschlichen Verstandes angenommen, erkennt Ockham die Endlichkeit und damit die Grenze der menschlichen Erkenntnisfähigkeit. Die schärfer werdende Trennung von Philosophie und Theologie zeichnet sich ab.

Das Ökonomieprinzip, das sogenannte Ockhamsche Rasiermesser, lautet, daß eine Vielheit nicht ohne Notwendigkeit zugrunde gelegt werden darf. Das besagt, daß alle überflüssigen Erklärungen von Sachverhalten unsinnig sind und vermieden werden sollten. Der Sinn dieser These besteht in der Vermeidung einer Eins-zu-Eins-Entsprechung von Begriffen und Gegenständen, denn Begriffe sind trügerisch und nicht jede Beschreibung entspricht einem real existierenden Gegenstand. Es gibt zum Beispiel Dinge, denen unterschiedliche Begriffe zugeordnet werden. Worauf Ockham mit seinem „Rasiermesser" hinweisen will, ist, daß durch überflüssige Erklärungen oder Begriffe möglicherweise falsche Annahmen (der tatsächlichen Existenz des beschriebenen Dinges) verbunden sind. Ockham stellt damit eine Art wissenschaftlicher Maxime auf.

Hinsichtlich des Universalienproblems vertritt Ockham einen nominalistischen Standpunkt. Nach seiner Auffassung sind die Allgemeinbegriffe Namen im Sinne von Zeichen, Bedeutungsinhalten, die im Denken an die Stelle konkreter Dinge treten und mit denen das menschliche Denken die Dinge bezeichnet. Existent sind für Ockham nur die Einzeldinge, weshalb sich die Erkenntnis auch auf diese einzelnen Dinge richten muß.

Ockham unterscheidet eine intuitive von einer abstraktiven Erkenntnis. Erstere bezieht sich auf unmittelbar gegenwärtige und direkt wahrnehmbare Gegenstände und Sachverhalte sowie auf die innere Selbsterfahrung, letztere führt zu Aussagen aufgrund von Begriffen ohne die unmittelbare Anwesenheit eines Objekts. Im ersten Fall wendet man sich also direkt den Realitäten zu, im anderen Fall sind die Ergebnisse nur abgeleitet.

Die intuitive Erkenntnis ist für Ockham die Voraussetzung der abstraktiven. Die Erkenntnis des Einzelnen und die empirische Erfahrung werden somit zum Grundprinzip der Wissenschaft. Aufgrund dessen ist beispielsweise die Beweisbarkeit Gottes unmöglich, denn der Begriff „Gott" ist nur abgeleitet und hat keine Erfahrungsgrundlage. Deshalb kann, so Ockham, an Gott nur geglaubt werden. Bedeutsam an Ockhams Erklärung ist die Tatsache, daß der Unterschied zwischen intuitiver und abstraktiver Erkenntnis nicht in den verschiedenen Gegenständen gründet, mit denen man sich jeweils beschäftigt, sondern in der Art und Weise der Erkenntnis selbst, d. h. der Erkenntnisvollzug steht im Vordergrund und nicht der Erkenntnisgegenstand.

Mit dem spätmittelalterlichen Nominalismus Ockhams ist der Weg bereitet für skeptische und kritische Denkansätze, die kennzeichnend für die Philosophie der Neuzeit sind. Ockham und einige seiner Zeitgenossen vertraten den „neuen Weg" (Via moderna), der allmählich die älteren, von Thomas von Aquin und Albertus Magnus ausgehenden Schulen (Via antiqua) zurückdrängte. Zwischen diesen beiden Richtungen kam es noch lange zu Auseinandersetzungen (sogenannter Wegestreit), aber an den Universitäten setzte sich zunehmend die Via moderna durch.

Duns Scotus in einem Gemälde von Pedro Berruguete, Palazzo Ducale, Urbino

Am Ende des 13. Jahrhunderts wurde die philosophische Theologie im Sinne der von Thomas von Aquin durchgeführten Synthese zunehmend als Bedrohung der Offenbarungstheologie empfunden. Im Zusammenhang mit der Rückbesinnung auf Augustinus erfolgte bei Duns Scotus die strikte Trennung von Theologie und Philosophie.

Der Schulmeister beim Unterricht, Buchmalerei, Zürich um 1310–1340, aus: Heidelberger Liederhandschrift (Codex Manesse)

Das Ziel des mittelalterlichen Bildungswesens bestand in der Erziehung des Menschen zu einem Mitglied der christlichen Gemeinde und in der Unterweisung im Glauben. Lehrer und Erzieher waren bis ins späte Mittelalter Geistliche. Das Schulwesen beginnt mit den Klosterschulen, die in der Zeit Karls des Großen ihre höchste Blüte erlebten. Neben den Klosterschulen entwickelten sich im 8. Jahrhundert Dom- und Stiftsschulen, aus denen mit dem Aufschwung der Wissenschaften im 12. und 13. Jahrhundert die Universitäten hervorgingen.

Zeit des Übergangs

Die Renaissance

BEGINN DER NEUZEIT

Renaissance und Humanismus

Renaissance, Mittelalter, Neuzeit – mit diesen vertrauten Epochenbegriffen der europäischen Geschichte wird ein historisches Kontinuum gegliedert, indem verschiedene Kulturen von einander abgegrenzt werden. Die Möglichkeit dieser Abgrenzung wurde schon im 15. Jahrhundert zu Beginn der Neuzeit empfunden, während das Mittelalter andersartige Einteilungen der Geschichte gekannt hatte, die an biblischen und theologischen Aussagen orientiert waren und die man im abgeschlossenen Schöpfungsplan verankert glaubte. Im 18. Jahrhundert setzte sich endgültig die Überzeugung durch, seit etwa drei Jahrhunderten in einer neuen Epoche zu leben (der Epochenbegriff im heutigen Sinn bildete sich damals heraus).

Tatsächlich kulminierten im 18. Jahrhundert viele Entwicklungen der heute oft sogenannten frühen Neuzeit, der Zeit der Renaissance. Das nachmittelalterliche Staatensystem war etabliert, christliche und traditionell-feudalistische politische Werte wurden von den Denkern der Aufklärung gründlich relativiert, kulturelle Institutionen und das ganze Weltbild wurden säkularisiert (d. h. verweltlicht, von kirchlichen Bindungen und Dogmen abgelöst).

Die Wissenschaften spielten eine entscheidende und selbständige Rolle, Reste scholastischer Begriffssysteme wurden eliminiert. Naturformen und Völker der ganzen Erde wurden verglichen und klassifiziert, das weltbürgerlich gesonnene Bürgertum kam zum Selbstbewußtsein einer breiten und tragenden Gesellschaftsschicht mit revolutionärem Potential, und das Individuum fand neuartige Ausdrucksformen des Ichs.

Dieser neuzeitliche Zustand des 18. Jahrhunderts hatte seine frühneuzeitlichen Wurzeln nicht zuletzt in entscheidenden praktischen Neuerungen (bzw. Anwendungsverbesserungen) des 14. Jahrhunderts, die Francis Bacon in einem Buch von 1620 aufzählt: „die Buchdruckerkunst, das Schießpulver und der Kompaß. Diese drei haben nämlich die Gestalt und das Antlitz der Dinge auf der Erde verändert, zahllose Veränderungen der Dinge sind ihnen gefolgt, und es scheint, daß kein Weltreich, keine Sekte, kein Gestirn eine größere Wirkung und größeren Einfluß auf die menschlichen Belange ausgeübt haben als diese mechanischen Dinge."

Wirklich lassen sich die „drei Dinge" mit den historischen Gegebenheiten verbinden, die den Beginn der Neuzeit ausmachen: der Buchdruck mit der humanistischen Gelehrsamkeit der Renaissance und mit den Flugblättern und Schriften der Reformation, die Einführung der Schußwaffen mit dem Ende des Rittertums und damit auch mit der Entwicklung neuer Staatsformen und die Erfindung des Kompasses mit den epochalen geographischen Entdeckungen (Kolumbus, Vasco da Gama).

Die drei Philosophen, Gemälde von Giorgione, um 1508, Kunsthistorisches Museum, Wien

Der Titel, unter dem das Bild heute bekannt ist, stammt nicht vom Maler selbst. Er ist jedoch nicht abwegig, obwohl die drei Männer keineswegs eindeutig als Philosophen im modernen Wortsinn zu identifizieren sind. Philosophen hießen in der Renaissance nicht nur die Theoretiker der Metaphysik, der Moral und der Theologie, sondern zudem alle, die sich mit der Natur befaßten. Auch astronomische Forschungen, auf die die Figuren auf dem Pergament des alten Mannes rechts im Bild verweisen, gehörten zur Philosophie. Giorgione zeigt drei Menschenalter, drei Beziehungen zur Welt. Unbefangene Kontemplation, beherrschte Entschlossenheit zum Handeln, skeptische Weisheit mit möglicherweise magischen Fähigkeiten gepaart – das sind typisierte Haltungen, wie sie in traditionellen philosophischen Bestimmungen des menschlichen Daseins unterschieden wurden. Das Allgemeine verbindet Giorgione mit lebendiger Individualität. Die Einbettung der Männer in die Landschaft geschieht ungezwungen und gibt der gedanklich-allgemeinen Bedeutung einen intimen Anstrich der Wirklichkeit.

In der Mitte des 16. Jahrhunderts veröffentlichte der Maler und Architekt Giorgio Vasari Lebensbeschreibungen berühmter Künstler, deren Reihe mit den ersten „Überwindern" des von Vasari sogenannten barbarischen Stils der Gotik beginnt. Hier wird das Mittelalter als eine dunkle Epoche ausgegrenzt gegenüber der Antike und deren Wiedergeburt („Renaissance") in der italienischen Kunst des 14. Jahrhunderts (Giotto) und dann vor allem des 15. und frühen 16. Jahrhunderts (z. B. Leonardo, Michelangelo, Raffael). „Renaissance" wurde im 19. Jahrhundert als Begriff für eine ganze Kulturepoche geprägt, die ungefähr die Zeit von 1400 bis 1530 oder auch bis 1600 umfaßt und die im wesentlichen auf Italien beschränkt ist oder doch in Italien ihren Ausgangspunkt hat.

Relativ scharf umrissen ist der Renaissancebegriff seinem Ursprung gemäß am ehesten in der Kunstgeschichte, in anderen Bereichen fällt die Abgrenzung des Gemeinten gegen Mittelalter und Barock viel schwerer. Man sieht heute die Renaissance nicht mehr als einheitliches Gesamtkulturgebilde, sondern betrachtet sie eher als „Schwellenzeit", in der herausragend Neues mit der mittelalterlichen Tradition verwoben ist.

Viele der epochemachenden Neuerungen dieser Zeit findet man im Bereich der bildenden Kunst. Im frühen 15. Jahrhundert entdeckten Architekten und Maler die Zentralperspektive, die eine bildliche Tiefenillusion schafft und es erlaubt, Mensch und Dinge proportionsgetreu im Raum darzustellen. Gegenüber dem durch Symbole und Bildformeln strukturierten Imaginationsverfahren der mittelalterlichen Malerei beruht das perspektivische Abbildungsverfahren auf dem jeweils bestimmten Verhältnis von Bildgegenstand, Bildfläche und Augenpunkt des Beobachters und macht das Bild zur „Funk-

Ideale Stadtansicht, 15. Jahrhundert, Palazzo Ducale, Urbino

Für die Kunst und Architektur der Renaissance ist das Streben nach vollkommener Harmonie und Schönheit kennzeichnend. In der Antike, so glaubte man, seien diese ästhetischen Ideale bereits verwirklicht gewesen. Die Wiederentdeckung antiken Wissens zeigt sich unter anderem in der Malerei und Architektur. Man legte besonderen Wert auf ausgewogene Verhältnisse und aufeinander abgestimmte Proportionen und erforschte die Regeln, nach denen diese symmetrischen Verhältnisse zustande kommen. Die zentralperspektivische Raumgestaltung der Idealstadt entspricht diesem Harmoniestreben.

DIE RENAISSANCE

Mit „Entdeckung der Welt, Entdeckung des Menschen" faßte der französische Historiker J. Michelet stichwortartig die Neuerungen des 15. und 16. Jahrhunderts zusammen, als er 1854 in einer Geschichte Frankreichs zum ersten Mal „Renaissance" (**„Wiedergeburt"**) als Epochenbegriff gebrauchte.

Eine Wiederherstellung antiker republikanischer Staatsformen war bereits in einer römischen Volkserhebung unter Cola di Rienzi (1347) versucht worden. Der politische Theoretiker Machiavelli sprach im frühen 16. Jahrhundert diesbezüglich von einer Wiedergeburt.

Ebenfalls im 16. Jahrhundert bürgerte sich die Rede von einer Wiedergeburt der Antike in der zeitgenössischen Kunst ein.

In Geographie, Astronomie und Naturforschung erweiterten sich die Horizonte sprunghaft.

1543 wurden die astronomischen Thesen des Kopernikus veröffentlicht, der die **Sonne als Mittelpunkt des Planetensystems** sah. Der Philosoph Giordano Bruno unterstützte die These und erweiterte sie, indem er das Universum als unendlich ausgedehnt betrachtete.

Der **Buchdruck**, von Johannes Gutenberg um 1440 entwickelt, revolutionierte im Zusammenhang mit einem Aufstieg von Stadtstaaten und ihres Bürgertums und einer auch dadurch entstehenden Leserschaft das Bildungs- und Informationswesen.

Die durch den Thesenanschlag Luthers (1517) ausgelöste **Reformation** erstrebte eine Renaissance ursprünglicher Überzeugungen und Religionsübungen des christlichen Offenbarungsglaubens.

Die katholische Gegenreformation, verbunden u. a. mit einer Neuorganisation der Inquisition, setzte mit dem Konzil von Trient (1545–1563) ein.

Im **Humanismus**, der sich wie die Renaissance überhaupt v. a. in Italien entwickelte, ging es seit Francesco Petrarca um die Lebensführung im Geist einer Verbindung von kultivierter Sprache und Moralphilosophie auf der Grundlage philologischer Kenntnisse der Antike.

Die **Philosophie** der Zeit des Übergangs vom Mittelalter zur Neuzeit **befaßt sich** zunehmend **mit dem Menschen, der Geschichte und der Natur.**

Francesco Patrizi versteht Geschichte als Erinnerung, als inneres Verstehen der faktischen Welt und Vermittlung des Subjektiven und Objektiven.

Francesco Petrarca, Gemälde von Justus von Gent, nach 1476, Palazzo Ducale, Urbino

Nikolaus von Kues, 1401–1464, Detail aus einem Kreuzigungsbild in der Kapelle des St. Nikolaus Hospitals in Bernkastel-Kues, um 1463–1480

Ganz im Sinne des Menschenbildes der Renaissance betont Cusanus den schöpferischen Aspekt der menschlichen Erkenntnisfähigkeit, die für ihn Parallelen zur Schöpfung Gottes aufweist. So wie Gott die natürlichen Formen geschaffen hat, erzeugt der Mensch das gedanklich Seiende (künstliche Formen).

tion" dieser Elemente. Das Bild wird wissenschaftlich-rational definiert als genaues Bild der Wirklichkeit, wie sie im Sehen erscheint. Hier deuten sich neuzeitliche Rationalität mit ihrer mathematischen Auffassung von Raum und Natur und ein vom (Betrachter-)Subjekt ausgehendes Verstehen der Welt als denkendes Herstellen der Welt an.

Wie das perspektivische Bild durch seinen immer mitgegebenen Augenpunkt auf das sehende Individuum zielt, so thematisiert die neue Gattung der Porträtmalerei das individuelle Gegenüber. Überhaupt werden in der Renaissance vielfach die Würde und Besonderheit des einzelnen Menschen hervorgehoben; auch hier beginnt ein Bruch mit dem Mittelalter, das mehr von der Idee der kollektiven Glaubensgemeinschaft im Sinne der Mönchsorden bestimmt war. Vor allem ist neu, daß nicht nur Fürsten besungen und gekrönt werden, sondern auch Dichter und „Handwerker" wie Giotto oder Michelangelo.

Der erste in antiker Tradition auf dem Kapitol in Rom mit Lorbeer bekränzte Dichter der neuen Zeit war Francesco Petrarca, zugleich der erste große Humanist. Humanismus als literarisch-philosophische Bewegung und Haltung innerhalb der Renaissance meint gelehrte Bildung in den Künsten und Wissenschaften, die das Menschliche des Menschen herausbilden. „Humanistae" hießen im 15. Jahrhundert Professoren, die unter Heranziehung antiker Quellen Grammatik, Rhetorik, Geschichte, Dichtung und Moralphilosophie lehrten.

Die Humanisten waren Philologen der lateinischen und nach und nach auch der griechischen Literatur, zugleich aber meist auch selbst glänzende Stilisten und Rhetoriker. Petrarca forderte wie seine Nachfolger die Wiedergeburt des Menschen aus dem Geist der Antike und behauptete die Untrennbarkeit von vernünftigem Denken und kultivierter Sprache. Sein politisches Vorbild war die römische Republik; gleiches galt etwa für den Florentiner Humanisten Leonardo Bruni, der seine republikanische Überzeugung literarisch und in einem wichtigen Regierungsamt zugleich praktisch vertrat. Die Verbindung von Theorie und Praxis war überhaupt eine humanistische Forderung und führte zum Renaissanceideal des „uomo universale", des moralisch sicheren, universell gebildeten und auch in seinen Umgangsformen vollendet kultivierten Menschen.

Der Humanismus war nicht auf Italien beschränkt. Der in seiner Zeit wohl beste Kenner der antiken und christlichen Literatur war Erasmus von Rotterdam, seine ausgiebigen Korrespondenzen erstreckten sich über ganz Europa. Sein tolerantes Denken suchte Ausgleich in Fragen menschlicher Leidenschaften, religiöser Konflikte und dem Widerstreit von Antike und Christentum. Auch in England und Frankreich

Reformatorengruppe, (unter den Dargestellten: Martin Luther, Johannes Bugenhagen, Erasmus von Rotterdam, Philipp Melanchthon und Johannes Forster), Kopie nach dem Meienburgischen Epitaph von Lucas Cranach d. J., Wittenberg, Lutherhalle

Die durch Luthers Thesenanschlag (1517) ausgelöste Reformation richtete sich gegen die von der Bibel entfernte spätscholastische Theologie und gegen die Finanzpraktiken der Kirche. Sie verfolgte das Ziel einer Erneuerung der Kirche im Sinne des Evangeliums. Der einzelne steht für Luther in einem unmittelbaren, persönlichen Verhältnis zu Gott, weshalb die beanspruchte Mittlerfunktion der katholischen Kirche entfällt. Luther greift die Prädestinationslehre des Augustinus auf, nach der Erlösung und Verdammnis von Gottes Willen vorherbestimmt sind. Wegen dieser Einschränkung der menschlichen Willensfreiheit geriet er in Streit mit einigen Humanisten, wie z. B. Erasmus von Rotterdam, für den die Selbstbestimmung des Menschen die Grundlage einer humanen Kultur bildet. Auch Philipp Melanchthon, ein enger Mitarbeiter Luthers, betont den freien Willen des Menschen und versucht, den christlichen mit dem humanistischen Denkansatz zu verbinden.

wirkten Humanisten, und in Deutschland konnte Ulrich von Hutten trotz aller Wirren der Zeit ausrufen: „O Jahrhundert, o Wissenschaft, es ist eine Lust zu leben! Die Wissenschaften blühen, die Geister regen sich."

PHILOSOPHIE DER RENAISSANCE

Nikolaus von Kues

Wissendes Nichtwissen von der Unendlichkeit

Die bereits neuzeitliche Hinwendung zur sprachlichen und geschichtlichen Wirklichkeit der menschlichen Welt, die eine Parallele im Realismus der Renaissancekünstler hat, führte die Humanisten immer wieder zur Kritik an der Scholastik mit ihrer naturfernen, logisch ausgeklügelten Erkenntnismetaphysik und ihren endlosen Aristoteleskommentaren. Petrarca führte gegen Aristoteles, durch den man klüger, aber nicht besser werde, die ethisch ausgerichtete Lehre von Platon ins Feld und stand damit am Anfang einer Entwicklung, die zur Platonischen Akademie in Florenz führte.

In Platons Philosophie und besonders in seiner Idee des Guten gebe es eine Annäherung an die göttliche Wahrheit, so Petrarca in einer Schrift „Über die eigene und anderer Leute Unwissenheit". Mit der Unwissenheit ist die des Christen gemeint, dem die letzten Wahrheiten nur im Glauben zugänglich sind. Dieser Punkt wird Programm bei dem Kirchendiplomaten, Kardinal, Humanisten und Philosophen Nikolaus von Kues (oder Nikolaus Cusanus). In seinem Buch „De docta Ignorantia" („Von der gelehrten Unwissenheit" oder „Vom bewußten Nichtwissen", 1440) akzeptiert er die Unbegreiflichkeit der Unendlichkeit Gottes und nimmt diese negative Einsicht zum Ausgangspunkt für die positive Bestimmung eben dieser Unbegreiflichkeit als solcher.

Wenn die Unendlichkeit das gänzlich „andere" der geschaffenen Welt und der Einzeldinge ist, das „Absolute" im Gegensatz zum Relativen, so ist ihr mit dem logischen Apparat der Scholastik nicht beizukommen. Dieser Apparat beruht auf Gegensatz, Ausschließung bzw. Übereinstimmung, Einschließung. Im Absoluten können diese relativen Bezüge nicht vorkommen, es muß, so Cusanus, als dasjenige gedacht werden, in dem die Gegensätze zusammenfallen. Cusanus illustriert das an einem geometrischen Beispiel: Die Tangente an einen Kreis von bestimmter Größe berührt den Kreis in einem Punkt. Wird der Kreis aber unendlich groß, fällt er mit der Tangente zusammen. Das ist einsichtig, aber nicht wirklich vorstellbar. Es geht Cusanus darum, diese Grenze des Verstehbaren zu fassen, um so der eigenen Unwissenheit zuzusehen und sie in ihrem Wesen zu begreifen. Dazu untersucht Cusanus die Art unseres Erkennens überhaupt und gelangt dabei auf eine Verhältnisbestimmung menschlicher und göttlicher Geistestätigkeit.

Der Verstand vergleicht und unterscheidet Dinge, stellt Zahlenverhältnisse her, mißt und kalkuliert. Die so erlangte Kenntnis über die Dinge bleibt aber immer relativ und unvollkommen, da es zwischen den endlosen Dingen der Welt immer noch ein Mehr an Relationen zu finden gibt. Nur mit einem absoluten Maßstab würde sich das Einzelne abschließend bemessen lassen, nur aus der absoluten Einheit der Gegensätze heraus ließe sich die unabschließbare Differenzierung der Welt vollenden und aufheben. Nach Cusanus ist es die Vernunft, die den

Melancholie, Kupferstich von Albrecht Dürer, 1514

Die Lehre von den vier Temperamenten, ihren Mischungen und ihren kosmischen Bezügen, die den menschlichen Charakter mit der Ordnung der Dinge verbinden, war ein wiederkehrendes Thema der Renaissancephilosophie. Das melancholische Temperament, beherrscht vom Planeten Saturn, sah man einerseits dem Laster düsterer Trägheit oder gar der geistigen Umnachtung zugeneigt, andererseits war es die Bedingung schöpferischer Genialität.
Dürers Allegorie zeigt gewiß nicht nur einen psychischen Konstitutionstyp nach zeitgenössischen Vorgaben, sondern ist eine Selbstdarstellung der mit Wissenschaft und Philosophie verbundenen Kunst als einem Medium der Erzeugung unerschöpflicher Bedeutungen.
„Ein guter Maler", so Dürer, „ist inwendig voller Figuren, und selbst wenn er ewig lebte, so hätte er aus den inneren Ideen, von denen Platon schreibt, immer noch etwas Neues durch sein Werk auszugießen."

Symbolische Darstellung der Durchbrechung des mittelalterlichen Weltbildes, Kolorierter Holzschnitt im Stil des 16. Jahrhunderts, aus: Camille Flammarion, „L' atmosphère. Météorologie populaire", Paris, 1888

Reproduktionen dieser Illustration aus einem erfolgreichen populärwissenschaftlichen Werk des 19. Jahrhunderts galten irrtümlich lange Zeit als Wiedergaben eines authentischen Holzschnitts aus der Renaissance. Der mittelalterliche Kosmos ist in stilisierter Form als nicht mehr ernstzunehmendes Weltbild gestaltet, weder was die flache Erde mit der klar begrenzten Sternensphäre angeht, noch was deren Jenseits betrifft.
Ein neugieriger Forscher durchbricht das alte Lehrgebäude der Scholastik und entdeckt jenseits des Horizonts, der bis dahin für die Grenze der Welt gehalten wurde, eine neue, fremde Welt. Diese Grenze verschwand im 16. Jahrhundert ausdrücklich in der Philosophie Giordano Brunos. Anders als Kopernikus, in dessen bereits revolutionärem heliozentrischen System es noch die kugelförmige Außensphäre der Fixsterne gab, hielt Bruno die Sterne für die Sonnen eigener Planetensysteme, die sich ohne Ende ins unbegrenzte Universum erstrecken.

Verstand übergreift und das Absolute nicht erfaßt, aber „berührt". Dank dieser Berührung kann die Vernunft Meßbarkeit als solche und Einheit als solche denken, und diese Denkbarkeit ist die Grundlage der Verstandestätigkeit, die ohne sie nur ziellos unterscheiden würde.
Dieser Zusammenhang von Vernunft und Verstand zeigt dem menschlichen Geist, wie er selbst sein Wissen ermöglicht, anstatt sich ganz der vorgeordneten Wirklichkeit der Dinge anzugleichen. Die Einheit als Gundlage des Zählens und der Mathematik „setzt" der Geist eigenständig ebenso wie z. B. alle Maßeinheiten, die Cusanus „Hypothesen" (Setzungen) nennt. Mit Hypothesen erschließt der Mensch den nie endgültig durchschaubaren Zusammenhang der Dinge. Das ist eine schöpferische Tätigkeit analog zur Tätigkeit Gottes: „Denn wie Gott der Schöpfer des wirklich Seienden und der natürlichen Formen ist, so ist der Mensch Schöpfer des gedanklichen Seienden und der künstlichen Formen; diese sind nichts anderes als Ähnlichkeiten seines Geistes, so wie die Geschöpfe Ähnlichkeiten des göttlichen Geistes sind."

Renaissance-Platonismus

Mit seiner Annahme eines absoluten Prinzips (Gott), dem letztlich – dank der Berührung der Vernunft mit diesem Absoluten – alles Erkennbare und alle Erkenntnis entspringt, nahm Cusanus (neu-)platonische Gedanken auf. Damit stand er nicht allein, es kam im 15. Jahrhundert zu einer regelrechten Platonrenaissance. Die humanistischen Quellentextjäger hatten seit der Zeit Petrarcas alle Schriften Platons in der Originalsprache aufgespürt; Marsilio Ficino übersetzte sie erstmals sämtlich ins Lateinische und machte sie so allen europäischen Gelehrten zugänglich. Ficino und ihm gleichgesonnene Humanisten hatten einen bedeutenden Förderer in Cosimo de' Medici, dem Großbankier, Mäzen und inoffiziellen Herrscher der offiziellen Republik Florenz. Man traf sich seit den späten 1450er Jahren hin und wieder auf einem Landsitz Cosimos zu einem Gesprächszirkel, der seither als Platonische Akademie von Florenz bekannt ist.
Ficino sah in Platons Philosophie eine ganz aktuelle Lehre, die alle widerstrebenden Tendenzen der Zeit zusammenzuführen erlaube. Sie könne Religion und Philosophie, Metaphysik und Wissenschaft, die überall auseinanderlaufen, miteinander versöhnen. Platons Denken enthalte nicht nur vorausweisend bereits die christliche Lehre, sondern vermittle auch zurückgreifend alte Urweisheiten, in denen die eine göttliche Grundoffenbarung vielleicht am reinsten ausgedrückt war. Ficinos „Platonische Theologie" (1474) will diese integrierende Kraft einer „philosophischen Religion" zeigen, indem sie Geist und Natur und alle Stufen des Seins

als einziges Kontinuum darstellt. Als diese Stufen nennt Ficino in abgewandelter neuplatonischer (plotinischer) Tradition: Göttliches Sein; Sphäre der reinen Intelligenzen oder Ideen (Engelwelt); Seele; körperliche Qualitäten (Farbe, Wärme usw.); Körper (formloser Stoff, reine materielle Quantität). Die Mitte des Seins ist die Weltseele. Sie hat ihre Entsprechung und Repräsentanz in der Seele (dem Geist) des Menschen, der nun ins Zentrum des Universums rückt. Die menschliche Erkenntnisfähigkeit kann die Extreme Gott und Körper verbinden und spiegelt (und schafft in gewissem Sinne erst) die durchgängige Einheit des Seins.

Wahrnehmen und Erkennen ist für Ficino kein passives Aufnehmen und Verarbeiten, sondern eine Anverwandlung der Seele an das Erkannte, die nur möglich ist, weil die Seele an allen Seinstufen teil hat. Goethe hat diesen plotinischen Gedanken der Entsprechung von Erkennendem und Erkanntem so ausgedrückt: „Wär nicht das Auge sonnenhaft, die Sonne könnt es nie erblicken; wär nicht in uns des Gottes eigne Kraft, wie könnt uns Göttliches entzücken?" Der Gedanke der Chance der Seele zum erhabenen Aufschwung in der Angleichung an Gott und eine ästhetische Sicht der Welt, deren lichte Harmonie wir im Gleichklang unserer Seele erfahren, haben die Lehre Ficinos oft als philosophische Entsprechung zur Kunst der Renaissance erscheinen lassen.

Die freie und zentrale Stellung des Menschen wird wie bei Ficino auch bei seinem Schüler Pico della Mirandola betont. In einer berühmt gewordenen Rede „Über die Würde des Menschen" läßt er Gottvater zu Adam sagen: „Den übrigen Wesen ist ihre Natur durch die von uns vorgeschriebenen Gesetze bestimmt und wird dadurch in Schranken gehalten. Du bist durch keinerlei unüberwindliche Schranken gehemmt. Ich habe dich zur Mitte der Welt gemacht, damit du von dort bequem um dich schaust, was es alles in der Welt gibt. Wir haben dich weder als einen Himmlischen noch als einen Irdischen, weder als einen Sterblichen noch als einen Unsterblichen geschaffen, damit du als dein eigener, vollkommen frei und ehrenhalber schaffender Bildhauer und Dichter dir selbst die Form bestimmst, in der du leben möchtest."

Der Mensch als Mitte der Welt: das ist hier offenkundig nicht so zu verstehen, daß der Mensch von vornherein als Ebenbild Gottes das Maß aller Dinge ist. Die Mitte ist hier vielmehr ein unbestimmter Ort im Gegensatz zum bestimmten Ort der übrigen Geschöpfe. Die Mitte bedeutet eine Richtungslosigkeit, die als positive Offenheit das Potential der Freiheit ist.

Die platonische Geistphilosophie stand in der Renaissance durchaus nicht unwidersprochen da. So sah z. B. Christofero Landino den Menschen als Einheit von Leib und Seele und als soziales Wesen. Der „vita activa", dem tätigen Leben, gebühre der Vorrang vor der von den Platonikern höher bewerteten „vita contemplativa", dem Leben in geistiger Beschäftigung: „Die Natur als trefflichste Mutter hat uns zur regen Teilnahme am geselligen Verkehr und zur Wahrung der menschlichen Gemeinschaft hervorgebracht." Besonders konsequent wurde die unauflösliche Faktizität der Leib-Seele-Verbindung von dem aristotelisch geschulten Pietro Pomponazzi betont. Er verwarf sogar die Möglichkeit der Unsterblichkeit der Seele, ein für die damalige Zeit enorm kühner Vorstoß.

Selbstbildnis im Konvexspiegel, Gemälde von Parmigianino, um 1523–1524, Kunsthistorisches Museum, Wien

Das Porträt als eigene Bildgattung hatte noch keine lange Geschichte als Parmigianino sein noch heute geradezu modern wirkendes Selbstbildnis malte. In der Entstehung der Porträtmalerei war die in der Renaissance auflebende Wertschätzung des Individuums zum Ausdruck gekommen. In Künstlerselbstbildnissen wurde sie vom demonstrierten Selbstbewußtsein echter schöpferischer Produktivität ergänzt. Während dem mittelalterlichen Denken nach Gott schöpfungsmächtig war, der Künstler jedoch nur real oder ideal schon Vorgeformtes herstellen konnte, gewann jetzt der Künstler gottähnliche Züge. Parmigianino brilliert mit seiner Fähigkeit, die Stofflichkeit einer „Seifenblase", einer Erscheinung im Spiegel, eines virtuellen Bildes darzustellen. Er malt virtuos das gesehene Phänomen, ohne an der gewissermaßen rechtwinkligen Objektivität der „wirklichen" Welt zu hängen. Er zeigt, wie der Künstler als subjektives Zentrum die Bedingung für Phänomene ist und wie er die Phänomene auf sich hin orientiert und sie als solche in ihrem Erscheinen erfahren und bewahren kann.

Platon in einem Gemälde von Pedro Berruguete, um 1477, Louvre, Paris

Die Wiederentdeckung Platons ist kennzeichnend für die Philosophie der Renaissance, im besonderen für die italiensiche Renaissance-Philosophie. Der Hauptvertreter dieser Richtung ist Marsilio Ficino, der sämtliche Schriften Platons ins Lateinische übersetzte und sie damit der europäischen Gelehrtenwelt zugänglich machte. Vor allem Platons Idee des Guten entsprach den humanistischen Tendenzen der Zeit.

Für Ficino stellen Geist und Natur und alle Stufen des Seins ein einziges Kontinuum dar. Die oberste Stufe ist für Ficino, entsprechend der neuplatonischen Tradition, die des Göttlichen Seins (Sphäre der Ideen).

In Cosimo de' Medici fanden die italienischen Renaissance-Philosophen einen wichtigen Förderer. 1459 gründet Cosimo die Platonische Akademie von Florenz, einen Gesprächszirkel nach dem antiken Vorbild – der Philosophenschule Platons.

Verstand und Erfahrung

Das 17. Jahrhundert

NEUES WISSENSCHAFTS-VERSTÄNDNIS

Philosophisches Selbstbewußtsein

Naturbetrachtung, der Blick aus dem geschlossenen Kosmos heraus, Selbstbewußtsein und Würdigung menschlicher Individualität – das sind Ansätze, die in der Renaissance ein Weltbild abzulösen beginnen und die im Barock ergänzt und erweitert werden, vor allem aber auch neue Fundamente bekommen. Die Natur wird nun sehr erfolgreich mit Methoden des Messens und in Experimenten untersucht, denen mathematisch orientierte Hypothesen zugrunde liegen. Das alte Kosmosmodell mit der zentral ruhenden Erde ist endgültig nicht mehr zu halten und die neue Vorstellung vom Sonnensystem wird allmählich selbstverständlich für all diejenigen, die das Privileg der Bildung genießen.

Nüchtern venunftbetonte Denker sehen den Menschen jetzt nicht mehr vorrangig vom schöpfungsgeschichtlichen Gesichtspunkt einer Sonderstellung im Kosmos her, sondern vielmehr als Gattungswesen mit bestimmten affektiven Reaktionsweisen und mit der Anlage zur Bildung gesellschaftlicher Lebensformen. Und das Selbstbewußtsein wird zu einem philosophischen Konzept, zu einem Ort des reinen Denkens, das der Dingwelt gegenübersteht und in sich selbst Prinzipien der Erkenntnis sucht, um systematische Einheit in die Masse dessen zu bringen, was es zu erforschen gibt.

Diese Frage nach den vernünftig zu verantwortenden Erkenntnisprinzipien stellt sich zunehmend gerade mit dem Aufschwung der Naturwissenschaft. Zum einen nämlich sollen philosophische Thesen ganz so wie physikalische Hypothesen oder Erklärungen überprüfbar und in ihrem Zusammenhang mit der Erfahrungswirklichkeit nachvollziehbar gemacht werden. Das Finden und konsequente Anwenden einer bestimmten Methode sichert die konstruktive Transparenz der Thesen. Es wird üblich, von philosophischen „Systemen" zu sprechen. Das sind methodisch geschlossen formulierte und gelöste Aufgabenstellungen, deren Sinn an ihren Voraussetzungen und (Welt-) Erklärungserfolgen gemessen werden kann.

Zum anderen bleibt zwar „Philosophie" auch jetzt noch der Oberbegriff für Wissenschaft überhaupt, Newtons 1687 erschienenes Hauptwerk zur Mechanik und zum Weltsystem z. B. heißt „Die mathematischen Prinzipien der Naturphilosophie". Aber eigentlich hat sich hier die Physik schon selbständig gemacht. Deshalb konzentriert sich die Philosophie besonders auf grundlegende Annahmen, die in den sachbezogenen Einzelwissenschaften bewußt oder unbewußt vorausgesetzt werden, aber nicht selbst ein Thema sind.

Was „ist" eigentlich, was ist die „Substanz", die sich im Wechsel der zufälligen Erscheinungen erhält und dem Erscheinen zugrunde liegt? Oder läßt sich über so etwas wie Substanz gar nichts sagen und sind nur die einzelnen Wahr-

DAS 17. JAHRHUNDERT

Nach dem Ende der Konfessionskriege der ersten Hälfte des Jahrhunderts konsolidiert sich das **Europa der neuzeitlichen Flächenstaaten.** Das Papsttum verliert seine internationale politische Bedeutung. 1625 erscheint die Schrift „Vom Recht des Krieges und des Friedens" von Hugo Grotius, eine vielbeachtete Grundlegung des modernen Völkerrechts.

In Frankreich, das zur führenden Großmacht wird, bildet sich unter Richelieu und Ludwig XIV. der für viele Staaten vorbildliche **zentralistische Absolutismus** aus, der u. a. durch Thomas Hobbes eine philosophische Rechtfertigung erfährt.

Das **Bürgertum gewinnt** in Holland und England, aber auch in Frankreich zunehmend **an Bedeutung**. Nicht zuletzt deshalb wird nun die allgemeinmenschliche Vernunft in der Philosophie zum zentralen Prinzip erhoben.

Wichtig werden auch die meist mit Thesen zur Anthropologie und zur ursprünglichen Bildung staatlicher Gemeinwesen (Gesellschaftsvertrag) verbundenen **Überlegungen zum Naturrecht**, dessen Grundlagen in der vernünftigen Ordnung der Dinge gesucht werden, und dem, so die Forderungen, die Gesetze eines Landes unabhängig von seiner Regierungsform nicht widersprechen dürfen.

Die **neuen Methoden der mathematischen Naturforschung** und ihre Einbindung in die Metaphysik stellen die Weichen für die Entwicklung der westlichen Welt.

René Descartes trägt u. a. mit der Entdeckung der analytischen Geometrie wesentlich zur Entstehung der neuzeitlichen Wissenschaft bei und liefert zugleich ihre philosophischen Grundlagen.

Ludwig XIV. in einem Gemälde von Hyacinthe Rigaud, 1701, Louvre, Paris

Im Anschluß an Descartes verbreitet sich ein **dualistisches und mechanistisches Weltbild**, in dem die Welt der körperlichen Ausdehnung, die maschinenartig funktioniert, substantiell getrennt von der Welt des Geistes bzw. der Vernunft gedacht wird. In seiner „Monadologie" stellt Leibniz eine Gegenposition dazu auf.

Der philosophische **Rationalismus** (u. a. Descartes, Spinoza, Leibniz) fundiert die Wirklichkeitserkenntnis im Denken, dessen Systematik nicht nur die Ursachen der Erfahrungsgegebenheiten erschließt, sondern auch die letzten Gründe der Struktur der Welt.

Der **Empirismus** (u. a. Locke, Hume, Berkeley) ist solchen Ansprüchen gegenüber entschieden skeptisch und weist die Vernunft in die Grenzen der Erfahrung zurück.

nehmungen wirklich? Was bedeuten Antworten auf diese Fragen für das Verständnis von „Wahrheit" und für Aussagen, die allgemeine Gültigkeit beanspruchen? Diese Probleme machen natürlich eine ursprüngliche Domäne der Philosophie aus. Es sind Probleme der Metaphysik, die jetzt eine spezifisch neuzeitliche erkenntnistheoretische Färbung bekommen. Das kann man etwas modellhaft so erläutern: Denken und Sein des Gedachten sind im Denken selbst unterschieden. Diese Gegenüberstellung besteht in der Philosophie seit der Antike. Ebensolange gibt es Regeln für bestimmte gedankliche Operationen (Logik) und auch Theorien darüber, wie das Denken zum Sein steht, wie es zu wahren Aussagen über Gott und die Welt kommt. In der Neuzeit nun wendet sich das Denken auf sich selbst und isoliert sich gegen die „Außenwelt", um sie im philosophischen Extremfall aus einem abstrakten Ich heraus überhaupt erst zu erzeugen. Dieser Extremfall tritt allerdings im 17. Jahrhundert noch nicht ein.

Der Philosoph John Locke verfaßt ein umfangreiches Werk über die menschliche Erkenntnis, dem in Antike und Mittelalter nichts entspricht. Das Denken wird detailliert in seinem „Funktionieren" untersucht. David Hume wird dann Bewußtsein und Wissen nur aus Sinneseindrücken, ihren Reproduktionen und Assoziationen bestehen lassen und alle Aussagen über Substanz und erkenntnisunabhängige Wirklichkeit aufgeben.

Descartes' Satz „Ich denke, also bin ich" versteht sich demgegenüber als Ausgangspunkt objektiver Wirklichkeitserkenntnis. Er ist aber auch das Motto der neuen Stellung von Denken und Sein: Die Wirklichkeit existiert für uns nur im Gefüge gedachter Konstruktionen. Die Mathematik wird zum Methodenideal der Philosophie: „Diejenigen, die den rechten Weg zur Wahrheit suchen, dürfen sich mit keinem Gegenstand beschäftigen, von dem sie nicht eine den arithmetischen und geometrischen Beweisen gleichwertige Gewißheit erlangen können."

Die Natur ist ein solcher Gegenstand, wenn sie als rein kausal nach Gesetzmäßigkeiten bestimmte Materie betrachtet wird. Die unmittelbare Einheit von Mensch und Natur bzw. Kosmos, wie sie in der Renaissance erfahren worden war, wird also aufgehoben. Die Philosophen unterscheiden zwischen dem, was sich den Bedingungen der Erkenntnis gemäß mit Sicherheit aussagen läßt und den Dingen an sich, außerhalb jeder Erkenntnisbeziehung. Harmonische Schönheiten in geometrischen Maßverhältnissen und ihren Entsprechungen in der Natur zu entdecken hieß in der Renaissance noch wahre und notwendige Grundzüge im Bauplan der Welt zu entdecken. Die neuzeitliche Rationalität dagegen zertrennt an vielen Stellen das mystische Band der Bedeutungen zwischen den Dingen, dem menschlichen Verstand und der göttlichen Ordnung.

So wird verständlich, daß z. B. Hegel, der um 1820 Vorlesungen über die Philosophiegeschichte hielt, zwar in der allgemeinen Kultur von Renaissance und Reformation die Anfänge eines neuen Zeitalters sah, die entsprechende Neugeburt der Philosophie aber erst im 17. Jahrhundert mit Descartes geschehen ließ. Waren damit auch die Denker der Renaissance unterschätzt, bleibt doch festzuhalten, daß im 18. Jahrhundert und bis zu Hegel die wichtigen Stränge der philosophischen Tradition – antike Autoritäten einmal beiseite gelassen – von Descartes, Locke, Leibniz und ihren Zeitgenossen ausgingen und selten bis zu einem Ficino oder selbst Giordano Bruno zurückreichten.

Las Meninas, Gemälde von Diego Velásquez, 1656, Prado, Madrid

In seinem Buch „Die Ordnung der Dinge" (1966) versucht der französische Philosoph Michel Foucault eine Rekonstruktion der neuzeitlichen „Denksysteme", d. h. der grundlegenden Überzeugungen, die Wissen und Wissenschaft einer Epoche organisieren und strukturieren. Vor allem geht es um eine Abgrenzung des 17. und 18. Jahrhunderts (im frz. Sprachgebrauch: der „Klassik") von der Renaissance und der mit dem 19. Jahrhundert beginnenden Moderne. Einleitend charakterisiert Foucault das Denken der Klassik modellhaft durch eine Analyse des berühmten Gemäldes von Velásquez. „Repräsentation", so Foucault, ist ein entscheidender Grundbegriff dieser Zeit. Vorstellungen repräsentieren Dinge, ordnen sie zu einem umfassenden „Tableau" von Zeichen, und können sich, der neuzeitlichen Subjektivität gemäß, auch selbst als solche repräsentieren, so, wie sich der Maler selbst beim Akt des Malens zeigt. Anders als in der Moderne kennt jedoch die selbstbezügliche Subjektivität noch Grenzen. Dasjenige, was das Spiel der höfischen Repräsentation bedingt, das spanische Königspaar nämlich, ist selbst nicht leibhaft repräsentiert und erscheint nur schemenhaft im Spiegel, der sich hinten an der Wand des gemalten Raums befindet.

Perspektivillustration, aus: Abraham Bosse „Manière universelle de M. Desargues", Paris, 1648

Die Perspektive als Ausdruck der subjektbezogenen Rationalität und der Mathematisierung des Raumes stimmt im 17. Jahrhundert noch mehr als in der Renaissance mit der zeitgenössischen wissenschaftlichen und philosophischen Grundhaltung überein. Die Illustration stammt aus einem Lehrbuch der Perspektive. Der Kupferstecher Bosse, der später an der 1648 gegründeten Pariser Kunstakademie Perspektive lehrte, erläutert ein Konstruktionsverfahren, das der Mathematiker Girard Desargues gefunden und veröffentlicht hatte. Das Verfahren war praktisch, ohne zugleich mathematisch innovativ zu sein. Doch Desargues fügte eine Beschreibung der perspektivischen Fluchtpunkte als Schnittpunkte von Ebenen an, die eine neue Auffassung erkennen läßt. In der Renaissance war es um die korrekte perspektivisch verkürzte Wiedergabe von Dingen gegangen. Im 17. Jahrhundert werden die perspektivischen Regeln zum bloßen Sonderfall allgemeiner Projektionsgesetze.

Francis Bacon

Die induktive Methode

Schon ganz im Sinn der technischen Vergegenständlichung der Welt tritt zu Beginn dieser Epoche der Engländer Francis Bacon eine „Rundreise um das Wissen" an. Dabei kommt es ihm vor allem auf Erfahrungsbezug und Nutzanwendung der Philosophie an.

„Instauratio magna", „Große Erneuerung" ist der Obertitel seines nur fragmentarisch ausgeführten, sechsbändig geplanten Werkes, in dem die Wissenschaften zunächst nach den psychischen Vermögen Gedächtnis, Phantasie und Verstand in Geschichte, Poesie und Philosophie gegliedert und dann im einzelnen unterteilt werden. Eine übergeordnete „erste Philosophie" behandelt Grundlagen, die für alle Erkenntnisgebiete gelten. Das „novum organon" („Neues Werkzeug"), anspruchsvollerweise so benannt nach dem „Organon" des von Bacon kritisierten Aristoteles, entwirft das Programm einer induktiven Methode. Sie soll allgemeingültige Aussagen aus der Untersuchung einer Menge konkreter Fälle gewinnen, statt wie die scholastische Deduktion von vorausgesetzten Grundprinzipien aus schlußfolgernd Kategorien für die Natur aufzustellen und dabei möglicherweise die Tatsachen zu verfehlen. Dem Buchtitel entsprechend prägt ein sendungsbewußter Optimismus den pointierten Stil des Lord Bacon, der es – bürgerlich geboren – zum Präsidenten des parlamentarischen Oberhauses brachte, bevor er wegen (amtsüblicher) Annahme von Bestechungsgeldern abgesetzt wurde.

Sein philosophisches Geschäft beginnt er kritisch-aufklärerisch mit der besonders bekannt gewordenen Lehre von den vier Arten von Idolen, d. h. Trugbildern oder Vorurteilen, die es im Interesse der Objektivität zu enthüllen und abzulegen gilt. Da gibt es zunächst die „Trugbilder der menschlichen Gattung" (idola tribus), nämlich Projektionen unserer empfindenden und zweckhaft ordnenden Verstehens- und Handlungsweise auf Naturvorgänge oder andere ungeeignete Objekte. Individuell bedingt sind dagegen Vorkenntnisse, Lebensumstände, Meinungen, die das Urteil beeinträchtigen (idola specus). Bei den „Vorurteilen des Marktes" (idola fori) handelt es sich um Effekte der geprägten Münze der menschlichen Verständigung, Gewohnheit und Übereinkunft, des Sprachgebrauchs, der die eigentlichen Dinge überformt. Um zur Wahrheit dieser Dinge selbst zu kommen, sollen vor allem auch die nur aus dem Geist heraus gesponnenen Begriffsnetze der Philosophenschulen (idola theatri) beseitigt werden.

Dies bewältigt, liegt die Wahrheit nun allerdings nicht einfach den Sinnen zutage. Bacon gibt zwar der Sinneserfahrung viel Gewicht, aber nur im Rahmen der Erfahrung und des Wissens insgesamt, d. h. einer Kette von Zusammenhängen, deren Möglichkeit ebenso wie der Wahrnehmung auch des Verstandes bedarf. Denn Kenntnis und damit Orientierung in der Welt entsteht methodisch, durch gezielte Fragestellungen, das Sammeln entsprechender Beobachtungen und anschließende Schlußfolgerungen auf die Wahrheit oder Falschheit von Annahmen.

Die Art, wie Bacon die Erkenntnis zunächst einmal den Tatsachen unterwirft, erinnert an kriminalistische Indiziensicherung. Um ein Phänomen, etwa die Wärme, wissenschaftlich dingfest zu machen, werden möglichst viele Fälle des Vorkommens eben dieses Phänomens tabellarisch aufgelistet. Die Begleitumstände sind natürlich in den meisten Fällen ganz verschieden: Wärme tritt mit Licht, belebten Körpern, Gärung, Reibung usw. auf. Die Tabelle ergibt zahlreiche Merkmale, von denen ein bestimmtes Bündel oder auch nur ein einzelnes immer zum Phänomen gehört und damit als sein Wesen abstrahiert werden kann. Wichtig sind auch Fälle, in denen ein zunächst für charakteristisch gehaltenes Merkmal fehlt und somit vom Wesen auszuscheiden ist.

Mit der selben Methode lassen sich Gesetzmäßigkeiten als Regeln des zusammenhängenden Auftretens verschiedener Phänomene fin-

Francis Bacon, 1561–1626, Kupferstich von William Marshall, 1640, Bibliothèque Nationale, Paris

Ziel der Philosophie Bacons ist die wissenschaftliche Beherrschung der Natur, denn „Wissen ist Macht". Die Aufgabe der Philosophie ist daher die Systematisierung der Wissenschaften. Um zur wahren Erkenntnis der Dinge zu gelangen, muß man sich jedoch zunächst freimachen von Vorurteilen und Fehleinschätzungen. In seinem Hauptwerk „Novum Organon" erläutert Bacon, wie man diese Trugbilder (Idole) vermeidet. Das richtige Verfahren zur Erlangung wahrer Erkenntnis ist für Bacon die induktive Methode, bei der durch das Sammeln und Vergleichen von Beobachtungen und die Durchführung von Experimenten die allgemeinen Formen der Natur abgeleitet werden.

den. Gerade auf Prozesse und ihre Gesetzmäßigkeiten kommt es Bacon an, denn er will die Natur weniger im statischen Sein der Einzeldinge als im Werden erfassen. Dementsprechend heißt etwas erklären, es aus seinen Bedingungen entstehen zu lassen, es im Denken nachzuerzeugen. Bacon läßt in Erklärungen bis zu einem gewissen Grad auch Hypothesen zu, die über die Erfahrung hinausgehende Elemente enthalten, solange nur überprüfbar bleibt, was sich aus den Hypothesen ergibt. Die Wärme erklärt er überzeugend aus der Bewegung kleinster Teilchen, obwohl diese nicht direkt beobachtbar sind.

„Wissen ist Macht"

Ziel der Forschung ist die Anwendung der Erkenntnisse in Erfindungen, in der Nutzung und Ausbeutung der Natur, in allem, was zivilisatorischen Fortschritt bringt. „Menschliches Wissen und Können (bzw. menschliche Macht) fallen in eins zusammen, weil Unkunde der Ursache uns um den Erfolg bringt. Denn der Natur bemächtigt man sich nur, indem man ihr nachgibt, und was in der Betrachtung als Ursache erscheint, das diene in der Ausübung zur Regel". Diese Formulierung technischer Ziele als Möglichkeiten „angewandter" Naturgesetze war damals noch durchaus nicht selbstverständlich. So zählte z. B. der italienische Mathematiker G. U. del Monte in einem vielgelesenen Mechanik-Traktat alles das zum Thema seines Buches, „was von Zimmerleuten, Baumeistern usw. den widerstrebenden Naturgesetzen zum Trotz geleistet wird".

Deutlicher als in der eben zitierten Gleichsetzung von Wissen und Können bzw. Macht läßt sich der praktische, auf die Welt zugreifende Charakter dieser erfahrungswissenschaftlichen Philosophie nicht ausdrücken. Für viele empirische Forscher wurde Bacon zur Vaterfigur. Zwar ist seine Vorstellung der „Wesen" oder „Formen", die als individuelle, substanzielle und quasi organische Einheiten Gesetzmäßigkeiten oder den gesetzmäßigen „Zusammenhalt" eines Dinges ausmachen, noch weitgehend aristotelisch-mittelalterlich. Aber sowohl seine Tabellenmethode als sein Versuch, Dinge im Werden, aus Entstehungsbedingungen zu erklären, sind ein großer Schritt in Richtung auf die moderne Ablösung der substanziellen Wesen durch funktionelle Strukturbeschreibungen.

„Wissen ist Macht" – dieser Bacon zugeschriebene und sinngemäß aus seiner ganzen Lehre

Francis Bacon, „Instauratio Magna" („Große Erneuerung"), Titelseite der Ausgabe London, 1620 mit einer Kupferstichillustration von Simon de Passe

„Viele werden hindurchfahren und die Wissenschaft vermehren und bereichern" lautet die Unterschrift zum Bild des Schiffes, das sich dem Tor aus zwei mächtigen Säulen nähert. Es sind die Säulen des Herkules. So hießen in der Antike verschiedene markante Punkte – im Mythos Grenzsetzungen des Herkules –, die das Ende der bewohnten und bewohnbaren Erde bezeichneten. Für gewöhnlich war mit diesen Säulen speziell die Meerenge von Gibraltar gemeint, also das „Ende" des Mittelmeeres.
Bacons Titelbild ist somit eine Metapher für die wissenschaftliche Überschreitung aller traditionellen Grenzen. Zugleich wird auf Bacons praktische Orientierung angespielt mit der entscheidenden Rolle, die die Schiffahrt bei der Eroberung der Erde und der neuen Selbsteinschätzung und im neuen Weltbild der Europäer spielte. In den entfernten Weiten des Meeres ist auch ein utopischer Inselstaat angesiedelt, in dem die Ziele der „Instauratio Magna" umgesetzt werden und den Bacons Roman „Neu-Atlantis" beschreibt.

sprechende Satz konnte so oder ähnlich auch schon früher geäußert werden, entfaltet aber jetzt in der Zeit des Barock sein volles Echo. Man setzt dem möglichen Wissen kaum noch Grenzen und erwartet Großes von der Technik. Leibniz z. B., der wie zuvor Pascal eine Rechenmaschine konstruiert, hält überraschend viele Aufgaben kalkulatorischer wie praktischer Art für maschinell lösbar, fast scheint er das Industrie- und Computerzeitalter zu prophezeien. Solche Erwartungen entstehen nicht zuletzt aus der zunehmenden Durchschaubarkeit der größten aller Maschinen, des Universums.

Himmel und Erde

„Ehe sie am Himmel des Aristoteles etwas ändern lassen, leugnen sie dreist, was sie am Himmel der Natur erblicken", sagte Galileo Galilei seinen traditionstreuen naturphilosophischen Universitätskollegen nach. Tatsächlich gab es Ungewohntes zu erblicken, und zwar durchs Fernrohr. Galilei hatte von dieser holländischen Erfindung, die sich wohl zufällig bei der Handhabung optischer Linsen ergeben hatte, gehört, das Instrument sofort gebaut und in Italien großen Eindruck damit gemacht. Seine Beobachtungen des Mondes und der Sterne beschrieb er 1610 in einem kleinen Buch, das um die Welt ging. Wie sieht der „Himmel des Aristoteles" aus, der da beschädigt wurde?
Er besteht aus einer unvorstellbar großen, aber nicht unendlich großen Kugel, deren äußere

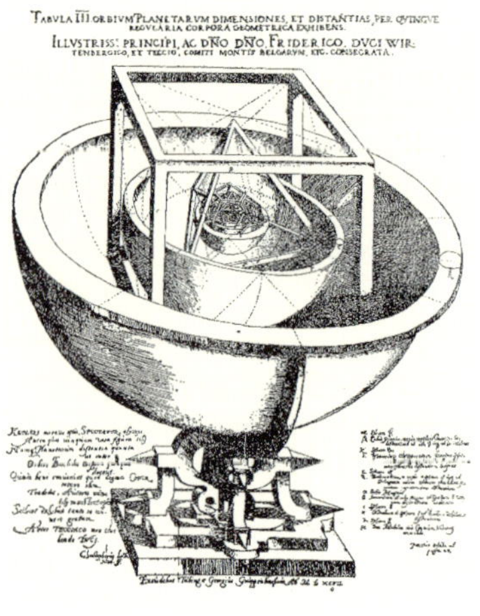

Darstellung der Abstandsverhältnisse der Planeten von der Sonne durch Johannes Kepler

Während seiner Lehrtätigkeit als Mathematikprofessor in Graz begann sich Johannes Kepler intensiv mit der Astronomie zu beschäftigen und erste Überlegungen zu Größe, Abstand und Bewegung der Planeten anzustellen. Eine wichtige Grundlage seiner Untersuchungen stellt die platonische Physik dar, die Platon in seinem Dialog „Timaios" entwickelt hatte. Nach Platon stellt die Welt eine natürliche Harmonie dar, die von Gott nach den Ideen geschaffen wurde. Vollkommenster Ausdruck der göttlichen Harmonie sind die mathematischen Formen- und Zahlenverhältnisse. Das zeigt sich beispielsweise an den regelmäßigen geometrischen Körpern (Tetraeder, Würfel, Oktaeder, Dodekaeder, Ikosaeder) die nach Platons Auffassung Symbole der fünf Elemente (Feuer, Erde, Luft, Himmel, Wasser) sind. Kepler versucht diese mathematische Harmonie auf die Planetenordnung zu übertragen, indem er die Sphären der Planeten mit den fünf platonischen Körpern in Zusammenhang bringt.

Schicht und Grenze, die Sphäre der Fixsterne, eine Anzahl ineinander gefügter Sphärenschalen von kristalliner, flüssiger oder luftiger Substanz umgibt, deren einzig sichtbare Elemente die Planeten sind und die in ihren kreisenden Bewegungen, welche in unterschiedlichem Maß die Drehung der äußeren Sternensphäre fortsetzen, ewig unwandelbar bleiben im Gegensatz zur unbewegten Welt im Mittelpunkt der Kugel, der irdischen Region unterhalb des Mondes, die dem Entstehen und Vergehen unterworfen ist. Kugelform und Kreisbahn sind als ideale Urformen und Inbegriff in sich ruhender Vollendung verstanden, deshalb müssen Mond und Sterne makellos diese Formen verkörpern. Galilei sah nun im Fernrohr die Krater des Mondes, Unebenheiten, die denen der Erde gleichen. Dies und die damals vieldiskutierte Beobachtung eines supralunaren („über" dem Mond befindlichen) Kometen, der die Lehre von der Unantastbarkeit des Himmels Lügen strafte, erschütterten den aristotelischen Kosmos. Galilei ging weiter, indem er die Tat des Kopernikus, die Beschreibung der heliozentrischen Welt ins Bewußtsein einer zuvor nicht vorhandenen Öffentlichkeit rief und mit eigenen Argumenten nachvollzog.

Argumente, nicht Beweise waren es auch gewesen, die Kopernikus 1543 vorgetragen hatte. Sein Ausgangspunkt war der Glaube an eine Schöpfung, die dem Menschen verständlich ist, deren Prinzipien für ihn Sinn ergeben und insofern auf ihn zugeschnitten sind, ganz gleich, wo er seinen physischen Ort im Kosmos hat. Nun machte das geozentrische Weltsystem hinsichtlich seiner Verstehbarkeit mehr Schwierigkeiten, als das aristotelische Modell annehmen läßt. Wie genaue Beobachtungen schon in der Antike zeigten, kreisen zwar die Fixsterne mustergültig regelmäßig um die Erde – sofern sie stillsteht –, die Planeten aber bewegen sich ungleichmäßig, ändern ihre Entfernung zur Erde, ihre Geschwindigkeit und sogar ihre Laufrichtung. Wie diese komplizierten Bewegungen aus den „einfachen" Bewegungen des Sonnensystems resultieren, ist von Kopernikus her klar. Geht man von seinem hypothetischen Grundmodell aus, nach dem Erde und Planeten sich auf „Kreisen" bewegen, deren Mittelpunkt die Sonne ist: Dann kreisen die Planeten von der Erde aus gesehen erstens um die Sonne und zweitens (scheinbar) mit der Sonne um die Erde, d. h. sie bewegen sich auf epizyklischen Bahnen.

Ein Epizykel ist ein Kreis um einen Punkt eines Grundkreises. Wenn sich beide Kreise drehen, beschreibt also ein Punkt des Epizykels keine Kreisbahn, sondern z. B. einen Ring aus Schlaufen. Der Punkt kann sich bei entsprechendem Verhältnis der Drehrichtungen und -geschwindigkeiten von Grundkreis und Epizykel auch auf elliptischen, „eingebeulten" oder sogar viereckigen Bahnen bewegen. So konnte im 2. Jahrhundert Ptolemäus die Planetenbahnen als epizyklische Figuren konstruieren. Er nahm die Erde als ruhend an, entwarf die Bahnen jeweils einzeln für sich und kümmerte sich nicht im geringsten um physikalische Begründungen für die Kapriolen der Planeten. Es ging ihm erklärtermaßen ausschließlich um mathematische Nachkonstruktion und damit auch Vorhersage der Bewegungsdaten. Daß sich seine Bahnen nicht mit den rotierenden Sphären des Aristoteles, der sich sehr wohl um eine physikalische Erklärung des Kosmos bemüht hatte, vertrugen, wurde damals und später zum Teil aus religiösen Gründen überspielt.

Noch zu Galileis Zeiten war es möglich, daß symmetrischer aristotelischer Himmel und stark exzentrische Epizykelkonstruktionen nebeneinander existierten und ganz unbefangen zur Beantwortung jeweils einschlägiger Fragen gebraucht wurden. Auch Ptolemäus hatte sich nicht gescheut, verschiedene Unregelmäßigkeiten der Planetenbewegungen mit immer wieder neuen, uneinheitlichen und sich überlagernden Konstruktionen abzudecken. Eine einheitliche Bedingung behielt er allerdings mit der Überzeugung bei, daß alle kosmische Be-

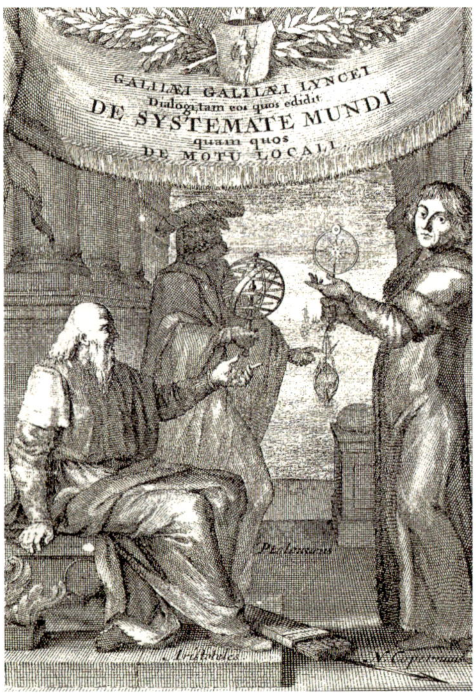

„Dialog der beiden hauptsächlichen Weltsysteme" von Galileo Galilei, Kupferstich von Joseph Mulder, 1700

Der italienische Originaltitel der 1632 erschienenen Schrift lautet in deutscher Übersetzung: „Dialog. Wo in vier Tagen die beiden hauptsächlichen Weltsysteme, das ptolemäische und das kopernikanische, disputiert werden, wobei die philosophischen und naturwissenschaftlichen Gründe für beide Teile vorgebracht werden, ohne daß eine Entscheidung fällt." Die abschließende Einschränkung war eine bloße Vorsichtsmaßnahme, denn Galilei war durchaus von der Richtigkeit des von der Kirche abgelehnten kopernikanischen heliozentrischen Modells überzeugt. Ptolemaios, der im 2. Jahrhundert n. Chr. lebte, ist in der Mitte des Titelblattes neben dem sitzenden Aristoteles (dem er bei der Darstellung der kosmischen Bewegungen zum Teil folgte) mit einem geozentrischen Himmelsglobus dargestellt. Sein System blieb fast anderthalb Jahrtausende lang so gut wie unumstritten.

Ein Besuch Miltons bei Galilei, Gemälde von Tito Lessi, 1880

Im Jahr 1632 veröffentlichte Galilei seinen „Dialog über die beiden hauptsächlichen Weltsysteme, das ptolemäische und das kopernikanische", der bald zum Prozeß führte. Ein Jahr später wurde er von der Inquisition gezwungen, seine Aussagen zur Erde als einem Planeten der Sonne zu widerrufen. Von diesem Zeitpunkt an lebte er in völliger Abgeschiedenheit in seinem Haus in Arcetri unter strengster Aufsicht des örtlichen Klerus und mit der Auflage, an Zusammenkünften mit Freunden nicht teilzunehmen. Von Arcetri aus gelang es Galilei jedoch, mit ausländischen Wissenschaftlern und Gelehrten in Kontakt zu treten. In protestantiscnen Ländern war man an seinem Werk und seinem Schicksal interessiert. Hin und wieder gelangt auch ein Besucher in seinem „Kerker", wie er sein Haus nannte. Einmal kam der Philosoph Thomas Hobbes, der ihm von der Übersetzung der „Dialoge" ins Englische berichtete. Auch der junge Dichter John Milton traf in dieser Zeit zu einem kurzen Besuch ein. Über die Gespräche der beiden ist viel spekuliert worden. Milton war sicher erschüttert über das Leid, das man dem berühmten Galilei zufügte. In seinem Hauptwerk „Das verlorene Paradies" ist die Toskana der Machtbezirk des Satans.

wegung kreisförmig und gleichförmig sein müsse, was freilich nur noch für die Elemente seiner zusammengesetzten Bahnen, also für Grundkreise und Epizykel galt. Und auch diese Gleichförmigkeit konnte er nur durch künstliche Hilfskonstruktionen aufrechterhalten, im eigentlichen Sinne ging sie verloren. Genau dies aber wollte Kopernikus keinesfalls mitmachen, er teilte jene Überzeugung noch vollkommen, und er wollte zur aristotelischen Klarheit und physikalischen Wahrscheinlichkeit oder wenigstens klaren Vorstellbarkeit zurück. Er suchte also die ptolemäischen Konstruktionen in einheitliche und anschaulich einsichtige Konstruktionen zu transformieren. Während dieser mühevollen Arbeit erkannte er, daß die Sonne Mittelpunkt aller Epizykel sein könnte, und daß sich dann, weil die Erde von der Sonne aus gesehen genauso wie die anderen Planeten kreist, die ganzen Epizykel erübrigten.

Das heliozentrische System sollte mit einer Bahnform auskommen, dem Kreis, und diese unerhörte Vereinfachung war es, die Kopernikus ins Feld führte. Wenn es zwei an sich einwandfreie Beschreibungsmöglichkeiten gab, eine unschön komplizierte und eine klare und einfache, mußte die zweite die Wirklichkeit abbilden. Gott konnte nicht das unschön Komplizierte geschaffen haben. In der praktischen Durchführung verlor die neue Theorie allerdings ihre Einfachheit. Um die Beobachtungsergebnisse mit den angenommenen Kreisformen in Übereinstimmung zu bringen, mußten neue, andere Epizykel eingeführt werden.

Es war Johannes Kepler, der als einer der wenigen überzeugten Anhänger des Kopernikus endlich durch die Annahme elliptischer Planetenbahnen und ungleichförmiger Bewegungen die Beobachtungen bruchlos erklären konnte („Astronomia nova", 1609). Die ideale, philosophisch geheiligte Kreisform, die bei Kopernikus das alte Kugelsphärenmodell mit ausgetauschtem Mittelpunkt weiterleben ließ, aufzugeben, war auch noch für Kepler ein schwerer Schritt. Er tat ihn während der langen und aufregenden Auswertung der sehr genauen astronomischen Messungen des Dänen Tycho Brahe, dem er einige Zeit assistierte. Brahe selbst hatte ein Weltsystem entworfen, bei dem die Erde sich im Mittelpunkt befindet, die Planeten aber um die bewegte Sonne kreisen. Das war weniger konsequent als das Kopernikanische Modell, hatte aber damals eigentlich genausoviel für sich und war ein Fortschritt gegenüber Ptolemäus. Kepler sprach allerdings von einer aufgewärmten Semmel.

Das tychonische Modell fand bei eher konservativen Naturphilosophen des 17. Jahrhunderts

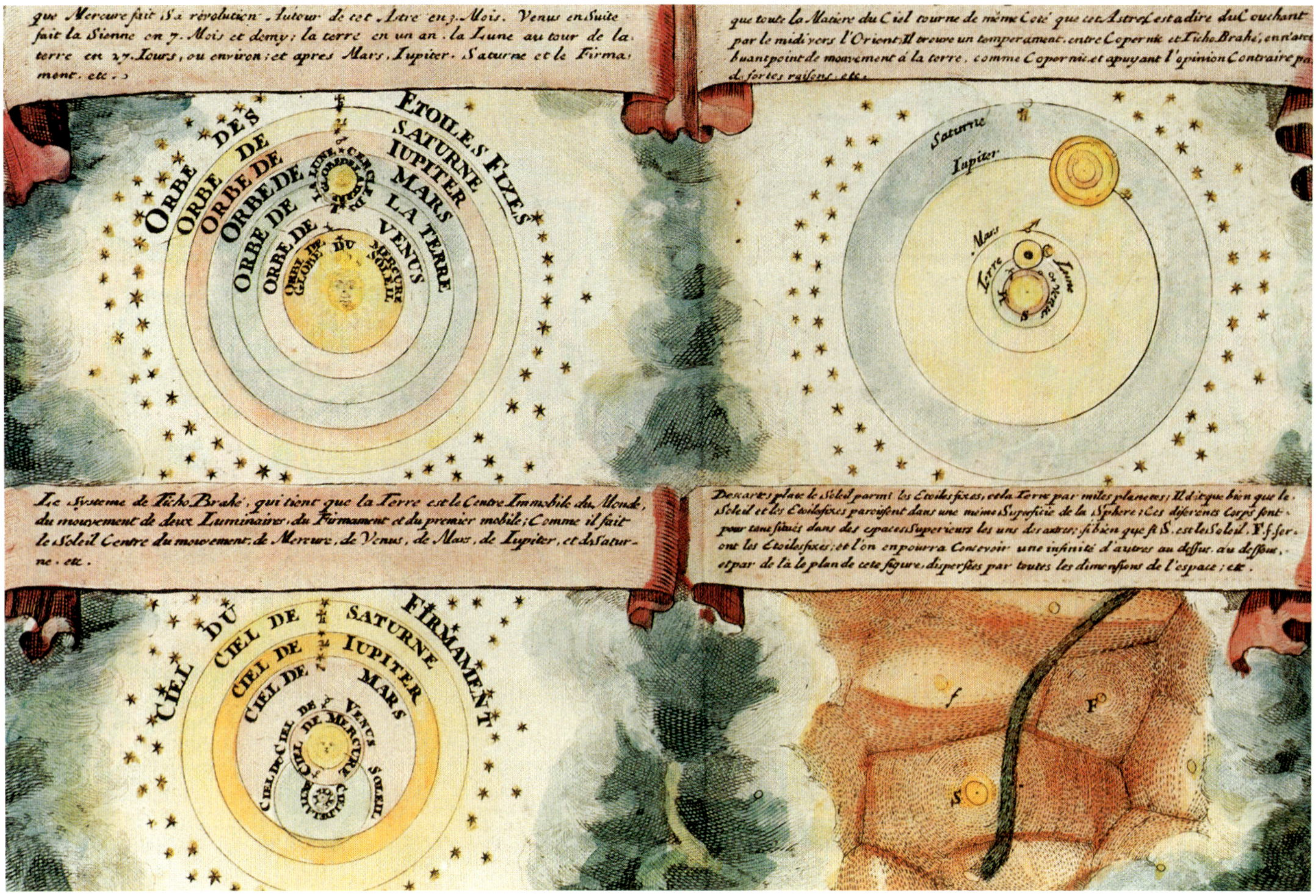

Vergleichende Darstellung der drei Weltsysteme nach Nikolaus Kopernikus, Tycho Brahe und René Descartes, Kupferstich, koloriert, 17. Jahrhundert, Privatsammlung, Paris

Links oben ist das Sonnensystem nach Kopernikus skizziert, darunter das Modell des Tycho Brahe, bei dem sich zwar die Erde im Mittelpunkt befindet, die Planeten sich aber wie bei Kopernikus um die Sonne drehen. Die Darstellung rechts unten fällt ein wenig aus dem Rahmen, da hier kein komplettes System gezeigt ist. Es handelt sich um eine Abbildung aus Descartes' „Prinzipien der Philosophie" (1644). In dieser wichtigen Schrift werden zunächst metaphysische und erkenntnistheoretische Grundgedanken entwickelt, deren methodische Konsequenzen dann in den folgenden Teilen, die umfassende Thesen zur Physik und Kosmologie aufstellen, demonstriert werden. Die Abbildung zeigt die Sonne und einige Fixsterne, umgeben von Kompartimenten einer (gepunktet dargestellten) Himmelsmaterie, die sich Descartes als feine Flüssigkeit dachte. So konnte er die kosmischen Bewegungen nicht nur beschreiben, sondern in Analogie zu hydrodynamischen Beobachtungen kausal als Wirbelbewegungen erklären, bei denen letztlich alles auf unmittelbarem Druck und Stoß zwischen kleinsten Teilchen beruht.

viel Anklang und war auch theologisch akzeptabel. Galilei dagegen wurde 1633 von der römischen Inquisition gezwungen, seine Aussagen zur Erde als einem Planeten der Sonne zu widerrufen. Für den Rest seines Lebens stand er unter Hausarrest und wurde beobachtet. Eine erstaunliche Maßnahme, war doch Kopernikus' Buch seinerzeit nicht verboten oder bekämpft worden. Aber mit Galileis Auftreten änderte sich die Lage. Er hatte Bewunderer und Förderer auch in hohen kirchlichen Kreisen in Rom, und so drohte um sich zu greifen, was der christlichen Schultradition widersprach, die nun mit Macht noch einmal bestätigt wurde.

1616 kam die Schrift des Kopernikus auf den „Index librorum prohibitorum", das Verzeichnis der verbotenen Bücher, in dem die von der katholischen Kirche verurteilten Werke aufgelistet wurden (zum ersten Mal 1559, zum letzen Mal 1948). Der Index war im Zuge der Gegenreformation eingerichtet worden, nachdem bereits die zuerst im 13. Jahrhundert eingesetzte, dann im Spanien des 16. Jahrhunderts institutionalisierte und zu großer Macht gelangte Inquisition auch in Italien wieder eingeführt worden war. Zur Zeit Galileis, einer Zeit anhaltender Glaubenskriege, waren gegenreformatorische Aktvitäten auf einem Höhepunkt. Wortführend waren dabei in vielen Bereichen, gerade auch in der Wissenschaft, die Jesuiten, unter denen sich Galilei spezielle Feinde machte. Im Zusammenhang mit dem Kopernikus-Verbot wurde er verwarnt, und Jahre lang äußerte er nichts mehr zu den empfindlichen Fragen. Aber durch viele Gesprächspartner bestärkt, veröffentlichte er 1632 seinen „Dialog über die beiden hauptsächlichen Weltsysteme, das ptolemäische und das kopernikanische", der bald zu Prozeß und Urteil führte.

Mathematische Naturwissenschaft

Die „Himmelsmaschine" müsse man nicht nach Art eines Lebewesens, sondern nach Art eines Uhrwerks auffassen, schreibt Kepler und gibt damit ein zentrales Beispiel für die mechanistische Tendenz seiner Zeit. Nach heutigem Wortgebrauch schließen sich „Maschine" und „Lebewesen", auf dieselbe Sache bezogen, von vornherein aus. Aber in der Antike war die Trennung des Belebten und Unbelebten weniger scharf, und obwohl sich das mit dem Christentum ändert, verlieren sich animistische Vorstellungen nicht ganz. In Erklärungen z. B. der Ursachen der Bewegung – also auch mechanischer, „maschinenmäßiger" Bewegung – gibt es in Mittelalter und Renaissance wie bei Aristoteles mehr oder weniger versteckte Analogien zur menschlichen Willensbewegung.

Noch Kepler begreift zunächst das Geschwindigkeitsminimum eines Planeten am sonnenfernsten Punkt seiner Bahn als Abschwächung der Kraft der „Seele“ des Planeten. An der Annahme von Planetenseelen hält Kepler fest, auch wenn er zugleich als bereits moderner Wissenschaftler seine Auffassung hinsichtlich der Bewegungsursache ändert, nachdem er eine Entsprechung zweier verschiedener Phänomene gefunden hat, die auf eine quantitativ faßbare Gesetzmäßigkeit hinweist: „Als ich erwog, daß die Bewegungsursache der Planeten mit ihrem Abstand von der Sonne abnimmt, in der selben Weise, wie das Licht mit der Entfernung von der Sonne schwächer wird: so schloß ich daraus, daß diese Ursache etwas körperliches sein müsse.“ Das ist ein Ursprung der mathematisch-physikalischen Erklärung des Sonnensystems, die Newton zur Vollendung bringen wird. Kepler stellt drei Planetengesetze auf. Die ersten betreffen Bahnform (Ellipsen, wie gesagt, wobei die Sonne in einem Brennpunkt steht) und Geschwindigkeitsänderungen, das dritte stellt eine zahlenmäßige Beziehung zwischen mittlerer Sonnenentfernung und Umlaufzeit eines Planeten her.

Auch Galilei, der die Erkenntnisse des um sieben Jahre jüngeren Kepler noch nicht zu würdigen weiß, bemüht sich um physikalische Gesetzmäßigkeiten. Zwar ist sein Hauptgebiet nicht die Astronomie, aber auch er verliert nie das Ziel einer Stützung der Kopernikanischen These und der Vereinheitlichung von Erd- und Himmelsphysik aus den Augen. Im Hinblick auf die quantitativen Naturgesetze geht es ihm außer um konkrete Formulierungen um die noch neue „Idee“ solcher Gesetze. In seinen vielgelesenen, relativ verständlich geschriebenen Texten kämpft er dabei vehement gegen die alte Naturphilosophie. Wo liegen die Differenzen?

Quantität – Größe, Menge, das Zerlegbare, Meßbare, Zählbare – hatte Aristoteles mit geometrischen Gebilden, Zahl, Zeit und Raum verbunden. Die Mathematik operiert quantitativ, sie mißt gleiches mit Gleichem, setzt Zahlgrößen mit Zahlgrößen gleich. Die Astronomie kann sich solcher Methoden bedienen, sie hat es mit Gegenständen zu tun, die sich wie ideale geometrische Gebilde verhalten. Aber damit hat die Anwendbarkeit der Mathematik auf die Natur auch schon ein Ende. Die irdische Physik hat es mit Werdendem und Veränderlichem zu tun, das von inneren Zwecken und Qualitäten bestimmt ist. Qualitäten sind Eigenschaften mit je eigenem Wesen, nicht auf anderes zu reduzieren. Qualitäten wie Farben, Gerüche, Gefühle können verschiedene Intensitätsgrade annehmen und also auch unter einem quantitativen Aspekt gesehen werden, aber sie sind nicht untereinander vergleichbar oder mit irgendwelchen gemeinsamen Maßen zu messen. Im Prinzip können alle Naturvorgänge sowenig mathematisch gefaßt werden wie ein menschlicher Lebensweg. Völlig konträr dazu steht folgende berühmte Äußerung Galileis: „Die Philosophie ist in dem großem Buch niedergeschrieben, das vor unser aller Augen liegt, dem Universum. Aber wir können es nur lesen, wenn wir seine Buchstaben kennen und seine Sprache erlernt haben. Es ist in der Sprache der Mathematik geschrieben, und seine Buchstaben sind Dreiecke, Kreise und andere geometrische Figuren; ohne diese Mittel ist es dem Menschen unmöglich, ein einziges Wort zu verstehen“.

Galilei, Descartes und ihre Zeitgenossen suchen das Mehr oder Weniger von Qualitäten wie Wärme oder Luftdruck auf Strecken, auf meßbare Raumgrößen zu bringen. Nicht-quantifizierbares und Mathematisierbares scheidet aus ihrer Physik weitgehend aus, ebenso der Zweckbegriff. Gerade gegen diesen Zweckbegriff wenden sie sich energisch. Sie sehen in ihm mit Francis Bacon ein animistisches „Idol“, ein Verwirrung stiftendes Vorurteil, das durch kausale Betrachtung ersetzt werden muß.

Astrolabium aus dem Besitz Galileis, Museo delle Scienze, Florenz

Im 14. Jahrhundert wurde bei europäischen Astronomen und Seefahrern das Astrolabium bekannt, das – im Prinzip seit der Antike in Gebrauch –, von islamischen Astronomen kontinuierlich verbessert wurde.
Das Astrolabium läßt sich als Vorläufer heutiger Seekarten für die Astronavigation verstehen. Es erlaubt die Einstellung von sichtbaren Himmelsauschnitten in Abhängigkeit von Datum und Uhrzeit.

Feststellung des Luftdruckes mittels eines Barometers durch Blaise Pascal, Druckvorlage nach einer Zeichnung von August Dressel, um 1890, spätere Kolorierung

Blaise Pascal, berühmt als Autor der philosophischen Überlegungen der „Pensées“, hat sich auch als Mathematiker und Physiker einen Namen gemacht. In ausgeklügelten und zum Teil spektakulär vorgeführten Versuchen konnte er die Thesen zum Luftdruck, die Torricelli bei Experimenten mit einer Vorgängerform des Barometers aufgestellt hatte, erweitern und bestätigen. Die Tatsache, daß eine Quecksilber- oder Wassersäule in einem oben geschlossenen, unten in einer gefüllten Wanne stehenden Rohr bei einer bestimmten, luftdruckabhängigen Höhe absinkt und oben ein Vakuum entstehen läßt, so daß gewissermaßen ein „Nichts“ erzeugt wird, führte zu sehr angeregten naturphilosophischen Streitigkeiten. Wollte man, wie etwa Descartes, die Möglichkeit eines leeren Raums nicht einräumen, mußte man die Existenz einer feinen, alle übrigen Stoffe durchdringenden Materie hypostasieren.

Thomas Hobbes: „Leviathan", Titelblatt der Erstausgabe London, 1651

„Homo homini lupus" („Der Mensch ist dem Menschen ein Wolf") ist der wohl bekannteste Ausspruch von Thomas Hobbes. Im „Leviathan" seinem Hauptwerk zur Staatslehre erläutert er, daß das Eigeninteresse eines jeden Menschen unweigerlich zum Kampf aller gegen alle führen muß. Da sich jedoch niemand der ständigen Bedrohung seiner Existenz ausgesetzt sehen will, wird die individuelle Macht aufgegeben und einem Gesetz und Herrscher (dem Staat) übergeben. Das Titelblatt ist eine treffsichere Verbildlichung dieses Konzepts. Der Körper des Staatsriesen, des Leviathan, setzt sich aus der Menge der Bürger zusammen. Man sieht diese gestaltbildenden Individuen von hinten, sie alle sind dem Haupt des Herrschers zugewandt. Sie haben dieses Haupt konstituiert, es verdankt sich ihrem Willen. Im Ergebnis müssen sie als Körper den Willensregungen des Hauptes gehorchen. Die Macht der höchsten Staatsgewalt ist unumschränkt und unteilbar. Der souveräne Herrscher über ein friedliches Gemeinwesen ist weltlicher und geistlicher Herr, darum hält er Schwert und Hirtenstab in den Händen.

Staats- und Gesellschaftslehre

Im Jahre 1576 ließ Jean Bodin ein Buch erscheinen, in dem er absolutistischen Absichten nützliche Argumente lieferte und den Begriff „Souveränität" prägte: höchste, von den Gesetzen losgelöste Macht gegenüber Bürgern und Untertanen. Damit wird keine bestehende Regierung beschrieben, sondern ein Ideal entworfen. Warum ist der Souverän dann „von den Gesetzen losgelöst?" Das scheint eigentlich kein erstrebenswerter Zustand zu sein; dennoch steht Bodin hier im Einklang mit den meisten Zeitgenossen.

Schon Niccolo Machiavelli hatte in seinem Werk „Der Fürst" (geschrieben 1513), dem wohl bekanntesten politischen Ratgeber der Renaissance, für den Fürsten die Freiheit zu völlig ungebundenem Handeln gefordert. Rücksicht sollte allein der Durchsetzung der Regierungs- und Staatszwecke gelten. Das war vor dem Hintergrund eines zerrissenen, in ständige Kämpfe verwickelten Italien gedacht. Moralische Legitimation politischer Aktionen gab Machiavelli auf zugunsten des Ziels eines geeinten Staates, in dem dann durchaus Gerechtigkeit herrschen sollte.

Im Gegensatz zu Machiavelli verzichten andere Autoren nicht auf die traditionelle moralische Verankerung der politischen Theorie. So gibt es konstante Rechtsnormen, die im sogenannten „Naturrecht" gründen. Von diesem unterschiedlich verstandenen Konzept sei nur soviel gesagt, daß es dem Gottesgnadentum des Herrschers entgegensteht und somit eine aufklärerische Tendenz erkennen läßt. Ein anderer bis ins 18. Jahrhundert immer wiederkehrender Bestandteil der politischen Theorie ist der „Gesellschaftsvertrag", der das staatliche Gemeinwesen begründet.

Bei Thomas Hobbes ist diese Vertragslehre in ein umfassendes philosophisches System eingebettet. Orientiert an Francis Bacon und vor allem an Galilei entwirft Hobbes eine wissenschaftliche Philosophie, ihre Methode ist „die rationale Erkenntnis der Wirkungen oder Erscheinungen aus ihren bekannten Ursachen oder erzeugenden Gründen und umgekehrt der möglichen erzeugenden Gründe aus den bekannten Wirkungen." Über Bacon hinaus entwickelt er die „genetische Definition", die eine begrifflich konstruierende Herstellung des zu Definierenden ist.

Demgemäß läßt Hobbes im „Leviathan" (1651), seinem Hauptwerk zur Staatslehre, den Gesellschaftsvertrag sozusagen physikalisch aus zwei Kräften entstehen: dem rücksichtslosen, von Natur aus durchaus berechtigten Eigeninteresse, das zum Kampf aller gegen alle führt, und dem Willen zur Beendigung dieses Kriegszustands. Es gibt also danach keinen die Menschen verbindenden Gesellschaftstrieb; ein gedachter staats- und gesetzloser Zustand bedeutet für jeden Einzelnen Inanspruchnahme alles Erreichbaren auf Kosten der Interessen und des Lebens der Anderen. Ein jeder hat Macht, und kann doch die Unsicherheit und ständige Gefährdung dieser Macht und seiner Existenz nicht wollen. Alle individuelle Macht wird deshalb aufgegeben und kraft des Vertrages, den „jeder" mit „jedem" schließt, einem Menschen oder ei-

Bildnis eines italienischen Condottiere (früher als Bildnis Cesare Borgias gedeutet), Gemälde von Altobello Meloni, um 1520, Accademia Carrara, Bergamo

„Ein Mensch, der immer nur das Gute möchte, wird zugrunde gehen inmitten von so vielen Menschen, die nicht gut sind", schreibt Machiavelli in seinem Werk „Der Fürst" (1513) und begründet damit eine für die damalige Zeit neue Richtung der politischen Philosophie. Die Grundlage eines geordneten Staatswesens besteht für ihn im Machtwillen des Herrschers. Geht es um die Machterhaltung, so muß der Herrscher nicht nur Gutes tun – wenn er sich den Anschein eines gerechten Menschen gibt und vom Volk geachtet wird. Vorbild dieses Herrschertyps war für ihn Cesare Borgia, den einige für einen leichtfertigen Abenteurer ohne Moral, andere jedoch für einen gerissenen Politiker hielten.

ner Versammlung von Menschen übertragen. Das ist dann der Souverän bzw. der Staat bzw. der Leviathan – Hobbes wählt aus etwas rätselhaften Gründen diesen Namen eines biblischen Meeresungeheuers. Seine Konstituierung ist nicht rückgängig zu machen, alle sind ihm für immer bedingungslos unterworfen. Das einzige unveränderbare Recht bleibt dasjenige auf Notwehr im Falle eines unmittelbaren Angriffs. Selbstverständlich besteht auch sonst eine Rechtsordnung, aber sie ist nicht unveränderlich, sondern vom Willen des Souveräns abhängig.

In Hobbes Modell gibt es nur gleichsam freie Atome oder Punkte im geometrischen Raum, die sich zu einem Leviathanmolekül oder einer Staatsfigur formen. Das Gemeinwesen wurzelt im Willen freier Individuen, die sich auf dem „Markt" zu behaupten haben.

DER RATIONALISMUS

Skepsis und Sicherheit

Die „Essais" des Michel de Montaigne, erschienen 1580, begründeten eine literarische Gattung der offenen, versuchenden Form (franz. „Essai" = „Versuch") der geistreichen Darstellung von Gedanken und Einfällen. Montaigne war nicht zuletzt geprägt von den Konfessionswirren seiner Zeit. Im Angesicht der gewaltätigen Folgen starrer Glaubenspositionen suchte er sich einen subjektiven Standpunkt, der Gemütsruhe aus vergänglichkeitsbewußter Selbstironie und Zurückhaltung gegenüber vermeintlich objektiven Vernunftgebäuden gewann. Dieser Haltung war die essayistische Darstellung angemessen. „Wir sind alle aus Flicken zusammengesetzt und das so ungestalt und kunterbunt, daß jedes Stück jeden Augenblick sein eigenes Spiel treibt."

Hier gab es bei Montaigne einen Rückgang auf die antiken Skeptiker, z. B. Pyrrhon, der in der Zeit der Gegenreformation nicht ohne Folgen blieb. Skeptische Zurückhaltung wurde nicht zuletzt als Chance gesehen, sich in geistiger Demut für den christlichen Offenbarungsglauben frei zu halten. Damit trat religiös motivierte Skepsis in eine Opposition zur konstruierenden Vernunft, zur „ratio". Diese Vernunft war gefährlich bedroht, denn die Skeptiker wußten gezielt an ihren Fundamenten zu graben. Bei Descartes ist zu sehen, wie er die Skepsis durch sich selbst zu überwinden trachtet. Aus Selbstvergewisserung der Erkenntnis sollten sichere Wahrheiten gefunden werden, in denen die Wirklichkeit „richtig" zu beschreiben ist.

Schon im 16. und 17. Jahrhundert wurde dafür zuweilen der Name „Rationalismus" gebraucht. Der Gegenbegriff ist allerdings im allgemeinen nicht „Skepsis", sondern „Empirismus", womit eine auf Sinneserfahrung aufbauende Philosophie bezeichnet ist (griech. „empeiria" = „Erfahrung"). Empirismus und Skepsis sind aber oft gegen den Rationalismus verbunden, z. B. wenn sie nur „Phänomene" – das, was uns erscheint – gelten lassen, ohne auf ein objektives Sein zu schließen. Während übrigens das Adjektiv „empirisch" alt ist, wird vom Empirismus als einer bestimmten philosophischen Richtung erst seit dem Ende des 18. Jahrhunderts gesprochen.

Die Philosophie der Epoche von Barock und Aufklärung wird häufig in der Gegenüberstellung rationalistischer und empiristischer Strömungen beschrieben, womit allerdings nur ein bestimmter Aspekt dieser Zeit erfaßt ist. „Rationalismus" kann dann zugleich ein Begriff sein, der auf diese Epoche der Neuzeit bezogen und beschränkt ist. Es muß aber bemerkt werden, daß es auch einen viel weiter gefaßten Begriff von Rationalismus gibt, der z. B. auch schon Platon betrifft. So werden im nächsten Abschnitt einige Merkmale des Rationalismus beschrieben, die zum Teil auch auf Philosophen der Antike und des Mittelalters zutreffen.

1607 zeichnete Francis Bacon folgendes Bild: „Die empirischen Philosophen gleichen Ameisen, sie sammeln nur und gebrauchen ihr Vorratslager. Die Rationalisten gleichen Spinnen,

Vanitas-Stilleben, Gemälde von Pieter Claesz, 1630, Mauritshuis, Den Haag

In Montaignes „Essais" geht es immer wieder um die Eitelkeit und Vergänglichkeit alles Irdischen. „Philosophieren heißt lernen, wie man stirbt", lautet in Anlehnung an ein antikes Wort die Überschrift eines der 107 Kapitel des umfangreichen Werks. Auch die Form der „Essais" spiegelt diese Thematik: Gedankensprünge, selbstironische autobiographische Einschübe und eine scheinbar wahllose Aneinanderreihung sachlich kaum zusammenhängender Kapitel fordern Assoziationen des Vergeblichen und der Auflösung der Dinge und Gedanken heraus. Eine ähnliche Selbstbezüglichkeit und sogar virtuelle Selbstaufhebung des Geschaffenen findet sich auch in der Literatur und bildenden Kunst des Barock. Sie läßt sich in allegorisch auf Vergänglichkeit bezogenen Stilleben wie dem hier abgebildeten nicht immer nachweisen, aber gewiß liegt in der Brillianz und sinnlichen Pracht, mit der die Stofflichkeit eigentlich doch dem Verderben geweihter Dinge gemalt ist, eine Ironie, die nicht zuletzt an Montaigne denken läßt.

René Descartes, 1596–1650, Detail eines Gemäldes von Frans Hals, um 1640, Louvre, Paris

Mit dem Ziel, ein sicheres Fundament der Philosophie zu schaffen, entwickelt Descartes eine Methode des radikalen Zweifels, die die Grundlage seiner Philosophie bildet. Zunächst sei es notwendig, alles, was bisher als gewiß angenommen wurde, zu überprüfen. Dabei stellt sich heraus, daß die Existenz der Dinge, die eigene leibliche Existenz und selbst mathematische Grundsätze (wie 2 plus 3 = 5) auf einer Täuschung beruhen könnten, was bedeutet, daß nichts mit Sicherheit angenommen werden kann. Descartes entdeckt jedoch eine Tatsache, die mit Gewißheit feststeht, nämlich daß er zweifelt. Wenn er aber zweifelt, dann muß er auch denken und wenn er denkt, dann muß er auch existieren, d. h. ein denkendes Wesen sein. „Ich denke, also bin ich" (cogito, ergo sum), diese Schlußfolgerung war der Ausweg aus dem totalen Zweifel und wurde zu einem der berühmtesten Sätze der Philosophie. Mit der Bestimmung des erkennenden Subjekts als dem ursprünglichen Ort der Gewißheit wurde Descartes zum Wegbereiter des gesamten neuzeitlichen Denkens.

sie spinnen alles aus ihrem Innern hervor. Man zeige mir einen Philosophen, der wie die Biene eine mittlere Veranlagung besitzt, der von weither sammelt, aber das Aufgenommene aus eigener Kraft verdaut und weiterverarbeitet."

Eigentlich sind alle Philosophen, die diesen Namen verdienen (darunter alle, die in diesem Buch vorkommen) in Bacons Sinne „Bienen". Die Gegenüberstellung der Ameisen und Spinnen (sicher hatte Bacon bestimmte zeitgenössische Fachidioten im Auge) entspricht nicht ganz dem, was heute mit den philosophiegeschichtlichen Begriffen Rationalismus und Empirismus gemeint ist. Descartes und Leibniz, Locke und Hume „spinnen" und „sammeln" nicht (wenigstens nicht „nur"), sondern finden Theorien „über" das Spinnen und Sammeln (über das Erkennen), die auch Gegenpositionen berücksichtigen und sich durchaus nicht immer und in allem ausschließen.

Die ganze Wahrheit

Da die Empiristen ganz und gar nicht irrational argumentieren, ist Vernunftgebrauch gewiß kein unterscheidendes Merkmal des Rationalismus. Wohl aber die Art, wie die Vernunft im Ganzen der Welt gesehen und verankert wird.

So kann z. B. die Philosophie Spinozas „absoluter" Rationalismus genannt werden, weil sie von der durchgängigen Verstehbarkeit, vernunftartigen Struktur des Weltganzen ausgeht. Diese Überzeugung bestimmt nicht nur den Inhalt, sondern sogar die Darstellungsform der Lehre Spinozas. Er bietet sie nämlich „more geometrico", nach Art und Weise der Geometrie. Wie Euklid in seinen „Elementen", dem grundlegenden antiken Geometriebuch, gibt Spinoza zu Anfang Definitionen und stellt Axiome (nicht weiter ableitbare Grundsätze) auf. Aus ihnen wird dann die ganze Folge aufeinander aufbauender Lehrsätze abgeleitet und bewiesen.

Auch Descartes gibt Definitionen der Grundbegriffe seiner Metaphysik an, die einen solchen Aufbau ermöglichen. Etwas Ureigenes der reinen Vernunft, die euklidische Beweislogik, erscheint also nicht nur den idealen (vom Verstand selbsterzeugten) Gebilden der Geometrie angemessen, sondern auch der Wirklichkeit. Zugespitzt gesagt: Die Welt läßt sich deduktiv (formal schlußfolgernd) aus ersten Prinzipien ableiten. Dies geht freilich nie so weit, daß man etwa von der Definition Gottes bis zu den faktischen Einzeldingen käme und so wirklich alles erklären könnte. Aber solch vollständige Erklärung könnte man einmal als das Ideal der barocken Rationalisten festhalten.

Nach der Auffassung, die sich in besagter geometrischer Darstellung zeigt, muß es ursprüngliche, einfachste Grundbegriffe geben, die nicht einfach aus der subjektiven Erfahrung stammen, sondern das wahre Sein betreffen und sozusagen abbilden. Darum kann die Erkenntnis zu Aussagen kommen, die der Erfahrung „vorhergehen" und die sich trotzdem in der Erfahrung als wahr erweisen müssen. Man spricht hier von Erkenntnis „a priori" (lat. „vom Früheren her"; „vorgängig", „vorab"). Für die Empiristen gibt es das in diesem Sinne nicht.

Mit apriorischer Erkenntnis verbindet sich im Rationalismus meist die Überzeugung, daß es „eingeborene Ideen" gibt. Damit sind nicht fertige „Bilder" gemeint, die von Geburt an in uns lägen. Vielmehr ist an die Anlage, die potentielle Fähigkeit zur Bildung bestimmter Ideen gedacht, die sich aus der Erfahrung allein nicht erklären lassen.

Und damit ist noch ein Stichwort gegeben: Die Rationalisten fassen „Ideen" (d. h. Begriffe und Vorstellungen im damaligen Sprachgebrauch) nicht als Bilder auf, die direkt oder letztlich aus Sinneseindrücken entstehen. Ideen sind, wie auch immer das im Einzelnen zu verstehen ist, Konzepte des Geistes.

Nach alldem ist unser Wissen also nicht als eine Summe von Erfahrungen zu beschreiben. Die Rationalisten des Barock nehmen ein geordnetes Ganzes an, aus dem erst das Einzelne verstanden werden kann. Und dementsprechend versuchen sie, ihre Lehrgebäude als Ganzheiten, als umfassende und geordnete Systeme zu entwickeln.

René Descartes

Ein Baum der Erkenntnis

Descartes' erstes Buch ist eine kleine intellektuelle Autobiographie, die knappe und stilisierte Beschreibung des Werdegangs der Einsichten, geistigen Ziele und Forschungen eines Vierzigjährigen. Zugleich handelt es sich dabei um eine „Abhandlung zur Methode des richtigen Vernunftgebrauchs". Diese Abhandlung, bescheiden einsetzend, entwickelt unversehens objektiv-verbindlichen Anspruch, aber ganz im Sinne der Einkleidung in einen persönlichen Bericht spricht Descartes nicht als Schulphilosoph, sondern als „Gentleman", der die Lebensorientierung im Blick behält. Sein „Discour", seine „Meditationen", epochemachende Werke, sind konziliant geschrieben, voller souveräner Zugeständnisse an theologische Autoritäten, aber auch an den Leser, der entgegenkommend in die lebendige Argumentation geleitet wird.

Nirgends verliert Descartes die Berührung zur Gesamtheit menschlicher Erkenntnisziele. Als begabter und innovativer Mathematiker sieht er seine Entdeckungen auf diesem Gebiet und in der Naturwissenschaft nicht isoliert, sondern im Zusammenhang mit einer philosophischen Begründung der „Möglichkeit" der Naturwissenschaft. Letztere bedeutet jetzt bereits Anwendung der Mathematik auf die Welt. Aber trotz der Spezialisierung der Wissenschaften sind sie gerade für Descartes nicht von der Philosophie getrennt. „Alle Wissenschaften sind nichts anderes als die menschliche Weisheit, die immer eine und dieselbe bleibt, auf wieviele verschiedene Gegenstände sie auch angewendet sein mag." Dennoch ist die Philosophie nicht mehr selbstverständlich das Dach allen Wissens von der Welt, sie selbst muß wissenschaftlich werden. Seine Vorstellung von fruchtbarer philosophischwissenschaftlicher Begründung faßt Descartes in das Bild eines Baumes (wie es ähnlich schon Francis Bacon getan hatte): die „erste Philosophie" oder Metaphysik ist die Wurzel, die Physik ist der Stamm, die Äste sind Medizin, Mechanik und – in der Baumkrone – Ethik, und die praktischen Anwendungen dieser Wissenschaften sind die Früchte.

Es wäre sicher übertrieben, dies Bild auf Descartes' Werk als Wurzel der neuzeitlichen Philosophie umzumünzen; zweifellos jedoch beginnt mit ihm ein neues Denken. Jener Wissensbaum nämlich erwächst aus einer methodischen Vergewisserung des ohne undurchschaute Voraussetzungen Sagbaren. Und es handelt sich dabei um eine Selbstvergewisserung: die Erkenntnislehre und Erfahrungstheorie geht vom Ich, vom Denken und seiner Form selbst aus, Subjekt und Objekt treten auseinander und das Subjekt wird als ursprünglicher Ort der Gewißheit bestimmt. Das bereitet den Weg für einen großen Teil der nachfolgenden Philosophie, die gut anderthalb Jahrhunderte später, am Beginn einer neuen Epoche, den Selbstbezug des Bewußtseins noch konsequenter zu ihrer absoluten Grundlage machen wird.

Methodischer Zweifel

Wie schon für viele Renaissancephilosophen genügt für Descartes gelehrte Kenntnis der Schrifttradition nicht mehr zur Gründung sicheren Wissens. Auch die ständige Bereicherung der Tradition durch neue Erfahrungen und sogar durch moderne Experimente öffnet für ihn nicht den Weg aus dem Labyrinth scholastischer Streitereien und Ungewißheiten. Er will einen Neuanfang, er will „auf einem Boden bauen, der ganz mir gehört".

Damit ist mehr verlangt als eine Behebung von Irrtumsquellen, die nur eine „relative" Verbesserung der Erkenntnis erreichen würde. Es ist auch mehr verlangt als die Auffindung jeweils (und damit relativ) erster Prinzipien der einzelnen Wissenschaften. Es geht um einen „unbedingten" Anfang, einen archimedischen Punkt, gewissermaßen den Traum der Philosophen: „Nur einen Punkt, der fest und unbeweglich sei, verlangte Archimedes, um die ganze Erde von ihrer Stelle zu bewegen. Und so darf auch ich

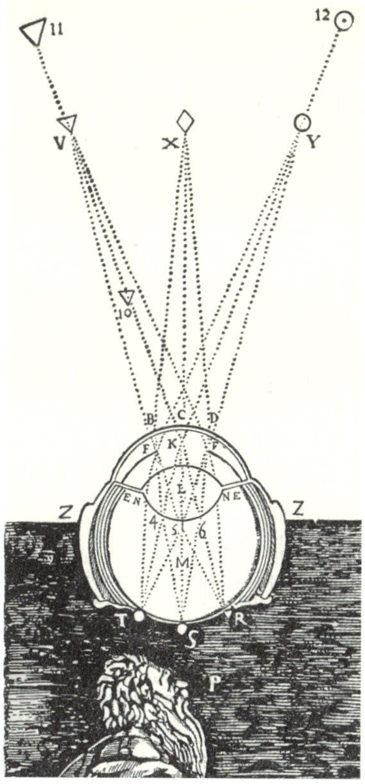

Illustration der Essais „Dioptrique" von René Descartes, Amsterdam, 1644

Descartes' Schrift zur Optik erschien ebenso wie seine „Geometrie" (in der die analytische Geometrie eingeführt wird, die u. a. die Physik revolutionieren sollte) und seine „Meteorologie" in einem Band mit dem „Discours de la méthode". Dieser erläutert die methodischen Prinzipien, die jeder Forschung zugrunde liegen müssen; die drei anderen Schriften geben somit Beispiele der Anwendung dieser wissenschaftstheoretischen Voraussetzungen. Die Abbildung zeigt die Lichtbrechung sowohl an der Hornhaut als auch an der Linse des Auges. Descartes betont, daß Punkte, von denen her Lichtstrahlenbündel ins Auge fallen, auf der Netzhaut wiederum punktförmig abgebildet werden müssen, damit scharfes Sehen möglich ist.

Eliezer und Rebekka, Gemälde von Nicolas Poussin, 1648, Louvre, Paris

In kulturhistorischen Darstellungen der Zeit des Barock in Frankreich ist die Malerei Poussins oft als künstlerisches Gegenstück zur Philosophie Descartes' bezeichnet worden. Hier wie dort herrschen Klarheit, Deutlichkeit und Rationalität. Wie nach einem mathematisch-geometrischen Plan greift ein Detail ins andere, um das Geschehen sinnfällig zu machen. Auch die subjektive Leistung des Betrachters wird reflektiert. Im abgebildeten Gemälde etwa sind das kugelbekrönte Postament rechts und das hohe Gebäude links durch Symmetrie und ähnliche Gestalt und Größe einander zugeordnet. Dadurch wird die perspektivische Tiefenflucht des Illusionsraums gemildert. Tiefe entsteht spürbar in der Wahrnehmung des Betrachters, sie kann aktualisiert, aber auch zugunsten der Flächenwirkung „übersehen" werden.

auf Großes hoffen, wenn ich nur das geringste finde, das von unerschütterlicher Gewißheit ist."
Um diesen sicheren Ausgangspunkt zu gewinnen wird nun alles Unsichere verworfen. Systematisch macht der philosophische Neuanfänger „von der ihm eigenen Freiheit Gebrauch und nimmt an, alles das existiere nicht, an dessen Dasein auch nur der geringste Zweifel möglich ist". Die Zielstrebigkeit macht klar, daß dies kein existenzieller, kein verzweifelter Zweifel ist. Es ist auch keine radikale Skepsis, wie es sie sei's aus Überzeugung, sei's aus Neigung zu sophistischen Gedankenspielen in der Antike gegeben hatte. Radikale Skepsis sagt kühn (und möglicherweise auch verzweifelt): Es gibt nichts, und wenn es etwas gäbe, könnte man nicht darüber sprechen.

Ganz anders Descartes: Seine Skepsis setzt voraus, daß es Wahrheit und wahre Aussagen grundsätzlich gibt. Der Zweifel ist ja gerade das methodische Experiment zur Ermittlung des Fundaments solcher Aussagen. Dabei werden zunächst einmal alle Urteile über sinnlich wahrgenommene Sachverhalte (bzw. vermeintliche Sachverhalte) außer Geltung gesetzt. Es gibt schließlich Sinnestäuschungen, und wo wir uns einmal getäuscht haben, sind wir programmgemäß mißtrauisch. Auch träumen wir oft in allen Farben der Wirklichkeit, obwohl den Traumbildern kein unabhängiges Sein entspricht. Wir müssen im Zweifelsexperiment verallgemeinernd davon ausgehen, daß auch, wenn wir überzeugt sind, wach und nüchtern zu sein, unseren Vorstellungen nichts wahrhaft entspricht.

Über die Existenz der Außenwelt läßt sich also nicht mit Gewißheit urteilen, sie muß dem Zweifel verfallen. Bei näherer Betrachtung wird klar, daß auch der eigene Körper zu dieser vorerst nichtexistenten Außenwelt gehört.

Es gibt aber Sachverhalte, die rein im Geist beurteilt und offenbar immer als solche, so, wie sie wirklich sind, erkannt werden. Dazu gehören mathematische Verhältnisse und Beweisgänge. Daß ein Rechteck durch eine Diagonale in zwei deckungsgleiche Dreiecke geteilt wird, liegt in der Sache selbst. Es ist – in diesem einfachen Fall – sofort anschaulich einsichtig, aber auch beweisbar, jeder Zweifel scheint sinnlos. Aber in solchen geometrisch-logischen Aussagen, so Descartes, wird doch eine „ideale" Wirklichkeit erfaßt. Und ein gedachter allmächtiger „Täuscher-Gott" oder böser Geist könnte selbst diese Art Wirklichkeitsbezug zu einer bloßen Vorspiegelung machen oder zumindest unsere Erinnerung über bereits Bewiesenes täuschen. Vielleicht ist unsere gesamte Erinnerung, und damit unser früheres Dasein, eine eingegebene Fiktion.

„Cogito, ergo sum"

Wir bezweifeln also endgültig die Objektivität unserer Urteile und denken uns alle zuvor so und so geglaubte Wirklichkeit als nicht existierend. „Aber", nun kommt der entscheidende Punkt, „wir können nicht annehmen, daß wir, die wir solches denken, nichts sind. Denn es ist ein Widerspruch, daß das, was denkt, zu dem Zeitpunkt, wo es denkt, nicht existiert. Demnach ist der Satz: Ich denke, also bin ich (ego cogito, ergo sum) die allererste und gewisseste aller Erkenntnisse, die sich jedem ordnungsgemäß Philosophierenden darbietet."

Man sieht, daß sich das „Ich denke, also bin ich", einer der berühmtesten Sätze der Philosophie, nicht aus dem Zusammenhang nehmen läßt. Den isolierten Satz nämlich liest man unvermeidlich als eine logische Folgerung, in der das „also" eine entscheidende Funktion hat: Ich „denke", also „bin" ich. Ohne andere Sätze, deren Gewißheit ihrerseits gezeigt werden müßte, wäre eine solche Folgerung aber logisch sinnlos und taugte nicht zum philosophischen Ausgangspunkt. Und wenn manchmal sogar ganz allgemein gesagt wird, Descartes leite das Sein aus dem Denken ab, ist das wirklich abwegig.

Tatsächlich ist eher zu lesen: „Ich„ denke, also „bin ich". Dem entspricht die lateinische Fassung an der zitierten Stelle: „cogito" heißt „ich denke". Wenn das Personalpronomen „ego" („ich") hinzukommt bedeutet das eine besondere Betonung. Die Betonung liegt nahe, denn der

Die vier Philosophen, Gemälde von Peter Paul Rubens, um 1611, Palazzo Pitti, Florenz

Rubens stellte sich hier zusammen mit seinem Bruder Philipp, dem Altertumswissenschaftler Justus Lipsius und Jan van der Wouvere dar. Lipsius gilt als bedeutendster Theoretiker des Absolutismus und wichtiger Forscher und Herausgeber der Werke des Stoikers Seneca. Im 16. Jahrhundert entstand die Strömung des Neostoizismus, welche die Tugenden Mut, Pflichttreue und Gelassenheit propagierte. Das Bild gilt als Rubens' Bekenntnis zum Neostoizismus und als Hommage an den 1606 verstorbenen Gelehrten und seine Schüler. Lipsius doziert, während sich seine Schüler mit anderem zu beschäftigen scheinen. Dies ist als Zeichen ihrer geistigen Unabhängigkeit zu werten, denn sie versuchten, seine Theorien in der Politik umzusetzen.

Gelehrtenversammlung am Hof der Königin Christina von Schweden, (Descartes erläutert ein geometrisches Problem), Gemälde von Pierre-Louis Dumesnil, Schloß Versailles

Die letzten vier Monate seines Lebens verbrachte Descartes in Stockholm, wohin er nach mehrfachen Einladungen der Königin Christina von Schweden im September 1649 reiste. Der Kapitän des Schiffes, auf dem er fuhr, rühmte später voller Bewunderung die navigatorischen Kenntnisse und Fähigkeiten dieses Passagiers. Dessen Universalität war in der Tat erstaunlich und wurde in Stockholm noch in ganz anderer Hinsicht beansprucht: Die vor allem literarisch interessierte Königin, die ihn bereits als eleganten Briefschreiber kannte, erwartete von ihm (nebst philosophischen Gesprächen) auch die Verfertigung eines Ballettlibrettos, das den westfälischen Frieden und ihren Geburtstag feiern sollte. Ohne weiteres entsprach Descartes diesem Wunsch und schrieb eine Dichtung, die er „Die Geburt des Friedens" nannte.

Satz antwortet ja auf die Frage: was „ist" wirklich, wie ich es denke oder wahrnehme? „Daß etwas existiert und irgend etwas, sei es auch ein böser Geist, unseren Vorstellungen zugrunde liege, war nicht bezweifelt. So sagt Descartes in seinen „Meditationen", wo der ganze Gedanke sehr ausführlich durchlaufen wird, statt „cogito, ergo sum": „Der Satz 'Ich denke; Ich bin' ist, sooft ich ihn ausspreche oder im Geiste auffasse, notwendig wahr." Dieser erste sichere Satz, so sehen wir nun, ist keine mit tiefsinnigen Voraussetzungen beladene Urformel, sondern benennt eine einfache, jederzeit nachvollziehbare Evidenz. Evident ist nach Descartes, was sich „klar und deutlich", unbezweifelbar, einsehbar und so, wie es ist, dem Verstand darbietet.

„Ich zweifle, also bin ich". Mit dieser Formulierung bringt Descartes an anderer Stelle auf den Punkt, was im Gedankenexperiment gewonnen wurde. Durchs Zweifeln als einer selbstgegenwärtigen Tätigkeit des Ich wird alles denkunabhängige Sein vom Denken als solchem abgeschieden. Es bleibt eine Sphäre des reinen Bewußtseins übrig. Damit ist zugleich ein sehr wichtiger neuer Begriff in die Philosophie eingeführt. „Conscientia", zuvor mehr im Sinne von „Gewissen" verstanden, heißt nun „Bewußtsein". Mit dem Denken meint Descartes, das ist hinzuzufügen, mehr erfaßt zu haben als eine Folge von Bewußtseinszuständen. „Ich bin eine denkende Sache (res cogitans)" sagt er, und als res cogitans zeige sich etwas Zugrundeliegendes, eine unteilbare „Substanz".

Die Wahrhaftigkeit Gottes

Hat Descartes mit der Evidenz des „Ich denke" jenen erstrebten archimedischen Punkt erreicht? Ein Anfang ist da, aber „die Welt von der Stelle zu bewegen" noch nicht möglich. Denn das Ich ist in sich selbst gefangen, außer der res cogitans ist bisher kein Ding erkannt.

Zwar sieht Descartes mitsamt der ersten Gewißheit auch ein Wahrheitskriterium gegeben: wahr muß alles sein, was mit gleicher Klarheit und Deutlichkeit wie das „Ich denke; Ich bin" erkannt wird. Dazu gehören mathematische Beweisgänge oder Sätze wie „aus Nichts wird Nichts". Aber das Kriterium bleibt zunächst noch weitgehend eingeklammert, es kann den Zweifel und die Möglichkeit des täuschenden bösen Geistes nicht ausräumen. Dazu braucht es zusätzlich zum „cogito" eine Vorstellung, die mit unbezweifelbarer Wahrheit etwas „außerhalb„ des Denkens existierendes vorstellt.

Es ist die Vorstellung Gottes, die nach Descartes diese Bedingung erfüllt. Denn diese Vorstellung kann nicht aus der Phantasie stammen. Allmacht und Unendlichkeit sind nichts, was wir in uns vorfinden oder aus anderen Vorstellungen zusammensetzen können. Und – hier folgt Descartes der älteren Philosophie – jede Vorstellung muß eine Ursache haben, die mindestens ebenso viel Realität besitzt, wie in der Vorstellung, als Wirkung, vorgestellt ist. Also muß wirklich Gott dieser Vorstellung zugrundeliegen. Oder anders: Unsere Idee von Gott schreibt ihm alle nur denkbaren positiven, d. h. nicht einschränkenden Eigenschaften zu. Auch die Existenz muß als so eine Eigenschaft betrachtet werden. Also existiert Gott.

Diese „Gottesbeweise" klingen natürlich heute merkwürdig. Aber kurz und gut, die Argumentation bleibt auf das denkende Ich bezogen: „die ganze Kraft des Beweises liegt darin, daß ich es für unmöglich erkenne, daß ich so existiere, wie ich bin, nämlich mit der Vorstellung Gottes in mir, wenn Gott nicht auch wirklich existierte." Gott besitzt tatsächlich alle denkbare Vollkommenheit und keinerlei Mangel. „Hieraus geht nun auch zur Genüge hervor, daß dieser Gott nicht täuschen kann, denn es ist klar, daß Lug und Trug aus einem Mangel entspringen". Damit ist das besagte Wahrheitskriterium gerettet: was aus klarer und deutlicher Einsicht geurteilt wird, ist auch wirklich so, dafür garantiert Gott.

Baruch de Spinoza

All-Einheit und Teilhabe

„Wenn man anfängt zu philosophieren, so muß man zuerst Spinozist gewesen sein. Die Seele muß sich baden in diesem Äther der einen Substanz" behauptet Hegel in seinen Vorlesungen zur Geschichte der Philosophie. Das ist eine merkwürdige Zumutung, insofern man gewiß zu allen möglichen Fragen philosophische Gedankengänge entwickeln kann, ohne je von Spinoza gehört zu haben. Dem würde allerdings auch Hegel zustimmen, so wörtlich ist sein Ausspruch nicht zu nehmen. Zum Verständnis muß natürlich erst einmal etwas zur „einen Substanz" gesagt werden. Es geht dabei um die grundlegende These Spinozas. Er bildet sie in kritischer Absetzung von Descartes, der das Denken und die räumliche Ausdehnung als zwei Substanzen unterschieden hatte. Als dritte, ursprüngliche und schöpferische Substanz war Gott angenommen. Für Spinoza dagegen sind Denken und Ausdehnung substanziell ununterschieden. Nicht, daß er im geringsten hinter Descartes' Trennung der Welt des Bewußtseins von der Körperwelt, der materiellen Natur, zurückginge. Aber für ihn sind Denken und Ausdehnung nichts anderes als zwei Attribute (Wesensbestimmungen) der einen und einzigen Substanz: Gott, beziehungsweise, in einer berühmten Gleichsetzung: „Gott oder Natur". Spinoza beschreibt das auch so: Denken und Ausdehnung sind nur jeweils verschiedener „Ausdruck" der einen Substanz. Damit ist klar, daß dieses „Eine" in sich differenziert ist und demnach eben auf verschiedene Weisen Ausdruck finden kann.

Aber zurück zu Hegels Ausspruch, nach dem jeder Einstieg in die Philosophie gewissermaßen spinozistisch ist. Es ist der spezifische Blick auf das Allgemeine und Ganze, der hier angesprochen ist. Alltägliches Planen und Handeln richtet sich auf einzelne Zwecke und Din-

Ansicht von Delft, Gemälde von Jan Vermeer van Delft, Mauritshuis, Den Haag

Im Jahre 1632 wurden der Maler Vermeer und der Philosoph Spinoza in Holland geboren. Der eine verbrachte sein Leben in Delft, der andere in Amsterdam und Den Haag. Es ist sicher sehr kühn, neben dieser äußeren Verwandschaft der beiden Männer eine gewisse innere Verwandschaft ihrer Werke zu behaupten. Und doch können Vermeers Bilder die Idee der Substanz, in Bezug auf die alles Eins ist, sehr eindrucksvoll zur Anschauung bringen: Die Räume dieser Bilder wirken wie durchsichtig auf den Raum als solchen hin und ihr Licht erscheint nicht substantiell von dem verschieden, was es beleuchtet. „Determenatio est negatio", sagt Spinoza. Bestimmung ist Verneinung. Jeder Begriff ist durch seine Unterschiedenheit von anderen Begriffen bestimmt, durch das, was er „nicht" ist. Er nimmt also nur durch seine Stellung innerhalb der Gesamtheit eine deutliche Form an; das Ganze ist vor dem Einzelnen. Und so sind auch die von Vermeer gemalten Dinge nicht aus dem Baukasten zusammengesetzt, sondern scheinen aus der Gesamtheit der Bildfläche heraus ins Licht aufgetaucht zu sein, und die gemalten Lichtpunkte gewinnen ihre gegenständliche Bedeutung nur aus dem Ganzen.

ge. Aber wir können den unmittelbaren Dingbezug des Alltagslebens verlassen, indem wir sozusagen einen Schritt zurücktreten. Dann werden uns Denkhandlungen als solche bewußt. „Der Geist hat nur eine verworrene Erkenntnis, sooft er äußerlich, nämlich wie ihm die Dinge zufällig begegnen, bestimmt wird, dies oder jenes zu betrachten". Dagegen erkennt der Geist „klar und deutlich", wie Spinoza mit Descartes sagt, „sooft er innerlich, nämlich dadurch, daß er mehrere Dinge zugleich betrachtet, bestimmt wird, Übereinstimmungen, Unterschiede und Gegensätze an ihnen zu verstehen."

Ganz sicher setzt die Philosophie die damit verbundene Reflexion voraus, aber auch jede Wissenschaft und eigentlich jedes schlichte gedankliche Problemlösen. Und doch bedeutet schon solche einfache Besinnung auf übergreifende Gesichtspunkte einen Schritt ins Absolute, Eine, „in dem alles, was wir bisher für wahr gehalten haben, untergeht" (Hegel). Was hier untergeht, ist aber nicht die Wahrheit überhaupt, sondern nur die Beschränktheit zweckbezogener Horizonte, in denen sich uns für gewöhnlich alles darstellt. Für Spinoza ist jeder wahre Gedanke ein Gedanke in Gott. Und Gott denken heißt für ihn Gottes Notwendigkeit denken und sich als Teil derselben begreifen. Denken und Sein sind an diesem Punkt eins (und das war später auch für Hegel und seine Zeitgenossen ein Ursprungspunkt der Philosophie). In der so begriffenen unendlichen einen Substanz gibt es keine Zwecke, alles fließt aus aus der ewigen Notwendigkeit.

Doch dies zu verstehen ist erst das Endziel der Philosophie Spinozas. Auch einzelne Einsichten sind, wie gesagt, schon von Bedeutung. Indem der Mensch wahre Erkenntnis erlangt, gewinnt er Teil an dem Sein, das er immer schon ist, ohne dessen wirklich inne zu werden.

Gerade dies aber, einmal (eher unhistorisch) als eine Art Erfahrung verstanden, ist vielleicht nichts ganz Fremdes, das nur innerhalb der Lehre Spinozas verständlich wäre. Haben wir nicht manchmal, z. B. wenn wir Zusammenhänge entdecken und verstehen, das Gefühl, uns in einem überindividuellen „Wahren" zu bewegen, in dem überhaupt alles zusammenhängt? Auch gibt es Situationen des Hochgefühls oder der Niedergeschlagenheit, in denen „alles eins" wird (hier aber nicht im Sinne der Gleichgültigkeit verstanden). Hegel nennt das sehr plastisch das „Baden der Seele im Äther der einen Substanz". Wenn man den Spinozismus so versteht, ist Hegels eingangs zitierte Behauptung nicht so subjektiv und einseitig, wie sie zunächst erscheint.

Johann Wolfgang von Goethe, Gemälde von Georg Melchior Kraus, 1775–1776, Stiftung Weimarer Klassik

Nach seinem Tod und dem Erscheinen der „Ethik" wurde Spinoza wiederholt als Atheist diffamiert, sein Gott galt in grober Verfälschung als materielles Weltenmonstrum. Differenziertere Kritik erfuhr der spinozistische Rationalismus 1785 in einem Buch des deutschen Philosophen Jacobi, das Bewunderung für den kritisierten Denker erweckte. Vor allem Jacobis Freund Goethe sah sich in seiner Neigung zu Spinoza bestätigt. Er fand bei Spinoza eine sozusagen erregende Ruhe in der ewigen göttlichen Gesetzlichkeit, die nichts mit Zwecksetzungen und Endzielen zu tun hat. Für Goethe gab es hier eine direkte Beziehung zu seinem eigenen Reich: „Natur und Kunst sind zu groß, um auf Zwecke auszugehen und haben's auch nicht nötig."

Gottfried Wilhelm Leibniz

Weltkonstruktion

Ein Jahr vor seinem Tod empfing Spinoza einen selbstbewußten, wohlinformierten Besucher: der damals dreissigjährige Leibniz machte in Den Haag Station auf einer Reise von Paris über London, wo er sich im Umkreis Newtons bewegt hatte, nach Hannover, seiner künftigen Wirkungsstätte. Wieweit sich die beiden Philosophen auf gemeinsame Ansichten einigen konnten wissen wir nicht. Leibniz äußert sich später nur negativ über Spinozas Lehre, mit der ihn dennoch vieles verbindet.

Auch Leibniz konstruiert ein metaphysisches System, das bestimmte persönliche Grundeinstellungen mit dem Ausbau einer „mathematisch" geschlossenen Begrifflichkeit verbindet, die zum Teil noch scholastisch, zum Teil auch cartesianisch geprägt ist. Wie Spinoza versucht Leibniz eine durchgängige Vermittlung, Verbindung des Einzelnen und des Ganzen auszudrücken. Wie Spinoza lehnt er den Dualismus von Descartes Substanzen – Denken und Ausdehnung – ab. Dabei löst er Spinozas Substanz in unendlich viele Einzelsubstanzen auf, die er Monaden nennt und die wie jene Eine Substanz unvergänglich sind, wenn sie auch außer der obersten Monade, Gott, nicht Ursache ihrer selbst sondern geschaffen sind. Aus der Natur der Substanz(en) folgt mit Notwendigkeit die unendliche Reihe oder Mannigfaltigkeit ihrer Zustände, ganz so – Leibniz und Spinoza

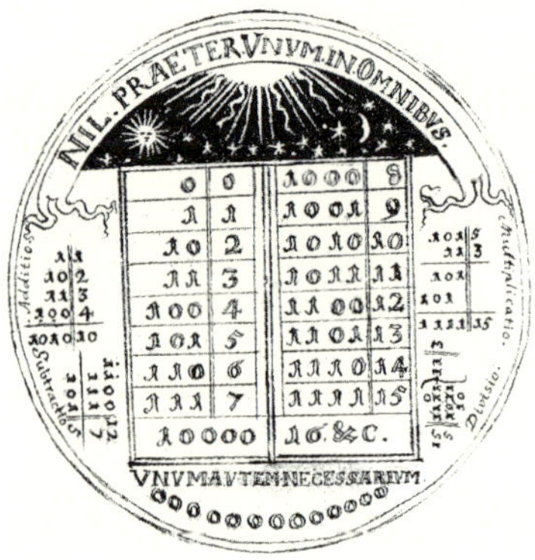

Medaillenentwurf von Leibniz, 1697–1698, Niedersächsische Landesbibliothek, Hannover

Leibniz entwickelte nicht nur das dyadische (binäre) Zahlensystem, das nur zwei Zeichen (0 und 1) gebraucht, sondern dachte auch an eine Rechenmaschine, die mit diesen Zahlen arbeitet. Die Zeichnung demonstriert das System und die Ausführung der Grundrechenarten und ist der Entwurf einer Medaille für den von der „Erfindung" beeindruckten Herzog Rudolf August von Wolfenbüttel.
Man kann nicht umhin, an die heutigen Computer zu denken, die tatsächlich mit diesem Zahlensystem rechnen und digital ganze Welten synthetisieren. Bei Leibniz heißt es: „Wenn Gott rechnet und den Gedanken ausführt, entsteht die Welt".
Auf der Medaille spielt Leibniz ausdrücklich die Idee einer komplexen Schöpfung aus einer elementaren Differenz aus: die Überschrift lautet (bezogen auf 0 und 1 bzw. auf Gott) „Nichts außer Einem in Allem", in einer deutschen Variante heißt es noch sinnfälliger „Einer macht Alles aus Nichts". Illustriert wird der Gedanke durch den elementaren Gegensatz von Licht und Finsternis, der den Beginn der Schöpfung ausmacht und ihre ganze Fülle schon enthält.

verwenden hier denselben Vergleich – wie aus der Natur einer geometrischen Figur ihre regelmäßigen Eigenschaften folgen (wie also etwa aus der Definition des Dreiecks die Winkelsumme von 180 Grad, der gemeinsame Schnittpunkt der Winkelhalbierenden usw. folgen).
Allerdings steht die Metaphysik bei Leibniz viel enger als bei Spinoza in Wechselwirkung mit der Wissenschaft. Auch kann man vielleicht sagen, daß Leibniz wie Descartes von einem logisch wahren und zugleich wirklichkeitshaltigen Prinzip ausgeht. Als solches hatte Descartes das „Ich denke" verstanden. Leibniz sucht diesen „archimedischen Punkt" in der „allgemeinen Natur der Wahrheiten". Logik und Wahrheitsdefinition spielen bei ihm eine zentrale Rolle.

„Lebendige Kraft"

Seit dem 17. Jahrhundert haben sich die Einzelwissenschaften derart spezialisiert, daß schließlich niemand mehr einen adäquaten Gesamtüberblick gewinnen und wirklich auf mehreren verschiedenen Gebieten zugleich zuhause sein und schöpferisch tätig werden konnte. Aber Leibniz war noch zur Ausbildung wahrhaft universaler Gelehrsamkeit imstande, er vermochte auf der Höhe seiner Zeit zu Mathematik, Logik, Sprachwissenschaft, praktischer Technik und natürlich zur Philosophie beizutragen.
Schon früh, so schreibt er im Alter, stand ihm gewissermaßen die ganze theoretische Welt offen: „Ich erinnere mich, daß ich als Fünfzehnjähriger in einem Wäldchen bei Leipzig, genannt Rosenthal, einsam spazierenging, um zu überlegen, ob ich die substantiellen Formen beibehalten sollte. Endlich siegte die mechanistische Theorie und führte mich zum Studium der Mathematik". Mathematische und philosophische Interessen sollten sich bei ihm in seltener Weise mischen und fördern. Die epochemachende Entdeckung einer allgemein und relativ übersichtlich anwendbaren Infinitesimalrechnung – sie folgt vielen schon seit der Antike gelungenen Denkansätzen – führt Leibniz sogleich weiter zu einer neuen Sicht der Stetigkeit in der Natur, zum „Gesetz der Kontinuität", nach dem „die Natur niemals Sprünge macht." So wie ein infinitesimaler, unendlich kleiner Teil einer Kurve gleichzeitig als Teil einer Geraden, nämlich einer Tangente an die Kurve, betrachtet werden soll, so sind naturwissenschaftliche Bestimmungsgrößen, die früher als polare Wesenheiten verstanden wurden, als jeweilige Grenzwerte voneinander aufzufassen. Die Ruhe z. B. ist nicht als in der Seinsordnung verankertes Gegenstück und Gegenteil der Bewegung zu sehen sondern als extremes Minimum an Bewegung. Bildlich gesprochen erfüllt diese Stetigkeit kontinuierlicher Übergänge einen dynamisch durchwirkten oder überhaupt erst in dynamischen Wirkungen enfalteten Raum.
Dies ist nicht der Raum als rein geometrische Ausdehnung, in dem sich die cartesianische Physik abgespielt hatte, der aber für Leibniz nicht die Undurchdringlichkeit und Wechselwirkung der Körper zu begreifen erlaubt. Die nur geometrisch beschriebene Bewegung – Bewegung begründet ja Wechselwirkung – hat für Leibniz etwas Irreales. „Denn genau genommen hat die Bewegung, so wenig wie die Zeit, jemals ein eigentliches Dasein, da sie keine ge-

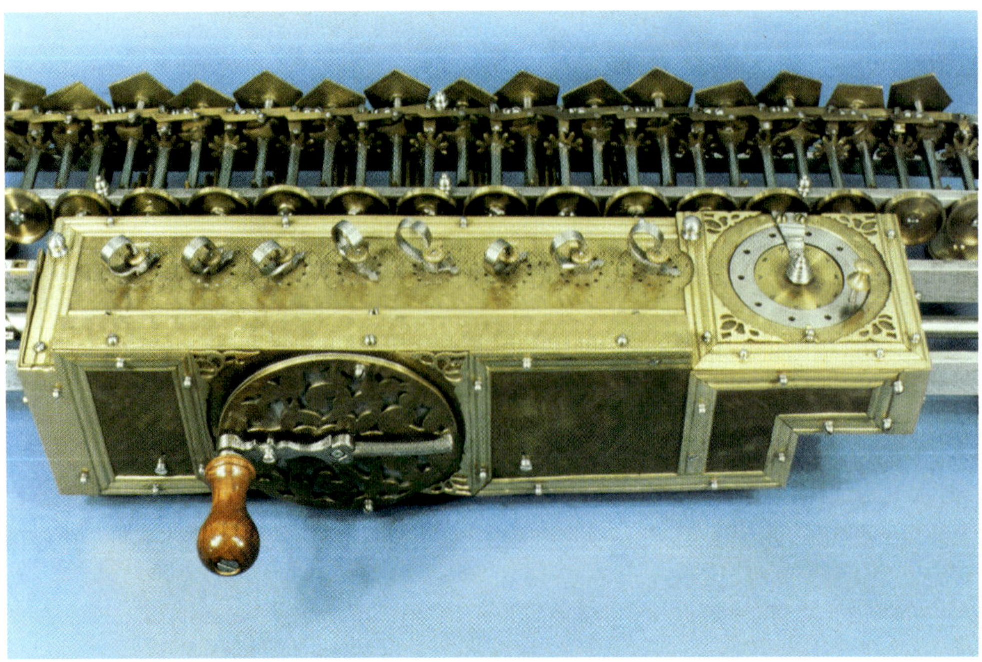

Rechenmaschine von Leibniz, Niedersächsische Landesbibliothek, Hannover

Als Universalgelehrter betrieb Leibniz vielfältige Forschungen auf dem Gebiet der Mathematik, Physik, Sprachwissenschaft und Philosophie. Friedrich der Große sagte von ihm: „Er stellt für sich eine ganze Akademie dar". Eine seiner wichtigsten Arbeiten im Bereich der Mathematik ist die Entdeckung der Differentialrechnung. Außerdem entwickelt er eine Rechenmaschine, die im Gegensatz zu den bisherigen Addiermaschinen (entwickelt u. a. von Blaise Pascal) auch zur Multiplikation und Division genutzt werden konnte. Diese Maschine für die vier Grundrechenarten beruht auf einer Konstruktion mit Staffelwalzen, die noch heute in verschiedenen Bereichen der Technik Verwendung findet. Leibniz hat Zeit seines Lebens an der Vervollkommnung der Maschine gearbeitet. Sie zählt zu seinen bedeutendsten technischen Entdeckungen und bildet die Grundlage der modernen mechanischen Tischrechner.

Gelehrter im Raum mit Wendeltreppe,
Gemälde von Rembrandt, um 1632, Louvre, Paris

Die unmittelbare Außenwelt des Gelehrten, der Raum, in dem er sitzt, scheint wie eine Aura seine psychische Innenwelt zu erweitern und zu spiegeln. Der linienbetonte perspektivische Raum der Renaissance, in den z. B. Dürer seine gedankenverlorene „Melancholie" versetzte (vgl. S. 29), ist einer Tiefenillusion gewichen, die hauptsächlich mit dem gemalten Licht arbeitet. Dabei sind mit der hellen Flut des Tageslichts und dem schwachen Schein des Feuers im Kamin ganz rechts auch die Vita contemplativa des Gelehrten und die Vita aktiva einer kaum erkennbaren Frau, die das Feuer schürt, einander gegenübergestellt. Rembrandts Raumdarstellung kann an den Raumbegriff Leibniz' denken lassen, der mit dynamischer Entfaltung von Kräften und mit kontinuierlichen zeitlichen Übergängen zu tun hat, aber auch an Thesen seines Zeitgenossen Henry More erinnern, der aus spiritualistischer Sicht den Raum als ein unendliches leeres Kontinuum, zugleich aber als reinen und andauernden (Schöpfungs-)Akt verstand und mit Gott identifizierte.

meinsam existierenden Teile besitzt, folglich niemals als Ganzes existiert. Und so liegt in ihr selbst nichts Reales, außer der Realität des momentanen Zustandes, der durch die Kraft und ihr Streben nach Veränderung zu bestimmen ist. Hierin ist also all das befaßt, was außer dem Objekt der Geometrie oder der Ausdehnung in der materiellen Natur vorhanden ist."

Descartes geometrische („Teilchen"-) Physik hatte eigentlich keinen Kraftbegriff gebraucht, wohl aber eine Bewegungsgröße, mithilfe derer man Bewegungen von Körpern vergleichen und vor allem die Übertragung von Bewegung berechenbar machen kann. Diese Bewegungsgröße ist das Produkt von Masse und Geschwindigkeit eines Körpers ($m \times v$), der Impuls nach heutiger Terminologie. Die Summe der Impulse aller Körper im Kosmos nahm Descartes als konstant an.

Wenn die Cartesianer von Kraft reden, so ist sie als dem Impuls proportional verstanden. Hier entdeckt Leibniz einen Widerspruch. Er überlegt, daß in Entsprechung zu einem reibungsfreien Pendel, das nach dem Abschwung genau zur Starthöhe wieder aufschwingen würde, ein fallender Körper an jedem Punkt seines Falls soviel Kraft (heute würde man in diesem Fall sagen: kinetische Energie, d. h. Bewegungsenergie) erlangt hat wie es braucht, ihn von diesem Punkt zur Starthöhe zu heben. Nun lassen sich, daraus folgend, verschieden schwere Körper mit jeweils verschiedenen Fallhöhen bezüglich der entsprechenden Kräfte in Beziehung setzen. Es ergibt sich, daß der Impuls als Kraftmaß hinfällig ist. Den Impuls $m \times v$ nennt Leibniz „tote Kraft", während $m \times v$ das wahre Maß der „lebendigen Kraft" ist, deren Gesamtgröße im Universum konstant bleiben soll. Die Annahme der Krafterhaltung ist gleichbedeutend mit der – nicht erfahrungsgegebenen, sondern „metaphysischen" – Voraussetzung, daß die volle Wirkung der vollen Ursache entspricht, daß sozusagen nichts verlorengeht.

Diese lebendige Kraft, so Leibniz, ist einem bestimmten Körper viel eindeutiger zuzuschreiben, ist sozusagen mehr mit ihm identisch, als die Geschwindigkeit, die relativ ist und immer auch allen anderen Körpern, relativ zu denen sie bestimmt wird, zugeschrieben werden kann. Die lebendige Kraft gibt ein Wirkungspotential an und läßt in einem momentanen Zustand des Körpers seine Folgezustände enthalten sein.

Leibniz' Monadologie

In seiner Substanzenlehre, seinem metaphysischen Weltsystem, knüpft Leibniz an die zentralen Punkte seiner Logik einerseits und Physik andererseits an. Seine Monaden (von gr. „monas" = „Einheit") sind punktartige Kraftzentren, in deren „Definition", d. h. in deren „vollständigem Begriff" alle ihre Zustände, die sie durchlaufen, enthalten sind. Solch einen vollständigen Begriff, der alle Bestimmungen eines Individuum enthält und daher unendlich ist, kann

„Leibniz behauptet, daß zwei Blätter einander nicht völlig ähnlich sein können", Leibniz am Hof der Kurfürstin Sophie von Hannover, Kupferstich von Christian Schule, koloriert, 1796

Als Rationalist war Leibniz der Auffassung, die Welt beruhe letztlich auf vernünftigen Prinzipien und sei durch Vernunft grundsätzlich auch erkennbar und erklärbar. So entwickelt er seine Metaphysik aus einigen wenigen Prinzipien. Die wichtigsten dieser Prinzipien sind der Satz vom Grund („nichts ist ohne zureichenden Grund, warum es sei") und der Satz vom Widerspruch („nichts kann zugleich sein und nicht sein"). Mit dem Satz vom Grund hängt die erkenntnistheoretische Auffassung zusammen, daß alle Wahrheiten in sogenannten analytischen Sätzen ausgedrückt werden. Wird einer Sache zutreffend eine bestimmte Eigenschaft zugesprochen, so ist diese Eigenschaft im Begriff der Sache bereits enthalten. Anders als abstrakte Begriffe ist jedes Ding bzw. jedes lebende Individuum durch unendlich viele Eigenschaften durchgängig bestimmt. Daraus ergibt sich das „Prinzip der Identität des Ununterscheidbaren": Wären zwei Dinge vollkommen gleich, so wären es nicht zwei Dinge, sondern nur ein identisches Ding. Darauf bezieht sich auch die Abbildung: Leibniz demonstriert, daß Baumblätter, die bei aller Ähnlichkeit doch je für sich existieren, nie völlig gleich sein können.

freilich nur Gott haben. Er ist die Urmonade, Schöpfer aller unendlich vielen anderen Monaden, aus denen die Welt besteht. Sie alle sind individuelle Substanzen, sind wie Gott – Seelen und haben – im Unterschied zu Gott – einen Körper.

Der Gegensatz zu Descartes Lehre ist deutlich. Die geometrische Ausdehnung als Substanz konnte Leibniz nicht beibehalten, das wurde im letzten Abschnitt angedeutet. Für ihn ist die physische Welt von individuellen Energien durchsetzt. Wie Leibniz aber den Dualismus von Körper und Seele aufhebt ist nicht leicht zu verstehen. Denn die Monaden sind wie gesagt Seelen, geistige Wesenheiten und ganz und gar nicht nicht räumlich vorzustellen, auch nicht etwa an einem bestimmten Punkt eines Körpers lokalisiert. Wie ist die Verbindung also zu denken? Nun, Körper sind letztlich für Leibniz gar nichts Reales, sondern in der Realität der Monaden fundierte Phänomene. Sie haben ihre Wirklichkeit in Wahrnehmungen und im Denken, also in Seelen. Da wir selbstbewußte Seelen sind, haben Raum und Körper „für uns" also durchaus Wirklichkeit. Wir können aber nicht sagen, daß sie „an sich" existieren.

Die Sache ist einfacher, wenn wir von der Natur, wie sie für uns existiert, ausgehen und von einer durchgängigen Zuordnung von Körpern und Seelen, einer Allbeseelung sprechen. Diese Zuordnung erklärt aber nicht einfach das, was wir als gesonderte Einzeldinge oder Lebewesen auffassen, zu verkörperten Monaden, sondern sie gilt über willkürliche Grenzen hinweg kontinuierlich für die ganze materielle Welt: „Der Urheber der Natur konnte dieses göttliche und wunderbare Kunstwerk ausführen, weil jedes Stück Materie nicht nur ins Unendliche teilbar, sondern auch jedes Stück tatsächlich ohne Ende in Teile weitergeteilt ist, von denen jedes eine eigene Bewegung hat. Daraus ersieht man, daß es in dem kleinsten Teil der Materie eine Welt von Geschöpfen, von Lebendigem, von Tieren, Entelechien, Seelen gibt. Jedes Stück Natur kann als ein Garten voller Pflanzen und als ein Teich voller Fische aufgefaßt werden. Aber jeder Zweig der Pflanze, jedes Glied des Tiers, jeder Tropfen seiner Säfte ist wieder ein solcher Garten oder ein solcher Teich." Die Monaden sind allerdings hierarchisch geordnet. So wie Gott „Monarch des göttlichen Geister-Staats" ist, so gibt es in Organismen, besonders in Tieren und Menschen, eine beherrschende Hauptmonade, die wir im üblichen Sinn die Seele nennen. Zur menschlichen Seele gehört die Fähigkeit zur Wahrnehmung (Perzeption) und zum Selbstbewußtwerden der Wahrnehmung, zur Reflexion (Apperzeption). Letztere haben „geringere" Monaden nicht, dennoch sind sie nur graduell anders, denn Perzeptionen haben sie alle. Deren Grad kann aber so gering bleiben, daß man von „unbewußter" Wahrnehmung, einem Minimum und praktischen Nichts an Perzeption sprechen kann. „Unbewußte" Wahrnehmungen, „petites (kleine) perceptions", kommen allerdings auch in der menschlichen Seele vor, z. B. wenn leise Geräusche durch lautere übertönt werden. Sie sind dann nicht mehr unterscheidbar, obwohl sie als Teil des Gesamtgeräusches weiterexistieren. Der Anteil des gleichsam Übertönten in der Perzeption ist nun nach Leibniz unendlich groß. Denn was Monaden perzipieren, ist nicht nur das, was sie umgibt und berührt, sondern ist „jede Veränderung jeder anderen Monade", also das gesamte kosmische Geschehen. Jede einfache Substanz ist ein „fortwährender lebendiger Spiegel der Welt".

Und dennoch: „Die Monaden haben keine Fenster, durch die etwas hinein oder heraustreten kann". Leibniz versteht Perzeption nicht im landläufigen Sinne von Wahrnehmung als Verarbeitung einer psychischen Bestimmtheit durch eine unabhängige Wirklichkeit, die auf die Sinne wirkt. Es gibt für Leibniz auch keine reale Wechselwirkung von Körper und Seele. Perzeptionen sind einfach dasjenige der Monaden, was sich verändert. Dabei setzt Leibniz voraus, daß alles Geschaffene in (ständiger) Veränderung begriffen ist. Die Art der Veränderung, der Fluß der Perzeptionen ist Ausdruck des Strebens und der Kraft der Monaden, ist eine Vielheit in der Einfachheit der Substanzen und macht ihre jeweilige Besonderheit und Einmaligkeit aus. Jeder Augenblick dieses Flusses besteht selbst in einer Mannigfaltigkeit von Perzeptionen, die freilich nicht alle bewußt werden: „eine Seele kann in sich selbst nur das deutlich Vorgestellte lesen, sie kann nicht auf einen Schlag auseinanderlegen, was in ihr zusammengefaltet ist; denn diese Fältelung geht ins Unendliche."

Trotz der fensterlosen Geschlossenheit der Monaden repräsentieren ihre Perzeptionen wie gesagt vom je individuellen Standpunkt aus die Zustände der anderen Monaden, der Welt. Dies ist möglich, so Leibnizens Konzept, weil Gott die Verläufe all dieser Perzeptionen in einer prästabilierten (im voraus befestigten) Harmonie auf-

Akademie der Wissenschaften und der Künste, Kupferstich von Sebastian Le Clerc, 17. Jahrhundert, British Museum, London

Leclerc, Kupferstecher und zugleich Mathematiker und Physiker, führt hier nicht ohne entfernte Anlehnung an Raffaels „Schule von Athen" (s. S. 11) das gewaltige Panorama einer idealen Akademie vor. Viele der Instrumente und Apparaturen erinnern an die Inventarien der Kunst- und Wunderkammern, in denen Fürsten und Gelehrte, aber auch Akademien, seltene Altertümer, Meßinstrumente, wissenschaftliche Demonstrationsmodelle und anderes sammelten. Die Personen sind antikisch gekleidet, in ihrer oft phantastischen Erscheinung erinnern sie an die Schatzgräber vieler Gemälde des 17. und 18. Jahrhunderts. Hier paaren sich Wissenschaft und Magie, denn auch Wahrsager treten auf. Ansonsten werden Studien in Perspektive, Geometrie, Astronomie, Musik, Anatomie, Optik und den verschiedenen Gebieten der Physik betrieben. Tatsächlich wurden im 17. Jahrhundert viele bedeutende Akademien gegründet, so die französische Kunstakademie (1648), die Académie Royale des Sciences (1666) und die Londoner Royal Society, der u. a. Locke und Newton angehörten. Mit diesen Gründungen wurden nicht zuletzt volkswirtschaftliche Ziele verfolgt: der Qualitätsstandard wichtiger Exportartikel sollte erhöht werden, während von den Naturforschern industriell nutzbare Entdeckungen erwartet wurden.

einander abgestimmt hat. Im Repräsentationsverhältnis einer Monade zum Universum der anderen Monaden entsteht die phänomenale Welt, also die Welt der Sinneserscheinungen, der räumlichen Natur. Darum bedeutet die prästabilierte Harmonie auch die Übereinstimmung der Wahrnehmung und der körperlichen Bewegung, d. h. der geistigen und physischen Seite eines Individuums.

Die beste aller möglichen Welten

Für Leibniz leben wir in der „besten aller möglichen Welten". Diese These ist Thema der „Theodizee", gewissermaßen der Begründung für den Freispruch Gottes von der Anklage der Schöpfung positiven, eigenmächtigen Übels und Elends in der Welt. Der Ausdruck Theodizee („Theos" = „Gott", „dike" = „Gerechtigkeit") wird seit Leibniz allgemein für derartige Rechtfertigungen Gottes verwendet; der Sache nach hatten sie bereits eine lange Tradition. Meist erklären sie das Übel als eine Privation („Beraubung", Mangel); d. h. Übel ist ein zufälliger und akzidenteller Mangel an Gutem und hat kein selbständiges Sein. Die These Leibnizens mußte und muß Widerspruch, ja Empörung auslösen. Voltaire hat sie in dem kleinen Roman „Candide" karikiert, sein Held ist ein gläubiger Optimist, der im blinden Vertrauen auf die Leibnizsche Überzeugung eine Serie vernichtender Schicksalsschläge geradezu begrüßt und preist. Leibniz stellt in der Theodizee zuweilen harmonisierende Balancen zwischen Gut und Übel im irdischen Geschehen her, die uneingeschränkt der Kritik im Sinne Voltaires verfallen müssen. Aber damit ist nicht der Kern des „Prinzips des Besten" getroffen. Nach diesem Prinzip entsteht aus einem Minimum an Voraussetzungen (z. B. Naturgesetzen) ein Maximum an Mannigfaltigkeit. Alles Seiende ist die optimale Erfüllung der bloßen Möglichkeit jeweiligen Seins in wirklichem Sein. Keine einzelne Monade als Kraftzentrum kann ihre Kraft frei entfalten, sondern nur im Zusammenspiel mit anderen entgegenstehenden Kräften. Das Prinzip des Besten bedeutet dabei also ein Höchstmaß an Kompossibilität, d. h. Verträglichkeit der Möglichkeiten, der Tendenzen der einzelnen Kräfte. In diesem Zusammenspiel bekundet sich eine universelle Harmonie.

Da der Gott Leibnizens nicht wie derjenige Spinozas die Welt aus einer mit seinem eigenen Sein selbst erzeugten Notwendigkeit hervorbringt und ist, sondern sie aus freier Wahl erschaffen hat, hätte diese Schöpfung auch anders sein können. Darum ist sie eben als beste aus einer denkbaren (vielleicht unendlichen) Vielzahl „möglicher" Welten zu verstehen,

„Candide", Roman von Voltaire (1758), Illustration zum 3. Kapitel, Kupferstich von Pierre Charles Baquoy, 1787

Leibniz vertritt die These, daß es sich bei der bestehenden Welt um die „beste aller möglichen Welten" handelt. Diese Auffassung ist Ausdruck seiner optimistischen Sicht auf die Vernunft. Der freie Mensch entscheidet sich entsprechend des vom Verstand erkannten Guten. Dies wurde unter anderem von Voltaire bezweifelt und in seinem Roman „Candide oder vom Optimismus" karikiert. In dem Vertrauen in das Gute in der Welt passiert dem Helden des Romans ein Mißgeschick nach dem anderen. Er gerät in das Erdbeben von Lissabon (im Bild dargestellt), in die Hände von Piraten und er lernt Machtgier, Grausamkeit, Feigheit, Diebstahl und Mord kennen. Der Glaube an das freie, mündige Individuum, der das Denken des 17. und 18. Jahrhunderts prägte, wird hier kritisch hinterfragt.

denen ein unendliches Nichts an unmöglichen Welten gegenübersteht, Welten gewissermaßen, die nicht funktionieren würden. Wenn demnach die harmonische Vollkommenheit der Schöpfung optimal ist, gilt dies doch relativ und nicht absolut. Die Mängel in der geschaffenen Endlichkeit werden nicht geleugnet.

DER EMPIRISMUS

John Locke

Die menschliche Erkenntnis

Von Leibniz, der seine Thesen sonst meist in kurzen Abhandlungen oder nur in Entwürfen niedergelegt hat, gibt es eine umfangreiche, in Dialogform geschriebene Auseinandersetzung mit dem Hauptwerk seines Zeitgenossen John Locke, dem „Versuch über den menschlichen Verstand" („An Essay concerning human understanding"). Leibnizens „Neue Versuche über den menschlichen Verstand" lassen die Leser unmittelbar Zeugen der Begegnung von Rationalismus und Empirismus werden (s. zu diesem Gegensatz auch die ersten beiden Abschnitte des letzten Kapitels: „Der Rationalismus"). Allerdings gibt es zwischen den Dialogpartnern eine gute Verständigungsbasis, denn Locke ist ein rationalistischer Empirist. Was heißt das? Leibniz zitiert folgenden Grundsatz der empiristischen Haltung, die ganz auf die Begründung des Wissens aus der Erfahrung zielt: „Nichts ist im Verstand, das nicht zuvor in den Sinnen war". „Nichts", so ergänzt Leibniz mit den anderen Rationalisten, „außer dem Verstand selbst". Und diesen Zusatz hätte auch Locke nicht ganz verwerfen können. Denn er versucht nicht radikal empiristisch (bzw. sensualistisch) den Verstand, das Gedächtnis und alle gedachten Inhalte des Geistes als Ergebnis einer Art „Selbstorganisation" von Sinneseindrücken darzustellen, sondern er nimmt gewisse „Vermögen" (z. B. eben den Verstand), d. h. Fähigkeiten als gegeben und vor allem auch als aktiv tätig an. Wohl aber spricht er von der „tabula rasa", der „leeren Tafel" (ein von Aristoteles gebrauchtes Bild), dem ursprünglich „weißen Blatt" des Verstandes, das durch die Erfahrung bemalt und beschrieben wird.

Leibniz vergleicht das weiße Blatt mit einem Marmorblock, aus dem ein Bildhauer jede beliebige Figur herausschlagen kann. Für Leibniz hat dieser Block aber feine Adern, deren Struktur der Bildhauer nachspürt und die zu einer dem Marmor gewissermaßen eingeborenen Gestalt führen. Ohne die Tätigkeit des Bildhauers bliebe diese Gestalt zwar ungeformt, bloß virtuell, so wie immergültige Prinzipien der Erkenntnis nicht ohne Sinneserfahrung wirksam werden können. Doch letzlich gilt: die Erfahrung und damit alle wirklichen Dinge und Vorgänge besitzen ihren Zusammenhalt, finden ihr wahres Spiegelbild in vorstrukturierten ideellen Ordnungen, die selbstgegeben im Bewußtsein liegen.

So hatte es auch Descartes gesehen. An einer bekannten Stelle seiner „Meditationen" untersuchte er stellvertretend für die ganze Dingwelt ein Stück Wachs. Was, fragte er ganz so, wie auch jeder Empirist fragt, ist an dem Wahrneh-

John Locke, 1632–1704, Detail eines zeitgenössischen Gemäldes, Bodeian Library, Oxford

Unter Ablehnung rationalistischer Annahmen erfahrungsvorgängiger, alles Wissen begründender, „eingeborener" Ideen hat Locke eine ganz auf die Untersuchung des in der Erfahrung gelegenen Ursprungs und der Verarbeitung und Kombination unserer Vorstellungen konzentrierte Erkenntnistheorie entwickelt, die während der Aufklärung große Wirkung hatte. In seinen „Zwei Abhandlungen über die Regierung", klassischen Schriften des Liberalismus, bekämpfte Locke, der zeitweilig verschiedene politische Ämter innehatte, patriarchalische Auffassungen der Monarchie und forderte die Trennung von Legislative und Exekutive. Höchste politische Macht bedeute die Pflicht zur Erlassung von Gesetzen, die das Leben, die Rechte und das Eigentum der Bürger schützen.

mungsgegenstand Wachs das Identische und Dauernde, das es zu einem für sich bestehenden „Gegenstand" macht? Die Form ist veränderlich, ebenso die Farbe; die Festigkeit schwankt mit der Temperatur und der Duft verflüchtigt sich und wird sowieso ganz subjektiv wahrgenommen. Nur die räumliche Ausgedehntheit ist keine solche auch anders oder als fehlend vorstellbare Eigenschaft. Die reine Ausgedehntheit ist vom Wachs (und allen anderen Dingen) nicht wegzudenken; gerade sie ist aber nun als solche gar keine sinnliche Gegebenheit. Sie wird gedacht, und die Denkmöglichkeit ist nach Descartes vor aller Erfahrung gegeben. Ähnlich sollten sich alle Grundbegriffe der Erkenntnis durch quasi mathematisches Denken finden lassen. Deshalb konnte sich die Naturwissenschaft im Idealfall als eine Menge absolut wahrer Lehrsätze präsentieren.

Diese Auffassung konfrontiert Locke schon auf der Titelseite seines Buches mit dem folgenden Motto aus der Bibel: „So wie du nicht weißt den Weg des Windes und wie die Gebeine im Mutterleibe bereitet werden, also kannst du auch Gottes Werk nicht verstehen, das er überall tut". Damit bekundet Locke eine Form des Agnostizismus, d. h. der Leugnung der Möglichkeit der Erkenntnis von etwas. Dieses Etwas ist hier das nicht sinnlich Erfahrbare, das substantiell an sich Seiende der Dinge, und erst recht dasjenige, „was die Welt im Innersten zusammenhält" (wie es in Goethes „Faust" heißt), das Leibniz mit seiner „Harmonie" zu fassen suchte. Lockes Haltung ist dennoch nicht wissenschaftsfeindlich, ganz im Gegenteil, auch er will auf Wissenschaft hinaus. Sie besteht aber für ihn aus hypothetischen Sätzen, die Zusammenhänge beschreiben und berechenbar machen, ohne sie aus letzten Ursachen zu erklären. Der Forscher bleibt sozusagen gänzlich im sinnlichen Diesseits und ordnet Eindrücke zu Relationen.

In der Einleitung seines philosophischen Hauptwerkes von 1739 sah David Hume eine Entwicklungslinie des Denkens, die von Francis Bacon ausging. Dessen auf Naturgegenstände ausgerichtete Methode der Erfahrung hätten hundert Jahre später, so Hume, einige neuere englische Philosophen, allen voran Locke, auf geistige Objekte angewandt. Die Spanne von hundert Jahren sei nicht untypisch, denn sie habe auch zwischen Thales und Sokrates gelegen. Mit dieser kühn gezogenen Parallele zu den ehrwürdigen Anfängen der europäischen Wissenschaften von der Natur und vom Menschen (und von der Begriffsbildung) demonstriert Hume selbstbewußten Stolz auf die englische Tradition. Eine beachtliche Wirkung der empiristischen englischen Philosophie und Experimentalwissenschaft auf dem Kontinent zeigt, daß es tatsächlich wenig Grund zur Bescheidenheit gab. Lockes „Essay" wurde in mehrere Sprachen übersetzt und war zeitweilig wohl das aktuell wichtigste philosophische Werk in Europa.

Lockes Ziel ist eine vernünftige, man könnte sagen bürgerlich vernünftige Analyse der Bedingungen sinnvoller Aussagen. Dazu gehört die Prüfung von Aussagen „an" der Erfahrung und der Aufweis der ursprünglichen Entstehung aller sinnvollen Begriffe „aus" der Erfahrung. Beide Forderungen sind berücksichtigt im Vollzug einer empiristisch orientierten erkenntnistheoretischen Wende hin zur Analyse der Verstandesfunktionen und ihrem Wirken im Aufbau des Wissens aus der Erfahrung. Locke untersucht den Verstand, die Zusammensetzung der Ideen so, wie Descartes die physische Welt und ihre Zusammensetzung untersucht hatte. Einfache Ideen fügen sich zu komplexen Ideen wie Atome zu Körpern. Ideen nennt Locke sämtliche Bewußseinsinhalte, also Wahrnehmungen, innere Bilder oder z. B. Wortvorstellungen, Phantasien, Gedanken, Erinnerungen usw.

London, zeitgenössischer Kupferstich, 17. Jahrhundert

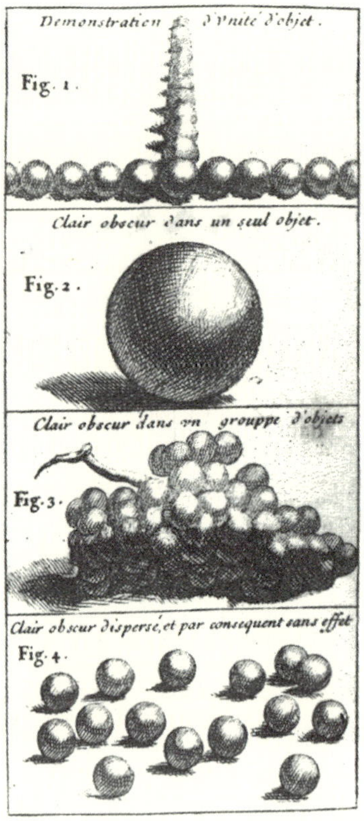

Illustration zu der „Abhandlung über die Prinzipien der Malerei" von Roger de Piles, 1709

Die „Physiologie des Verstandes", wie Kant das Hauptwerk John Lockes metaphorisch genannt hat, befaßt sich mit „einfachen" Ideen (Vorstellungen), die aus der Sinneswahrnehmung stammen, und „Reflexionsideen", die auf jenen aufbauen. Aus Reflexionsideen besteht z. B. eine Unterscheidung zweier Arten unserer Vorstellungen von Dingen, die sich nach Locke zum einen auf „primäre Qualitäten" (d. h. Eigenschaften), zum anderen auf „sekundäre Qualitäten" beziehen. Zu ersteren, den quantitativen Bestimmungen, gehören Größe, Gestalt, Ruhe und Bewegung, zu den letzteren u. a. Farbe und Geruch. Die sekundären Qualitäten sind „subjektiv", ihnen entspricht nicht unmittelbar etwas an den Dingen selbst. In diesem Zusammenhang wurden im 18. Jahrhundert die Schallübertragung von Tönen, die Wirkungen des Lichts und die Farbwahrnehmung usw. viel diskutiert.
An Theorien der optischen Wahrnehmung waren natürlich auch die Künstler interessiert. Roger de Piles behandelt in seiner Kunstlehre u. a. die besondere Schärfe des Sehens in der Mitte des Gesichtsfeldes und die Fokussierung einzelner Dinge durch Aufmerksamkeitsleistungen der Wahrnehmung. Sie soll sich in Licht- und Schattenverteilungen, die nicht wie in der untersten Abbildung „zerstreut" sein sollen, in Bildern wiederfinden. Es geht um eine „Einheit des Objekts" der Malerei, die de Piles auch philosophisch im Wesen der Natur, die nach Einheiten strebe, zu begründen sucht.

Heute nennt man Ideen eigentlich nur Konzepte im Sinne eines (eventuell noch vagen) Handlungsentwurfs oder eines bestimmten Gedankens in einem komplettierungsbedürftigen Gedankenzusammenhang, aber zu Lockes Zeit war der weitere Begriff einigermaßen üblich (Voraussetzung dafür war, daß Descartes den Ideenbegriff aus dem platonischen Zusammenhang gelöst hatte).

Locke beginnt seine Untersuchung im zweiten Buch des „Essay" weder mit Begriffserklärungen metaphysischer und logischer Grundlagen, noch mit Definitionen der von ihm selbst gebrauchten Begriffe zur Unterscheidung von Ideen. Seine Darstellungsart im „Essay" will die einer „historical, plain method", einer historischen, geradlinig-einfachen Methode sein. „Historisch" im älteren Sinn bedeutet „gesammelte Fakten aufzählend". Es geht um ein Inventar der Möglichkeiten des Verstandes und es gilt zu zeigen, wie die einzelnen Posten zustandekommen. Klassifikation und Herkunftserklärung der Ideen gehen Hand in Hand. Dabei waltet allerdings nicht immer letzte logische Strenge, der „Essay" bietet keine überall schlüssige und gänzliche in sich abgeschlossene Ideenlehre und Erkenntnistheorie.

Mit der Unterscheidung einfacher und komplexer (zusammengetzter) Ideen wurde eben schon ein Verhältnis angesprochen, das auch an andere Vorstellungen von Elementaranalyse und Synthese im Barock erinnert. Einfache Ideen sind nicht weiter auflösbare Bestandteile der inneren oder äußeren Wahrnehmung. Die Festigkeit der Körper z. B. ist so eine einfache Idee der äußerem Wahrnehmung, sie wird durch Tasterfahrungen der Undurchdringlichkeit und Widerständigkeit von Dingen gebildet. Auch einzelne Farben und Töne sind elementar, sie sind nicht aus anderen Ideen – erst recht nicht aus Ideen anderer Bereiche – zu gewinnen und deshalb außer der Möglichkeit der Erfahrung, z. B. einem Blinden bzw. Tauben, nicht darzustellen.

Wir sammeln nun diese Elemente nicht bewußt Stück für Stück als solche auf, die in den Dingen nebeneinander liegen. „Die Eigenschaften, die auf unsere Sinne wirken, sind in den Dingen selbst so vereint und vermischt, daß es keine Trennung und Distanz zwischen ihnen gibt. Aber es ist klar, daß die Ideen, die sie im Geist hervorrufen, einfach und ungemischt von den Sinnen her kommen." Die Trennung in wiedererkennbar und benennbar unterschiedene Eigenschaften ist allerdings bereits eine Leistung des Verstandes. Denn Locke meint nicht, daß die Sinne es schaffen, etwa die Idee 'Schwarz' vom Gesamteindruck eines Kohlenhaufens abzuziehen. Die Sinne geben Einzelnes, wie Locke sagt, während „Schwärze" ein durch Abstraktion gewonnener Allgemeinbegriff ist. Aber natürlich reagieren die Sinne ganz spezifisch, und das, was wir an bestimmten Kohlen als die gesonderte Eigenschaft, schwarz zu sein, hervorheben, muß nach Locke auch als Sinnesdatum irgendwie gesondert sein.

„Zunächst lassen die Sinne einzeln abgesonderte Ideen ein und richten das noch leere Kabinett ein. Wenn dann der Geist allmählich mit einigen von ihnen vertraut wird, werden sie im Gedächtnis untergebracht und erhalten Namen. Auf diese Weise wird der Geist mit Ideen und Sprache ausgestattet, den „Materialien", an denen er seine Denkfähigkeit üben kann." Die einfachen Ideen lassen sich nicht willkürlich vermehren: „Im Hoheitsgebiet des Menschen, dieser kleinen Welt seines eigenen Verstandes, verhält es sich ganz so wie in der großen Welt der sichtbaren Dinge: seine Macht, mit noch soviel Geschick und Kunst ausgeübt, reicht nur zum Zerteilen und Zusammensetzen des zuhandenen Materials, nicht aber dazu, auch nur den kleinsten Partikel neuer Materie zu machen."

Neben den einfachen Ideen der äußeren Sinneswahrnehmung gibt es diejenigen der Reflexion, der „Wahrnehmung der Operationen unseres eigenen Geistes in uns, wie er mit in ihn gelangten Ideen beschäftigt ist." Solche Ideen von inneren Vorgängen sind z. B. „Wahrnehmen, Denken, Zweifeln, Glauben, Schließen, Erkennen". Das sind allerdings zum Teil zusammengesetzte Ideen, „einfach" nennt Locke hier nur die Ideen „Wahrnehmen/Denken" und „Wollen".

Komplexe Ideen, Wörter, Wissen

Zahlreiche einfache Ideen treten immer in Gruppen auf, wenn auch mit Modifikationen und Maßstabsveränderungen. Wir vermuten dann, daß sie einem Ding zugehören, daß es einen Träger gibt, in dem sie bestehen und aus dem sie hervorgehen. Diesen Träger, so Locke, nennen wir Substanz. Eine Substanzidee ist, obgleich es so scheinen könnte, keine einfache Idee, denn sie entsteht eben erst im Zusammenhang mit einer Gruppe von Eigenschaften. Die Eigenschaften können der äußeren oder in-

Stilleben, Gemälde von Jean-Baptiste Siméon Chardin, um 1760, Louvre, Paris

Chardin folgt sicherlich Empfehlungen von Kunsttheoretikern wie de Piles (s. die Abbildung gegenüber), wenn er die Schärfe der Gegenstandswiedergabe variiert und vor einem verschwimmenden Hintergrund die Aufmerksamkeit auf Helligkeitszentren fokussiert. Er reflektiert aber auch die Sinneswahrnehmung und ihre Erkenntnisleistung durch eine Infragestellung der Wirklichkeit und Objektivität des Erscheinenden. Dies geschieht u. a. durch ein eigentümliches Offenlassen der Distanz, die das Sehen zum gemalten Gesehenen hat. Einerseits scheinen die Dinge recht weit entfernt und damit den Verzerrungen einer Nahsichtperspektive entrückt zu sein. Andererseits wirken sie so, als seien sie unmittelbar, gewissermaßen mit dem Auge, abgetastet. So gibt es hier auf der einen Seite eine Annäherung an die Sicht auf „primäre Qualitäten", die am besten in Grund- und Aufrissen zum Ausdruck kommen (also etwa in den nicht zentralperspektivischen, maßstabsgetreuen Plänen von Gebäuden). Auf der anderen Seite steht die Subjektivität eines Augenblicksaspektes.

neren Wahrnehmung entstammen, die Substanz kann also körperlich oder geistig sein.

Die Bildung der Substanzidee ist für Locke eine ganz unwillkürliche Leistung des Geistes. Das berechtigt aber nicht dazu, die Substanz als Erfahrungsgegebenheit eines wirklich Seienden hinzustellen. Sie ist nur ein „ich weiß nicht was". So kritisiert Locke den in der Tradition unverzichtbaren Substanzbegriff, enzieht ihm eigentlich jeden Boden, ohne ihn jedoch aufzugeben.

Eine andere Art von komplexen Ideen sind die Modi. Im Sprachgebrauch seit Descartes existieren Modi abhangig „an" oder „in" Substanzen bzw. sind bestimmte Zustände von Substanzen. Für das in Lockes modalen Ideen Vorgestellte gilt das meist auch, zunächst aber sind Modi Produkte von Vervielfältigungen oder Zusammensetzungen einfacher Ideen im Verstand. Der einfache Modus „Unendlichkeit" z. B. ist ein Modus je einer der einfachen Ideen Ausdehnung, Dauer oder Zahl. Er entsteht durch immer wiederholte Erweiterung einer beliebigon Quantität von der Art einer jener Ideen. Ein anderes Beispiel Lockes nennt die Idee gesprochener „Wörter" Modifikationen der Idee „Schall". Gemischte Modi kombinieren Verschiedenes, hierher gehört eigentlich alles, was die Sprache an Bezeichnungen für kulturelle Phänomene zu bieten hat. „Kirchenraub, Mord, Schönheit, Berufungsfrist" sind Ideen aus einfachen Ideen unterschiedlicher Bereiche. Im Finden von Wörtern etwa im Bereich der Ästhetik, des Rechts und der Politik manifestiert sich die Weiterentwicklung einer Gesellschaft. Die Sprache wandelt sich, denn „der Wechsel von Gewohnheiten und Meinungen bringt neue Kombinationen von Ideen mit sich". Die Wörter sind den Ideen nachgeordnet, repräsentieren sie und dienen der Erinnerung und der Kommunikation. So stellt es Locke im 3. Buch des „Essay" dar, das die Sprache zum eigenen Thema hat.

Damit ist die Klassifikation der Ideen abgeschlossen; das 4. und letzte Buch handelt vom Wissen und Meinen. Es geht wie in der klassischen Logik um wahre Urteile (Aussagen), in denen sich unsere Erkenntnisse darstellen, und damit um die Art des Zusammenfügens von Ideen in Sätzen. „Der Geist hat bei allem Denken und Folgern kein anderes unmittelbares Objekt als seine eigenen Ideen", und „daher ist es offenkundig, daß es unsere Erkenntnis lediglich mit unseren Ideen zu tun hat. Die Erkenntnis scheint mir nichts anderes zu sein als die Wahrnehmung des Zusammenhangs und der Übereinstimmung oder Nichtübereinstimmung und des Widerstreits zwischen irgendwelchen von unseren Ideen."

Die Möglichkeit der Übereinstimmung teilt Locke dann in Klassen ein und weiter unterscheidet er drei Grade der Erkenntnis. „Intuitive" Erkenntnis ist unmittelbare und unbezweifelbare Einsicht in die Übereinstimmung oder Nichtübereinstimmung von Ideen, die bei „demonstrativem" Wissen nur mittelbar, durch

Das Trinity College in Dublin, Innenansicht der Bibliothek, Foto, 1995

Nach Abschluß seines Studiums am Trinity College in Dublin wartete der junge George Berkeley auf eine freie Stelle als Mitglied des Lehrkörpers und betrieb in der Zwischenzeit eifrige Studien, die bereits eine Vorbereitung seines gesamten Spätwerks darstellen. Am College wurde eine Mischung aus traditionellen und modernen wissenschaftlichen Lehrinhalten vermittelt. Zu den modernen zählten vor allem die Auffassungen Newtons und Lockes. Nach dem Studium von Lockes „Essay über den menschlichen Verstand" suchte Berkeley die Konsequenzen aus Lockes Auffassungen zu ziehen. Er stimmte mit Locke darin überein, daß alle Erkenntnis aus der Sinneswahrnehmung stammt. Im Gegensatz zu Locke gibt es für Berkeley jedoch nichts unabhängig von der Erfahrung Existierendes („Sein ist Wahrgenommenwerden.")

Folgerungen in mehreren Schritten erkannt wird. „Sensitives" Wissen schließlich besteht in der Gewißheit der Existenz einzelner Wahrnehmungsgegebenheiten der Außenwelt.

Abschließend äußert Locke einiges zur Gliederung der Wissenschaften in (Natur-) Philosophie, die die materielle und geistige Welt untersucht, praktische Philosophie, die das richtige Verhalten und den Weg zum Glück behandelt, und Semiotik oder Logik, die es mit den Zeichen zu tun haben, die wir beim Denken und bei der Kommunikation gebrauchen.

George Berkeley

„Esse est percipi"

Schon in jungen Jahren formulierte George Berkeley, der spätere Bischof von Cloyne in Irland, die zentrale philosophische These, die sich mit seinem Namen verbindet. Sie lautet: „Sein ist Wahrgenommenwerden oder Wahrnehmen" („esse est percipi aut percipere"). Danach gibt es also kein Sein außerhalb von Wahrnehmungsbeziehungen.

Mit dem Sein, das nur im Wahrgenommenwerden ist, kann z. B. ein Schmerz gemeint sein. Dann leuchtet die These ohne weiteres ein. Außerhalb der Wahrnehmung des Betroffenen gibt es den Schmerz nicht. Mein Zahnschmerz oder z. B. auch mein Hunger und die damit verbundene Willensregung, zur Speisekammer zu gehen, gehören ganz mir, sie spielen sich in meinem Bewußtsein ab. Für Berkeley sind nun im Prinzip alle Empfindungen von dieser Art. Auch Farben, Klänge, Wärme- und Tastwahrnehmungen sind nur so und als solche, wie sie eben im Bewußtsein sind. Galilei, Locke und andere hatten die sogenannten sekundären Qualitäten (eben z. B. Farben und Temperaturen) als Eigenschaften verstanden, die wir den Dingen aufgrund bloß subjektiver Sinneseindrücke unterstellen. Die primären Qualitäten (z. B. räumliche Abmessungen oder Bewegungen), die in geometrisch und mathematisch konstruierbaren Größen ausgedrückt werden, galten dagegen als objektive Gegebenheiten der materiellen Welt. Berkeley hebt diesen Unterschied auf, für ihn sind alle Qualitäten „sekundär". Deshalb ist in Berkeleys These mit dem Sein, das nur im Wahrgenommenwerden ist, auch die objekive Realität der „Außenwelt" gemeint.

Das ist zunächst verwirrend, denn normalerweise sind wir vom selbständigen Für-sich-Sein der uns durch die Sinne zugänglichen Dinge überzeugt. Wir sehen sie nicht von unserer oder anderer Leute Wahrnehmung abhängig. Berkeley weckt aber Zweifel an dieser Überzeugung, wenn er zu Recht bemerkt: „Es ist seltsam, über die von vernünftigen Wesen entleerte Welt nachzudenken." In diesem Gedankenexperiment nämlich gilt es zu versuchen, die Welt oder irgendetwas in einer möglichen Welt zu beschreiben ohne Bezug auf zumindest mögliche, wenn auch vielleicht praktisch nicht realisierbare Wahrnehmung. Es gilt auch, dieses Etwas ohne Bezug auf unsere Empfindungsqualitäten, d. h. unsere Farb- und Formwahrnehmung usw. zu fassen. Was dabei herauskommt, ist für Berkeley – nichts. Seiendes, von dem alle Eigenschaften, die wir ja nur durch die spezifische Art unserer Sinneswahrnehmung kennen, weggedacht wären, müßte als gänzlich eigenschaftslos und abstrakt vorgestellt werden. Descartes hatte die räumliche Ausdehnung, die „res extensa", als die reale Entsprechung einer solchen Vorstellung verstanden. Berkeley dagegen verneint die Möglichkeit, ein abstraktes X, ein Ding ohne sinnliche Eigenschaften, zu denken.

In seiner Kritik gegen das Konzept abstrakter Vorstellungen richtet sich Berkeley speziell gegen Locke, mit dem er vom philosophischen Ansatz her zunächst durchaus einer Meinung ist. Auch Berkeley meint, daß alle Erkenntnis aus der Sinneserfahrung stammt. Mit Locke betont er, daß es unser Bewußtsein immer nur mit Ideen (die Perzeptionen sind oder in ihnen gründen) zu tun hat. Aber hinsichtlich allgemeiner Ideen wie z. B. der vom Dreieck oder der vom Menschen hatte Locke geglaubt, sie trügen ihre Allgemeinheit, dank derer sie im Prinzip unendlich viele Einzeldinge umfassen können, in sich selbst. Ideen bzw. Wahrnehmungen von konkreten Einzeldingen sind danach von allgemeinen Ideen ihrem Charakter nach unterschieden. So heißt es bei Locke, in der allgemeinen Idee eines Dreiecks gebe es weder die Bestimmtheit einer konkreten Größe noch die Eigenschaft der Spitz-, Stumpf- oder Rechtwinkligkeit. Da Locke, Berkeley und später auch Hume Ideen letzlich als eine Art geistiger Bilder auffassen, müßte eine allgemeine Idee also ein völlig form-, farb- und stoffloses Bild sein, und so etwas hält Berkeley verständlicherweise für ein Ding der Unmöglichkeit. Nach ihm gibt es immer nur konkrete Ideen; wenn man sich unter dem Wort „Dreieck" etwas vorstelle, dann seien das vielleicht eine Reihe verschiedener, jeweils aber konkret bestimmter Figuren. Daß das Wort auf sämtliche verschiedenen Dreiecke angewendet werden könne, liege in diesem wie in anderen Fällen nicht daran, das dem Wort eine allgemeine Idee entspreche, sondern ausschließlich an der in jeder Sprache gegebenen Existenz allgemeiner Namen (das sind alle Prädikatoren, z. B. Substantive und Adjektive, im Unterschied zu den Eigennamen, die sich nur auf individuelle Dinge oder Personen beziehen). So ist also kein abstrakt-allgemeines Seiendes, das Ursache einer entsprechenden Idee wäre, denkbar. Speziell die „Materie" oder eine „Substanz" als Dinglichkeit ohne Eigenschaften gibt es nicht. Es ist für Berkeley sinnlos, von der materiellen Welt zu reden. Nur die Perzeptionen des immateriellen Geistes sind wirklich.

Im nächsten Schritt seiner Überlegung verzichtet Berkeley allerdings nicht auf die Annahme einer Vielheit von Geistern, deren Wahrnehmungen und damit deren Welten sich ganz dem alltäglichen Verständnis gemäß entsprechen und die also ihre Vorstellungen nicht willkürlich produzieren. Es ist vielmehr Gott, dessen Geist alle Vorstellungen entspringen und der auch die von ihm gewissermaßen telepathisch übermittelten Vorstellungen aller menschlichen Geister aufeinander abstimmt. Diese metaphy-

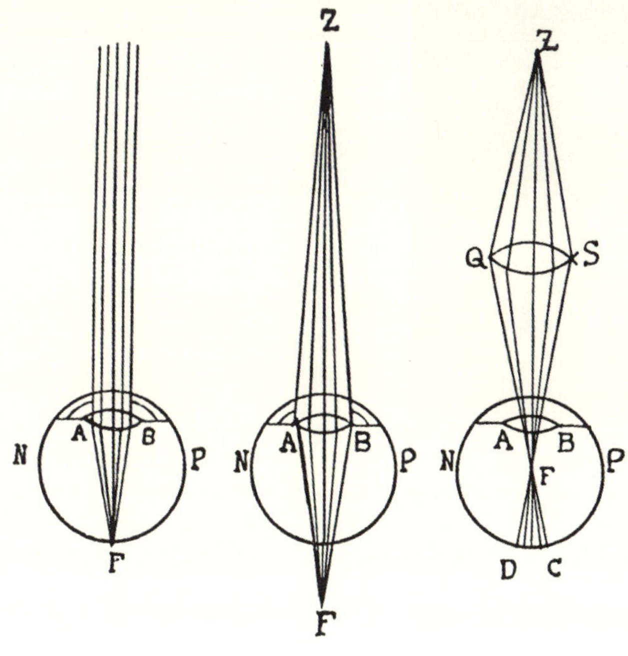

Illustration zu: „Theorie der Gesichtswahrnehmung" von George Berkeley

Berkeleys „New Theory of Vision" (1709), für lange Zeit ein maßgeblicher Standardtext zur Wahrnehmungspsychologie, brachte erhebliche Fortschritte gegenüber den einschlägigen Lehren Descartes' und seiner Nachfolger. Diese erklärten etwa das Entfernungssehen analog zum Verfahren trigonometrischer Messungen. Berkeley dagegen macht klar, daß es im Sehfeld nur ein Nebeneinander von Farbeindrücken gibt; Entfernung, Größe, Gestalt sind nur dank erfahrungsvermittelter Vorstellungsbezüge zwischen Gesichtssinn und Tastsinn möglich.

Das Experiment mit dem Vogel in der Luftpumpe, Gemälde von Joseph Wright of Derby, 1768, Tate Gallery, London

Naturphilosophie und Physik wurden in England nicht nur in den großen akademischen Zentren betrieben, sondern auch in kleineren Akademien wie der „Lunar Society", in der sich deistisch orientierte und fortschrittsbewußte Mitglieder evangelischer Gemeinden, die nicht zur Staatskirche gehörten, zusammenschlossen. Hier wurde in privaten Kreisen, denen Joseph Wright verbunden war, diskutiert und experimentiert; aus diesem Kontext stammt das Bildmotiv.

In aufklärerischem Geist verbindet Wright Physik, Anthropologie und Psychologie, er charakterisiert verschiedene Altersstufen und zeigt verschiedene Gefühlsreaktionen auf das Experiment, bei dem ein Vakuum in einem Glasgefäß erzeugt wird und einem Vogel vorübergehend Flugvermögen und Atmung nimmt. In seiner Lichtregie spielt der Maler vermutlich auf Darstellungen der Geburt Christi an und inszeniert so ein Spannungsfeld zwischen Religion und moderner Wissenschaft.

David Hume, 1711–1776, Porträt von Allan Ramsay, 1766, Scottish National Portrait Gallery, Edinburgh

Der Hauptvertreter des englischen Empirismus, David Hume, geht davon aus, daß alle Erkenntnis aus der Erfahrung stammt. In der Sinneswahrnehmung liegt für ihn die Quelle jeglichen Wissens. Grundlegend dabei sind Eindrücke („Impressions") in Form von unmittelbaren Empfindungen und Gefühlen. Vorstellungen („Ideas") sind Abbilder dieser Eindrücke. Sie entstehen beispielsweise, wenn man sich an eine unmittelbare Empfindung erinnert. Mit Hilfe der Einbildungskraft ist der Mensch in Lage, einfache Vorstellungen zu komplexen zusammenzusetzen. Verstand und Vernunft allein können jedoch nicht zur wahren Erkenntnis führen.

sische Konstruktion, aus der alles Ungeistige und gewissermaßen Gott-Fremde ausgeschieden ist, war für den christlichen Philosophen Berkeley ohne Zweifel ein großer Erfolg – wenn nicht sogar von vorn herein der Grund – der Widerlegung des „Materialismus" (damit meinte Berkeley einfach nur die übliche Annahme, es gebe Materie).

Wie verträgt sich aber der „Immaterialismus" mit einer empiristischen Grundhaltung? Nun, Berkeley betont wiederholt, daß die erkenntnistheoretische Auffassung „esse est percipi" an der Wirklichkeit der Perzeptionen, aus denen sich unsere Vorstellung von Dingen formt, überhaupt nichts ändert: „Nach der immateriellen These ist die Wand weiß, das Feuer heiß usw." Nur sind die Dinge der Wahrnehmungswelt, die nach der Aufhebung des Unterschieds von primären und sekundären Qualitäten wieder eine sinnliche Einheit geworden ist, eben einzig und allein als Phänomene, als Perzeptionskomplexe aufzufassen. Deren Regelmäßigkeiten in Gesetze zu fassen und deren Entstehung aus der Verarbeitung der einfachen Eindrücke zu rekonstruieren ist die Aufgabe empirischer Forschung.

David Hume

Wissenschaft vom Menschen

Hume ist einer der großen Denker der vielfach Locke verpflichteten Philosophie der Aufklärung, er müßte deshalb (und auch der chronologischen Einteilung entsprechend) eigentlich im nächsten Kapitel behandelt werden. Nur die Gemeinsamkeiten von Locke, Berkeley und Hume legen es nahe, die drei Engländer in diesem eigenen Kapitel unmittelbar aufeinander folgen zu lassen.

Humes philosophisches Hauptwerk heißt „Ein Traktat über die menschliche Natur. Ein Versuch, die erfahrungsbezogene Begründungsmethode auf moralische Gegenstände anzuwenden" (1739/40). Mit einer Wissenschaft der „moralischen Gegenstände" ist in etwa dasjenige gemeint, was man heute Geistes- oder Humanwissenschaften nennt. In drei Büchern behandelt der „Traktat" Erkenntnistheorie, Affektenlehre und Moral (einschließlich Staatstheorie).

Der Mensch, so stellt Hume fest, ist Gegenstand vieler Einzelwissenschaften, aber vor allem ist es natürlich immer der Mensch, der Wissenschaft betreibt. Deshalb soll wissenschaftliche Grundlagenforschung im allgemeinsten, aber präzisen Sinn in der Untersuchung der psychischen Natur des Menschen bestehen, d. h. vor allem in der Analyse seiner Möglichkeiten, sinnvolle Begriffe zu bilden, zu empfinden, zu wollen und Handlungen zu bewerten. Solche Grundlagenforschung, die Hume als Aufgabe der Philosophie versteht, soll dem Untertitel des „Traktats" gemäß streng auf die Erfahrung bezogen sein und alle Spekulation und jeden Bezug auf Übersinnliches ausschalten.

Es ist recht ungewöhnlich, die Philosophie in dieser Weise als empirische Forschung und damit letztlich als Einzelwissenschaft aufzufassen. Humes hochgestecktes Ziel ist es, für die Geisteswissenschaften das zu leisten, was Newton für die Naturwissenschaft geleistet hat. Experimente und mathematische Methoden helfen dazu freilich nicht. „Wir müssen unsere Erfah-

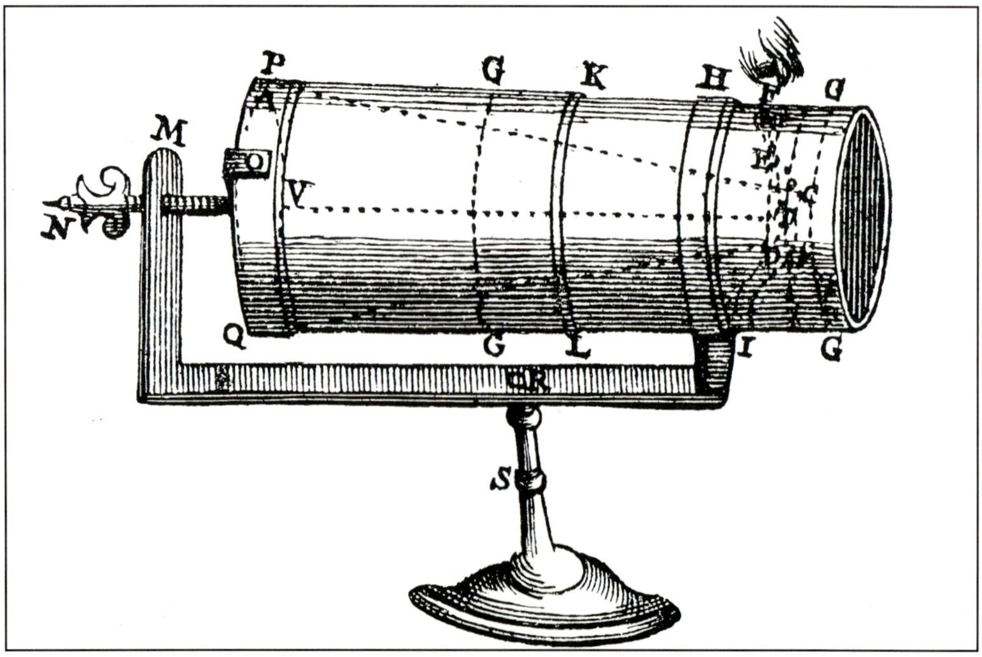

Spiegelteleskop von Isaac Newton

In der Einleitung seines philosophischen Hauptwerks beschreibt David Hume eine Entwicklungslinie des Denkens, die bei Francis Bacons auf Naturgegenstände ausgerichteter Methode der Erfahrung ihren Ausgang nimmt und hundert Jahre später von einigen englischen Philosophen auf geistige Objekte angewandt wird. Tatsächlich stieß die empiristische englische Philosophie auf großes Interesse, ebenso wie die naturphilosophischen Forschungen der „Royal Society". Diese Gesellschaft, der auch Locke angehörte, bekannte sich zu Bacon und institutionalisierte das schon in der Renaissance eingeführte Verfahren der modernen Forschung, bei dem neue Hypothesen durch Experimente gewonnen werden. Isaac Newton, der lange Präsident der Royal Society war, führte auf dem Gebiet der Optik eine Reihe von Experimenten durch. Er baute ein Spiegelfernrohr (1671) und wies die Zusammensetzung des weißen Lichts aus Spektralfarben nach.

Öffentlicher Billardsaal in Paris, Gemälde von Jean-Baptiste Siméon Chardin, Musée Carnavalet, Paris

Nicht nur der großen Beliebtheit des hier dargestellten Spiels wegen führte Hume den Zusammenprall zweier Billiardkugeln als Beispiel der Abfolge von Ursache und Wirkung an. Die Bewegungsimpulsübertragung durch elastischen Stoß, von den Physikern des 17. Jahrhundert bereits in ihrer Gesetzmäßigkeit genau untersucht, war eine wichtige Grundlage des mechanistischen Weltbildes, nach dem alles kausal bestimmt ist und nach dem viele Phänomene durch den Zusammenstoß kleinster Materieteilchen erklärt werden konnten. Hume erschütterte die Gebäude der Metaphysik und Naturphilosophie, indem er die Behauptung der objektiven Gültigkeit des Kausalitätsprinzips als unbegründet erwies. Die Notwendigkeit, mit der eine bestimmte Wirkung aus einer bestimmten Ursache folgen muß, ist empirisch nirgends gegeben.

rungen also aus einer sorgfältigen Beobachtung des menschlichen Lebens gewinnen, und sie nehmen, wie sie im gewöhnlichen Lauf der Welt, in dem Benehmen der Menschen in Gesellschaft, in ihren Beschäftigungen und Vergnügungen sich darbietet." Wer nach dieser einleitenden Bemerkung einen beschaulichen philosophischen Rundgang erwartet, wird von den oft speziellen und fast immer verwickelten Problemstellungen des „Traktats" enttäuscht. Aber in vielen Passagen zumal auch anderer Schriften erweist sich Hume dann doch als abgeklärter, zugänglicher Denker, der Philosophie auch im Sinne von Lebensweisheit versteht.

Empirismus und Erkenntnispsychologie

Humes Erkenntnistheorie folgt der empiristischen Grundannahme Lockes und im Zusammenhang damit der Kritik Berkeleys am Konzept abstrakter Ideen. Das heißt, für Hume stammen alle unsere Vorstellungen und Begriffe aus Sinneswahrnehmungen (Perzeptionen), und sie besitzen alle in mehr oder weniger starkem Grad auch die konkrete „Fülle" und die Eigenschaften von Sinneswahrnehmungen. Solche Eigenschaften sind z. B. räumliche und/oder zeitliche Lokalisiertheit des Wahrgenommenen, bei Wahrnehmungen der äußeren Sinne (die Hume mit Locke „sensations" nennt) Farbigkeit, Härte usw., bei Wahrnehmungen des inneren Sinnes („reflections") die Bezogenheit auf andere Wahrnehmungen. Hume unterteilt die Perzeptionen in „impressions" und „ideas". Erstere sind aktuelle und unmittelbare Eindrücke, letztere sind deren Abbilder, die mehr oder weniger verblaßt reproduziert werden können, z. B. in der Erinnerung. Locke hatte noch alle Bewußtseinsinhalte „ideas" genannt und sie, insofern sie äußere Perzeptionen sind oder von ihnen abstammen, als Repräsentationen von Dingen aufgefaßt. Bei Hume besteht das Repräsentationsverhältnis nur noch zwischen impressions und ideas, Dinge sind ausgeklammert. Die in freien Imaginationen nicht zu erreichende Frische und Kraft der impressions ist dabei zugleich das Merkmal der nicht willkürlichen Verfügbarkeit der Erfahrungsgegebenheiten, die für Locke in der repräsentierten Wirklichkeit verankert war.

Hier zeigt sich, daß Hume die konsequente Beschränkung auf die Erfahrungen des Bewußtseins weiterführt und über Locke hinausgeht im Bloßlegen aller Transzendierungen. Dieser Begriff stammt vom lateinischen Wort „transcendere", „überschreiten", und bezeichnet in der Philosophie meist die Überschreitung von Bewußtseinsgegebenheiten auf eine objektive, bewußtseinsunabhängige Realität hin. Bewußtseinsgegebenheiten sind z. B. Wahrnehmungen, also das Sehen und Hören usw. Wir hören etwa Schritte auf der Straße und halten es für selbstverständlich, daß dort jemand geht. Schon Descartes hat klargemacht, daß es bei solchen Sinneseindrücken und ihrer oft automatisch geschehenden ursächlichen Deutung nicht selten zu Täuschungen kommt und daß es nicht absurd ist, an der Existenz der „Außenwelt" überhaupt zu zweifeln. Hume folgt weder Descartes' Aufhebung dieses Zweifels auf dem Weg über den Gottesbeweis noch Berkeleys dogmatischer Abstreitung der Existenz der materiellen Welt und der Verankerung aller

Adam Smith, Porträt von Charles Smith

Hume ist sicher der bekannteste, aber nicht der einzige wichtige schottische Philosoph des 18. Jahrhunderts. So gab es eine sogenannte „Schottische Schule", die vom „Gemeinsinn" bzw. dem "gesunden Menschenverstand" ausging („common-sense-Philosophie") und gegen den idealistischen Immaterialismus Berkeleys und den Skeptizismus Humes die alltägliche Überzeugung vom unmittelbaren Zugang zur bewußtseinsunabhängigen Außenwelt ins Recht zu setzen suchte. Weitreichende Bedeutung gewannen auch die Ethik und v. a. die Ökonomielehre von Adam Smith (1723–1790). Mit Hume befreundet und von ihm beeinflußt, sah er die Grundlage moralischen Handelns nicht in Normen und rationalen Einsichten, sondern in Empfindungen. Eigenliebe auf der einen Seite, Sympathie (verstanden nicht als Zuneigung, sondern als Fähigkeit, sich in andere Menschen einzufühlen) auf der anderen Seite verbinden sich in dem Bedürfnis, die einer Handlung zugrundeliegenden Gefühle von anderen gebilligt zu sehen. In seiner Wirtschaftstheorie, die die Nationalökonomie begründete, führte Smith den Wohlstand einer Nation entgegen früheren Auffassungen nicht auf die Außenhandelsbilanz oder Bodenschätze und Landwirtschaft zurück, sondern auf die Gesamtmenge der Tauschwert produzierenden gesellschaftlichen Arbeit.

Bewußtseinsgegebenheiten im Geiste Gottes. Stattdessen läßt Hume die Herkunft aller Eindrücke unbestimmt. Wir haben einen stetigen Strom von Wahrnehmungserlebnissen, sagt Hume, aber warum das so ist und woher sie stammen bzw. ob überhaupt von einer „Verursachung" die Rede sein kann, darüber läßt sich schlichterdings nichts sagen. Denn wir sind immer in die „kleine Welt unseres Geistes" eingeschlossen, niemals sind uns äußere Dinge an sich selbst gegeben. Wenn wir dennoch fest von der Existenz dieser Dinge und vom objektiven Sein überhaupt überzeugt sind, so ist das eben eine Transzendierung unserer Sinneseindrücke.

Was bedeutet Kausalität?

Auch wenn unser Wissen und Denken es mit Perzeptionen und Vorstellungen zu tun hat statt mit Dingen an sich, besteht für uns nichtsdestoweniger eine Welt, in der es objektive Tatsachen zu geben scheint. Für die Empiristen ist es ebenso wichtig wie für Descartes, zu bestimmen, worüber (und warum) wir mit „Gewißheit" etwas sagen können. Was macht die sichere Wahrheit von Aussagen über Tatsachen aus? Hume unterscheidet wie Leibniz Vernunftwahrheiten und Tatsachenwahrheiten. Erstere herrschen in der Mathematik und anderen Kalkülen, die auf ganz klaren Spielregeln beruhen. Wahr ist, was logisch aus den Spielregeln (das sind in der Mathematik Definitionen und Axiome) folgt. Vernunftwahrheiten sind demonstrativ gewiß, darin stimmt Hume den Rationalisten zu. „Tatsachenwahrheiten" beruhen auf sinnlichen Gegebenheiten, für die es selbstgesetzte Spielregeln nicht gibt und die deshalb gar keiner Logik im Sinne der Vernunftwahrheiten unterliegen können. Wahr ist in diesem Fall, was sich empirisch überprüfen läßt. Das Gegenteil einer Vernunftwahrheit ist unlogisch, das Gegenteil einer Tatsachenwahrheit nicht. Trotzdem stellen wir im Bereich der Erfahrungstatsachen Regeln auf und ziehen Schlüsse ähnlich wie in der Logik. Hume stellt nun die für die Naturwissenschaft entscheidende Frage: Worauf beruht dieses nicht-demonstrative Schließen und kann es überhaupt zu Gewißheiten über objektive Sachverhalte führen?

Man beobachtet z. B. zu wiederholten Malen folgendes: A) Die rollende Billardkugel Nr. 1 trifft auf die ruhende Kugel Nr. 2. Im unmittelbaren Anschluß an dieses Ereignis wird jedesmal beobachtet, daß B) Nr. 2 rollt. Man „schließt" daraus, daß unter gleichen Bedingungen Fall B „immer" auf Fall A folgen wird. Es handelt sich um einen Induktionsschluß, der von Einzelfällen zu einer Regel, einem überall gültigen Gesetz übergeht und so eine allgemeine Tatsachenwahrheit behauptet. Eine solche Induktion ist aber, so stellt Hume fest, ein Zirkelschluß. Das heißt, ein Beweis macht eine Voraussetzung, die ihrerseits erst durch den Beweis bewiesen wird. Im Fall der Induktion lautet der Zirkelschluß: eine bisherige Regelmäßigkeit (die Folge von B auf A) muß, weil es im gesamten Ablauf der Dinge Regelmäßigkeit gibt, auch eine zukünftige Regelmäßigkeit sein. Hier wird die allgemeine Regelmäßigkeit physikalischer Abläufe unabdingbar vorausgesetzt, obwohl sie ja selbst nur in der Vergangenheit beobachtet werden konnte und selbst nur auf alle Zeiten ausgedehnt werden könnte durch die Gültigkeit eben des Schlusses von der Vergangenheit auf die Zukunft, in dem sie vorausgesetzt wird.

Das Verhalten der Billardkugeln meinen wir freilich auch ohne Induktion mit Gewißheit voraussagen zu können. Denn wir sehen in der Bewegungsübertragung durch Stoß eine „Kausalbeziehung" und wissen oder vermuten, daß sie in physikalischen Gesetzen zu beschreiben ist. Wir glauben, daß wegen dieser scheinbar sogar genau begründbaren Beziehung von Ursache und Wirkung B auf A „notwendig" folgen „muß".

Hume sagt recht nachvollziehbar, daß die Ursache-Wirkungs-Beziehung eine entscheidende Grundlage unserer Orientierung in der Welt ist. Auf ihr beruht das Planen und Handeln, aber auch die Naturwissenschaft. Die Tatsachen, die sie feststellt, sind nicht atomar isoliert sondern stehen in einem Horizont von anderen Tatsachen, aus denen sie begründet werden. Ohne das Geflecht von Ursache-Wirkungsbeziehungen gibt es eigentlich gar keine objektive Erfahrungswelt. Denn das Einzelne der Erfahrungen wird erst durch das Denken in besagten nicht-demonstrativen Schlüssen, die wesentlich auf dem Kausalitätsprinzip beruhen, zu einem Gesamtzusammenhang. Wenn wir uns nicht alles mögliche ursächlich erklären und deshalb auch Wirkungen hervorbringen könnten, stünden wir vor einem Chaos.

Hume sagt nun aber auch, in einer zentralen und sehr berühmten Argumentation, daß es aus erkenntnistheoretischer Sicht um die Kausalität nicht besser steht als um die Induktion. Denn worin besteht die „Notwendigkeit", die wir der kausalen Beziehung zurechnen? Eine „logische" Notwendigkeit kann es nicht sein, denn wir befinden uns im Bereich der Tatsachenwahrheiten. In der „Erfahrung" ist diese Notwendigkeit aber „auch" nirgends gegeben: „Dem Stoß der einen Billardkugel folgt eine Bewegung der zweiten. Das ist alles, was den „äußeren" Sinnen erscheint. Der Geist erlebt keine Empfindung, keinen „inneren" Eindruck von dieser Folge der Ereignisse. Demzufolge gibt es in keinem einzelnen, bestimmten Fall von Ursache und Wirkung etwas, das auf die Vorstellung der Kraft oder des notwendigen Zusammenhanges hinwiese." Das ist überzeugend. Wir sagen zwar, daß B eintritt, „weil" A eingetreten ist, aber wir können dieses „weil" auch bei gründlicher Überlegung nicht aus innerer Notwendigkeit der Sache erklären sondern immer wieder nur durch das umschreiben, was uns gegeben ist: die räumliche und zeitliche Nachbarschaft von A und B. Daran ändert auch die physikalische Zergliederung des Vorgangs in letzte Elemente nichts, das Problem wird nur verschoben.

Die Notwendigkeit, die zum Begriff der kausalen Beziehung gehört, ist nach Hume nichts anderes als die Projektion einer gewohnheitsmäßigen Assoziation auf einen vermeintlichen Sachverhalt der Außenwelt. Weil wir A und B immer in Folge erlebt haben, assoziieren wir bei der Wahrnehmung von A immer B, und diese Verbindung unterstellen wir als substantielle Notwendigkeit der Folge selbst.

Skepsis und menschliche Natur

Nach diesem Gedankengang ist die „Gewißheit" der Tatsachenwahrheiten in bloße „Gewohnheit" aufgelöst, Hume fällt in echte Skepsis und muß die Möglichkeit objektiver naturwissenschaftlicher Wesenserkenntnis verwerfen. Er merkt jedoch, daß das im Alltagsleben wenig Konsequenzen hat: Man spielt Billard wie zuvor, und nie rechnet man damit, daß ursächliche Notwendigkeit nicht wirklich ist und daß vielleicht die Kugeln nach dem Anstoß reglos liegenbleiben.

So ist ein Widerspruch entstanden, der in der philosophiegeschichtlichen Forschung „skeptisches Paradoxon" genannt worden ist: Ein in sich stichhaltiges Argument fällt sozusagen flach, weil es zwar nicht zu widerlegen ist und daher allen Regeln der Argumentation gemäß überzeugen müßte, aber dennoch aus einer mehr oder weniger emotionalen (aber nicht zufällig-subjektiven) Grundhaltung der Menschen heraus abgelehnt wird. Hume löst diesen Widerspruch in einer gegenüber der Vernunft skeptischen Weise, die von der philosophischen Tradition her gesehen eigentlich schokkierend ist und es zunächst auch für Hume selber war: Die Vernunft ist gar nicht Herrin im eigenen Hause, sie „ist", und „soll" sein, eine Sklavin der Leidenschaften („passions", auch als „Seelenregungen" zu übersetzen).

Damit hat Hume einen oft sogenannten naturalistischen Standpunkt gewonnen, von dem her jede Behauptung einer Selbstmächtigkeit der Vernunft gegenüber einer selbst vernunftartig strukturierten Welt nur rationalistischer Aberglaube ist. Das Denken ist vielmehr in die menschliche Natur eingebettet, es begleitet die Empfindungen und Leidenschaften mehr als daß es sie beherrscht. Das sieht Hume allerdings nicht pessimistisch, denn die Sinnlichkeit hat ihre eigene Art von praktischer Vernunft, die Natur reguliert sich in gewissem Sinne selbst.

Karl I., König von Großbritannien, Gemälde von Anthonis van Dyck, um 1635, Louvre, Paris

Während David Hume heute als einer der bedeutendsten englischen Philosophen gilt, dürfte er seinen Zeitgenossen vor allem als Historiker bekannt gewesen sein. Neben seinen erkenntnistheoretischen Schriften verfaßte Hume ein umfangreiches Werk zur englischen Geschichte („The History of England"), das zunächst für einen großen Skandal sorgte, der Hume vor allem deshalb traf, weil er eine völlig vorurteilsfreie und unparteiische Schilderung der Ereignisse angestrebt hatte. Der Hauptvorwurf richtete sich gegen Humes Beurteilung des Schicksals von Karl I., der 1649 wegen des Verstoßes gegen die in der Verfassung festgelegten Rechte des Volkes hingerichtet wurde. Hume sah dies als barbarisch an und handelte sich dafür den Protest der machthabenden Wighs ein, die diese Maßnahme für gerechtfertigt hielten. Auch zu einigen anderen Punkten äußerte man heftige Kritik. Aufgrund dieser Auseinandersetzungen wurde die „History" jedoch bald zu einem Bestseller, der bis zum Beginn dieses Jahrhunderts in England als Standarttext im Geschichtsunterricht verwendet wurde.

Vernunft und Freiheit

Die Aufklärung

VERNÜNFTIGE MENSCHHEIT

Das Licht der Öffentlichkeit

In der wohl berühmtesten Definition dessen, was Aufklärung heißt, geht es nicht um eine bestimmte zeitliche Epoche: „Aufklärung ist der Ausgang des Menschen aus seiner selbstverschuldeten Unmündigkeit. Unmündigkeit ist das Unvermögen, sich seines Verstandes ohne Leitung eines anderen zu bedienen. Selbstverschuldet ist diese Unmündigkeit, wenn die Ursache derselben nicht am Mangel des Verstandes, sondern der Entschlossenheit und des Mutes liegt, sich seiner ohne Leitung eines anderen zu bedienen. Habe Mut dich deines eigenen Verstandes zu bedienen ist also der Wahlspruch der Aufklärung."

Auch manche heutige Autoren geben allgemeine Begriffsbestimmungen der Aufklärung im weiten Sinn und sehen sie als einen Prozeß, der sich in der Geschichte ständig ereignet oder aber in einigen Epochen besonders auffällt, z. B. in der Zeit von Sokrates und Platon und in der Neuzeit. Zu diesem sich immer erneuernden Prozeß gehört die Lösung von Vorurteilen, die Destruktion von Mythen, der Wille zur Befreiung von natürlichen oder gesellschaftlichen Fesseln und seitens der aufklärerischen Vorkämpfer ein emanzipatorischer pädagogischer Impetus.

Meist allerdings wird „Aufklärung" als ein Epochenbegriff gebraucht, der das 17. und 18. Jahrhundert oder speziell das 18. Jahrhundert umfaßt. Tatsächlich gab es in der Zeit von der englischen Revolution 1688 bis zur französischen Revolution 1789 – um mit diesen wichtigen Daten einen Zeitrahmen für die Aufklärung im engeren Sinn zu setzen – bereits in wachsendem Maß das Bewußtsein, in einer philosophisch und wissenschaftlich neugeprägten Epoche zu leben. In Frankreich, Italien und Deutschland war vom erleuchteten Jahrhundert die Rede. Zunächst ging es darum, „dunkle" und verworrene Begriffe und Geister zu erhellen. Im Laufe des 18. Jahrhunderts kam dann das Substantiv „Aufklärung" in Gebrauch.

Zum „Selbstdenken", zur Hinterfragung des Überlieferten, so fährt Kant in seiner schon zitierten Begriffsbestimmung fort, gehört die „Freiheit, von seiner Vernunft in allen Stücken öffentlichen Gebrauch zu machen". Gemeint ist der Vernunftgebrauch, „den jemand als Gelehrter vor dem ganzen Publikum der Leserwelt macht". Diese Art des „Vernunftgebrauchs" hatte sich im Laufe des 18. Jahrhunderts gemeinsam mit dem Umfang der „Leserwelt" auf ein zuvor ungekanntes Maß gesteigert. In ganz Europa wurde das Publikum durch die Presse über Kriege, Katastrophen, exotische Entdeckungen und Tagespolitik informiert. Vor allem aber gab es auch „moralische Wochenschriften", „Intelligenzblätter" und Gelehrtenzeitschriften, in denen es immer wieder um die von Kant angesprochene „Vernunft" ging. Dieses Zauberwort der Aufklärung benannte das allen Menschen Gemeinsame, in dessen Zeichen sich eine neu erwachende „Weltbürgerschaft" formieren sollte. Damit war zwar nicht die Aufhebung nationaler Grenzen und selten die radikale Veränderung der Regierungsfor-

DIE AUFKLÄRUNG

Thomas Paine, der bekannteste politische Autor seiner Zeit, aktiv involviert in die **Amerikanische Revolution (1773–1783)** und die **Französische Revolution (1789– 1792)**, schrieb gegen Ende des Jahrhunderts zwei Bücher: „Das **Zeitalter der Vernunft**" und „Die Rechte der Menschen". Der erste Titel kann zur Bezeichnung des 18. Jahrhunderts dienen, der zweite nennt eines der wichtigsten Themen dieser Zeit.

In seinem Werk „Über den Geist der Gesetze" (1748), der zentralen staatstheoretischen Untersuchung der Aufklärung, analysiert Charles de Montesquieu **zivile und politische Gesetzestypen** in ihrer Abhängigkeit von Zeit und Gesellschaft. Einflußreich wurde seine These, politische Freiheit setze Gewaltenteilung und gegenseitige Kontrolle der Gewalt voraus.

Im „aufgeklärten Absolutismus" werden **Reformen im juristischen, bildungs- und wirtschaftspolitischen Bereich** vorgenommen. Friedrich II. (Preußen) und Katharina II. (Rußland) verfolgen intensiv das philosophische und literarische Geschehen in Frankreich.

In seinen „Persischen Briefen" stellt Montesquieu die Gesellschaft seiner Zeit satirisch aus der Sicht von Nichteuropäern dar. Diese Relativierung herrschender Sitten und Verhältnisse ist typisch für die Aufklärung und geht einher mit dem vergleichenden **Studium fremder Kulturen**.

Konsequente Auflärungsphilosophie wird vor allem in Frankreich betrieben. Hier geht es um die **Ablehnung aller überkommenen Autorität**, um die Inthronisation der Vernunft bei Ablehnung rationalistischer Metaphysik, um die Begründung einer theologieunabhängigen Moral, die **Überzeugung von Menschheitsfortschritt durch Wissenschaftsentwicklung**, den Glauben an die Erklärbarkeit der Seele, bzw. des Erkenntnis- und Empfindungsapparats und die Möglichkeit, sämtliche Phänomene aus den Eigenschaften der Materie zu erklären.

Friedrich II., König von Preußen, Gemälde von Franz Dudde, um 1900

In den 80er Jahren übt Immanuel Kant Kritik an der vorausgehenden Erkenntnistheorie und läßt auch die diesbezüglichen Thesen der Aufklärung hinter sich. In seiner Philosophie verbinden sich die kontroversen Haltungen des Rationalismus und Empirismus.

Sturm auf die Bastille am 14. Juli 1789, zeitgenössisches Gemälde, Museé Historique, Schloß Versailles

Die Notwendigkeit von Reformen in Politik und Sozialwesen war von französischen Denkern seit Mitte des 18. Jahrhunderts erkannt worden. Die Philosophen Montesquieu, Voltaire und Rousseau diskutierten die erhoffte „belle révolution", die bald darauf Wirklichkeit werden sollte. Am 17. Juni konstituierte sich die Nationalversammlung aus Vertretern des Dritten Standes. Die zunehmende Truppenkonzentration im Pariser Raum und Gerüchte eines Komplotts Ludwig XVI. gegen die verfassungsgebende Nationalversammlung, die sich am 7. Juli formiert hatte, entfesselte die Massen. Dies gipfelte im Sturm auf die Bastille am 14. Juli 1789. Obwohl zu diesem Zeitpunkt lediglich sieben Gefangene einsaßen, war die Bastille das Symbol des verhaßten, absolutistischen Regimes. Die verfassungsgebende Nationalversammlung folgte den radikalen Vorgängen mit Beschlüssen, die das monarchische Herrschaftssystem zum Zusammenbruch brachten: Die Feudalrechte wurden aufgehoben, Menschen- und Bürgerrechte formuliert und eine Verfassung ausgearbeitet.

men gefordert, aber das Motto der Französichen Revolution „Freiheit, Gleichheit, Brüderlichkeit" zeichnete sich hier und da ab oder fand, nach vollendeten Tatsachen, außerhalb Frankreichs sein Echo.

Offenen Meinungsaustausch mit revolutionären Untertönen gab es natürlich nicht nur in gedruckten Worten. Der Titel der fortschrittlichen Mailänder Literatenzeitschrift „Il caffe" (erschienen 1764–65) bezeichnete eine in Europa neue Institution: Der Kaffee war das Modegetränk der Zeit, in Kaffeehäusern wurde räsoniert und wurden die neuesten Nachrichten und Ideen nachgelesen, es gab Verständigung über Standesgrenzen hinweg. Hier trafen sich auch freischaffende Literaten, „gens de lettres", d. h. „Leute der Künste und Wissenschaften", sachkundige Autoren, die angesichts des gestiegenen Lesebedarfs vom Schreiben leben konnten und als geistreiche Plauderer auch Zutritt zu den „Salons" und Tischgesellschaften der Adligen hatten.

Diese Intellektuellen nannten sich im Frankreich des 18. Jahrhunderts „Philosophes", was sich in diesem Zusammenhang ohne weiteres mit „Aufklärer" übersetzen läßt. Ihre Lebensform und ihr Auftreten machten regelrecht Schule, und mehr oder weniger sachkundig fundierter „Esprit" konnte auch zum Selbstzweck werden. Ein fiktiver Randläufer und Parasit dieses Philosophenwesens, „Rameaus Neffe" (Titelheld eines Dialogs von Diderot), ähnelt bereits den psychologisch scharfsichtigen und zuweilen nihilistischen Bohemiens des 19. Jahrhunderts. Er verkörpert die zynische Kehrseite einer progressiven aufklärerischen Durchleuchtung von Traditionen und Werten, einer allgemeinen Relativierungstendenz, die fortschrittsoptimistisch auf praktische Veränderung der Verhältnisse gerichtet war.

Dieser kritische, auf Öffentlichkeit gerichtete Praxisbezug und die schon ideologisch zu nennende Polemik in der rhetorischen Pointierung von Thesen, die nicht immer eigentlich neu waren, ist bei vielen Aufklärern bemerkenswerter als die Stringenz philosophischer Problemlösungen. Deshalb haben auch manche „Fachphilosophen" rückblickend etwas abfällig von den „Philosophes" gesprochen. Nichtsdestoweniger kann man sagen, daß die europäische Kultur weder zuvor noch später so stark von philosophischen Diskussionen geprägt war wie im 18. Jahrhundert.

Bürgerliche Vernunft- und Gefühlskultur

Eine Gesellschaftsschicht, die jenes Motto der Freiheit und Gleichheit in letzter Konsequenz keinesfalls hätte akzeptieren können, trug dennoch nicht wenig zur Förderung der Aufklärung bei: Teile des europäischen Adels diskutierten freizügig über Toleranz in Religionsfragen, über Atheismus, Materialismus und das Naturrecht.

Aufklärung, Radierung von Daniel Chodowiecki, 1791, neukoloriert

Chodowiecki thematisiert die segensreichen Auswirkungen der Aufklärung durch die Darstellung eines Reisewagens in einer friedlichen Landschaft mit einer Ortschaft im Hintergrund. Der Weg ist hier als Reise zum Ziel, der Erkenntnis, zu verstehen. Die Lichtsymbolik soll in diesem Zusammenhang den Erkenntnisprozeß noch zusätzlich betonen. Chodowiecki selbst hatte Zweifel daran, ob es ihm wirklich gelungen war, eine überzeugende Darstellung zu finden. An Christine von Solms-Laubach schrieb er am 2. August 1791: „Von der Aufklärung hatte man kein Bild. Sie ist zu neu."

Eine Soiree bei Mme. Geoffrin (unter den Dargestellten: d' Alembert, Montesquieu, Diderot, Malherbe, Turgot, Rameau, Vanloo, Vernet), Gemälde von Gabriel Lemonnier (Zuschreibung), Schloß Malmaison

Madame Geoffrin war eine vielseitig interessierte Frau, die an zwei Tagen in der Woche Diners für Künstler und Literaten gab. In ihrem Salon trafen sich die bedeutendsten Geistesgrößen der Epoche Ludwigs XV., darunter auch Voltaire und der Kunstkenner Comte de Caylus, der ihr die Bekanntschaft zahlreicher Künstler vermittelte. Die Salons bildeten in Paris eine Gegenwelt zum Hof in Versailles, in der sich Menschen jenseits von Standesschranken treffen und über die neuesten kulturellen Errungenschaften der Zeit austauschen konnten. Darüber hinaus fanden auch Lesungen der neuesten literarischen und philosophischen Werke statt, bevor sie im Druck erschienen. Im Zentrum des Salons von Madame Geoffrin ist eine Voltaire-Büste zu sehen, die stellvetretend für die geistige Freiheit steht, welche in den Salons herschte.

Ein zentrales Buchprojekt zur Verbreitung aufklärerischen Wissens, die vielbändige französische Enzyklopädie, konnte nur dank einer großen Zahl wohlhabender, meist adliger Besteller verwirklicht werden. Enzyklopädisch interessiert waren aber ebenso Angehörige der traditionellen bürgerlichen Schicht (z. B. Handwerksmeister) und vor allem des „höheren" Bürgertums, das u. a. aus der neuen Klasse der kapitalistischen Wirtschaftsunternehmer, aus nichtadligen Beamten, Rechtsanwälten, Predigern und Professoren bestand. In der konstitutionellen Monarchie Englands spielte das Bürgertum bereits seit dem 17. Jahrhundert selbstbewußt eine unangefochtene Rolle. Aus England kamen denn auch die wichtigsten Impulse zu politischer und religiöser Liberalität (und ebenso zu technisch-praktischen Innovationen der Gewerbeindustrie und der Volkswirtschaft). Aber auch in den anderen Ländern gewann das Bürgertum entscheidend an Bedeutung. Es wurde trotz unverhältnismäßig geringem politischen Einfluß zum Motor gesellschaftlicher Veränderungen und zum Träger der Aufklärungskultur.

Ein bedeutender Beitrag dazu war die Schaffung einer Öffentlichkeit für neue Formen der Literatur und des Theaters (in Deutschland z. B. des „bürgerlichen Trauerspiels"). In einer Flut von Romanen verwandelten sich die extrovertierten oder auch melancholisch verwirrten Abenteurer der Barockliteratur in distanziert überlegende und vernünftig planende, dabei aber nicht selten zugleich gefühlsbetonte und leidenschaftliche Mitmenschen. Sie hatten kleine und private Erlebnisse, deren Beschreibung gleichwohl in weltbürgerlicher Absicht das menschlich-typisch Allgemeine demonstrierte, oder sie erlitten wüste Schicksale, die sie gleichwohl nicht hinderten, den Selbstbezug menschlichen Moralempfindens gegenüber dem Außermenschlichen zu kultivieren. Im Theater (und in der Malerei) opferten sich auf der einen Seite historische Heroen in staatsbürgerlicher Tugend für die republikanische Gemeinschaft, auf der anderen Seite zerbrachen zeitgenössische bürgerliche Helden an den Widersprüchen, Ungerechtigkeiten und Anachronismen der noch feudal geprägten Gesellschaft. Parallel zur „galanten" (teils höfischen, teils aber auch bürgerlichen) Rokokokunst formulierte die sogenannte Empfindsamkeit in der Literatur ein Selbstbewußtsein „stiller" bürgerlicher Individualität, das sich zum nicht geringen Teil aus der protestantischen Suche nach Gottesunmittelbarkeit im Rückzug auf das eigene Ich herleitete. Die empfindsame Reflexion erschöpfte sich nicht in einem – später von Hegel so charakte-

risierten – „Verglimmen der schönen Seele in sich selbst", sondern die „schöne Seele" (ein häufig gebrauchter Ausdruck der Zeit) wußte sich auch zu entäußern und mit der Kunst vernünftig-einfühlender Argumentation ins Gespräch einzutreten. Dies zeigt sich in vielen Briefromanen, deren Form besondere Beliebtheit gewann und einer zuweilen schon romantisch anmutenden Subjektivität entgegenkam. Auch in anderen Textgattungen wurde Wert auf persönliche Ansprache, Gefühl und Spontaneität gelegt, so wurden zahllose Lehrschriften und philosophische Abhandlungen in Dialogform verfaßt.

Geist und Materie

In seinem Vorwort zur französischen Enzyklopädie (1750) und seinen „Elementen der Philosophie" (1759) stellt Jean Le Rond d'Alembert einen Stammbaum des modernen Wissens auf. Er beginnt mit dem Ende des Mittelalters, das als dunkle Zeit der kommenden Aufklärung entgegengestellt wird. In der Renaissance, so d'Alembert, begann die Belebung der Geister mit literarisch-künstlerischer Gelehrtheit und Antikenbegeisterung. Im 16. Jahrhundert brach mit der Reformation die religiös geschlossene Welt des Mittelalters auseinander. Im 17. Jahrhundert erneuerte Descartes die Philosophie und die philosophische Grundlegung der Wissenschaft. Im 18. Jahrhundert hat sich die wissenschaftliche Kenntnis vom Menschen und der Natur, vor allem im Gefolge von Newtons Entdeckungen und seiner „philosophischen" Methode (keine spekulativen Hypothesen, sondern empirische), sprunghaft erweitert und ist in ihr „modernes" Stadium eingetreten.

Die Aufklärung des 18. Jahrhunderts steht also nach eigener Einschätzung in der Linie des aufklärerischen Denkens im weiteren Sinn der neuzeitlichen Auflösung des christlich-scholastischen Weltbildes. Zugleich gibt es aber Brüche in dieser Linie und klare Gegenpositionen zum Rationalismus des Barock. So folgen d'Alembert und seine Zeitgenossen zwar Descartes, wo er methodische Vernunft und die Analyse physikalischer Vorgänge gegen die Scholastik und gegen ein oft nur durch Analogiebildungen geordnetes Sammelsurium von Naturerklärungen setzt. Sie folgen aber nicht seiner „idealistischen" Auffassung der Vernunft, nach der sich das „System" der vernünftigen und der materiellen Welt gemäß vorgebildeten Denkmöglichkeiten errichten läßt und das Wesen der res cogitans das Wesen der res extensa offenbart. Wie David Hume verneinen die Aufklärer auf dem Kontinent skeptisch die Möglichkeit metaphysischer Wesenserkenntnis, und wie Hume bauen sie auf Lockes Empirismus auf.

Das Heiligtum der Wahrheit, Allegorie auf die Künste und Wissenschaften, Kupferstich, um 1772

Das bedeutendste Werk der französischen Aufklärung war die von Diderot und d'Alembert herausgegebene Enzyklopädie, in der das gesamte Wissen der Zeit in systematischer Form dargestellt werden sollte. Hauptmitarbeiter waren neben den beiden Herausgebern u. a. Rousseau, Voltaire, Condillac und Montesquieu, Holbach und Turgot und Robespierre nannte die französische Enzyklopädie das „Einleitungskapitel der Revolution". Die Allegorie auf die Künste und Wissenschaften, das Titelblatt des umfangreichen Werkes, zeigt im unteren Teil Menschen, die sich enthusiastisch mit den Instrumenten und Produkten des Buchdrucks beschäftigen. Oben sieht man, in einer Anspielung auf den Bildtypus der Mutter Gottes, die auf der Mondkugel steht, die Personifikation der zu entschleiernden Wahrheit, zu deren Füßen sich eine mit einer Vakuumpumpe verbundene Glaskugel befindet (vgl. Abb. S. 57). Der Tempel der Wissenschaft, so die Botschaft, tritt an die Stelle der Kirche.

Auch Descartes' Dualismus von Geist und Materie, demzufolge der Mensch dank seiner Teilhabe an der denkenden Substanz aus der Natur herausgehoben ist, wird abgelehnt. Die Materialisten unter den Aufklärern verhalten sich dabei genau konträr zu Berkeley. Der hatte den Dualismus zugunsten des Geistes aufgehoben, indem er den Begriff „Materie" für leer erklärte und fallen ließ. Diderot, Helvetius, La Mettrie und d'Holbach gestehen umgekehrt dem Geist kein unabhängiges Wesen zu und erklären die geistigen Phänomene als Effekte der Materie. So heißt es bei La Mettrie: „Ich halte das Denken für so wenig unverträglich mit der organisierten Materie, daß es mir eine ihrer Eigenschaften zu sein scheint, ähnlich wie die Elektrizität, die Bewegungsfähigkeit, die Undurchdringlichkeit, die Ausdehnung usw." In dem Buch „L'Homme machine" („Der Mensch eine Maschine", 1748) fordert La Mettrie die Rückführung aller psychischen Vorgänge auf physische Vorgänge und erklärt den gesamten Menschen mechanistisch. Der Mechanismus des Barock, der an der elementaren physikalischen Bewegungslehre orientiert war, verliert allerdings jetzt an Überzeugungskraft. Schließlich war er auch nicht – außer etwa bei Hobbes – zur Erklärung der physischen und psychischen

Etienne Bonat de Condillac, Kreidelitographie nach einem zeitgenössischem Bildnis, 1. Hälfte des 19. Jahrhunderts, Bibliothèque Nationale, Paris

Der Begründer des Sensualismus (lat. „sensus" = Sinn), Etienne Bonat de Condillac, geht davon aus, daß alle Erkenntnis auf sinnlicher Erfahrung beruht und kein wesentlicher Unterschied zwischen Denken und Empfinden besteht. John Locke, auf den der Sensualismus zurückgeht, hatte einfache und zusammengesetzte Ideen unterschieden. Die einfachen Ideen stammen aus der äußeren und der inneren Wahrnehmung, d. h. aus der Wahrnehmung äußerer Gegenstände und aus der dadurch hervorgerufenen Tätigkeit der Seele. Locke geht also von einer zum Teil eigenen schöpferischen Tätigkeit der Seele aus. Genau diesen Aspekt bezweifelt Condillac. Für ihn stammen alle einfachen Eindrücke von außen. Sobald sich mehrere Sinneseindrücke im Bewußtsein zusammenfinden, ist der Ansatz für die Tätigkeit der Seele gegeben, d. h. sie ist nicht selbständig tätig.

Phänomen konzipiert und ließ im übrigen hinsichtlich jeder Form des „Lebens" alle Fragen offen. Diderot und andere ergänzen das mechanistische Bild der Natur durch den Begriff organischer Einheiten, deren Möglichkeit auf einer Art prinzipieller Sensibilität und Organisationsbereitschaft der Materie beruht.

Sensualismus

Auf erkenntnistheoretischer Seite entspricht dem Materialismus ein strenger Sensualismus (lat. „Sensus" = „Sinn"), wie ihn Etienne Bonat de Condillac in seiner „Abhandlung über die Empfindungen" (1754) an einem recht zeittypischen Gedankenmodell demonstriert: Die leblose Statue eines Menschen wird mit zunächst nur einem der fünf Sinne begabt und entwickelt durch die Entstehung von Gedächtnisspuren (die mit der bloßen Möglichkeit von menschlicher Empfindung verbunden zu denken sind) und daraus resultierenden Differenzierungen usw. einen ganzen ausgewachsenen psychischen Apparat.
Der Sensualismus unterscheidet sich von Lockes Empirismus darin, daß er die Wahrnehmung von Dingen und Zusammenhängen und die Grundlagen des geistigen Begriffsapparats ohne Spontaneität (Aktivität) des Verstandes zustande kommen läßt. Bei Locke zeigten die „reflections", die Wahrnehmungen des inneren Sinnes, eine solche Aktivität des Verstandes an und waren nicht durchweg quasi automatisch an die passive Aufnahme der äußeren Empfindung gebunden. Bei Condillac fallen die reflections weg, alle ursprünglichen einfachen Eindrücke kommen von außen. Das heißt nicht, daß wir nicht denkend operieren, niemand könnte das leugnen. Aber das Material und die Fähigkeit zu diesen Operationen bilden sich, modern gesagt, durch Umweltreize.

Religionskritik und Deismus

„Der Mensch ist nur darum unglücklich, weil er die Natur verkennt", so beginnt das „System der Natur" (1770) von Paul Heinrich Baron von Holbach. Gemeint ist eine Verkennung, die in empirisch nicht begründeten Jenseitserwartungen, Behauptungen transzendenter Normen und darin begründeten falschen Glücksvorstellungen liegt. Holbach will eine diesseitsorientierte Moral „physikalisch" auf körperlichen Affekten und soziologischen Nützlichkeitsforderungen gründen.
Hier hat sich ein mechanistischer Materialismus endgültig vom Rationalismus mit seiner Vorstellung einer ursprünglichen Eigenständigkeit des Geistes getrennt und alle Theologie und Religion verabschiedet. Das kann man als vorläufigen Abschluß eines Emanzipationsprozesses der Philosophie (und Wissenschaft) sehen, der schon im Mittelalter mit der vorsichtigen Annahme einer „doppelten Wahrheit" von Vernunfterkenntnis und Glaubenswahrheit begann. Im 17. Jahrhundert hatten sich Descartes und Leibniz im Bewußtsein dieser Spaltung noch bemüht, Naturwissenschaft und Theologie, die bei ihnen freilich philosophisch durchsetzt war, für vereinbar zu halten. Bei Hobbes dagegen war diese Verbindung aufgehoben. Spinoza trennte zentrale Glaubensnotwendigkeiten, die er mit einem nicht eben traditionell christlichen Gottesbegriff verband, vom Bereich einzelner Glaubensinhalte und Meinungen und forderte für diesen Bereich nachdrücklich Toleranz. Da-

Fest des Höchsten Wesens auf dem Pariser Marsfeld im Juni 1794, zeitgenössisches Gemälde von Pierre-Antoine de Machy, Musée Carnavalet, Paris

Im Zusammenhang mit der Aufklärung entstand im 17. Jahrhundert der Deismus (lat. „Deus" = Gott), eine Religionsauffassung, die Gott als den Weltschöpfer, nicht aber als darüber hinaus in das Weltgeschehen eingreifend ansah. Der Kult des Höchsten Wesens als dem Schöpfer des Universums wurde von Robespierre geschaffen, um die Errungenschaften der Revolution zu stabilisieren und den Katholizismus als Staatsreligion zu ersetzen. Das Fest, vom Maler Jacques-Louis David inszeniert, begann mit einer Prozession, die Robespierre und die Mitglieder der Convention anführten. Sie endete auf einem künstlichen Hügel, auf dem abschließend Hymnen auf die Revolution und Haßschwüre gegen das Königtum vorgetragen wurden.

mit war er vorbildlich für die Aufklärer, die Toleranz auch gegenüber der freien Forschung verlangten und nach den Erfolgen Newtons fast überall Gott aus der Naturwissenschaft herauszuhalten suchten. Die extreme Position des Materialismus blieb dabei allerdings eine Ausnahme, die nicht nur bei der katholischen Staatsmacht in Frankreich auf schärfste Reaktionen stieß, sondern auch von vielen Aufklärern bekämpft wurde. Gleichwohl bringt sie eine Überzeugung zum Ausdruck, die in weniger strenger Form auch aus anderen Ansatzpunkten der Aufklärung spricht und die sich auf eine einfache Formel bringen läßt: Der Mensch ist Natur, und die Natur ist nicht Abbild einer zeitlosen Ideenwelt oder Verwirklichung eines immer schon abgeschlossenen Schöpfungsplans. Das muß allerdings weder heißen, daß der menschlichen Natur keine Sonderstellung zukomme und daß die geistig-moralische Welt nicht trotz ihrer Gründung in der physischen Welt doch eine ganz eigene Sphäre sei, noch ist damit der Schöpfungsgedanke in jeder Form verworfen. So ist die Philosophie der Aufklärung zwar praktisch immer direkt oder indirekt mit Religionskritik verbunden, aber nur sehr selten mit Atheismus wie bei Holbach.

Im Zentrum der allgegenwärtigen religionskritischen Fragen, Zweifel und Attacken stand weniger die Existenz Gottes und die religiöse Beziehung zu einem Gott überhaupt als vielmehr die sogenannte positive Religion, die wie z. B. der Katholizismus in strenger Ausgrenzung anderer Religionen einen Kanon von konkreten Glaubensartikeln mit absolutem Wahrheitsanspruch aufstellt und sich auf Offenbarungszeugnisse wie die Bibel stützt.

Den positiven Religionen wird schon im 17. Jahrhundert die Annahme einer (auch schon früher aus scholastisch-christlicher Sicht konstatierten) „natürlichen" Religiosität gegenübergestellt, die allein auf den geistigen oder moralischen Anlagen des Menschen beruht und nicht auf einer historischen Offenbarung durch einen Propheten oder Messias. Der natürliche Gottesglaube, den zunächst vor allem englische Freidenker ins Recht zu setzen suchten, entsteht danach – und entstand danach schon längst vor dem Christentum und älteren Religionen – aus unumgänglichen Fragen nach dem Grund aller Dinge, einem Gefühl der Unvergänglichkeit der Einzelseele und dem Bedürfnis nach einer aller menschlichen Willkür entzogenen Begründungsinstanz des Gerechten. Diese Glaubensgründe meinte man im Gegensatz zu den Glaubensinhalten der traditionellen Religion (Wunder; konkrete, oft anthropomorphe Eigenschaften Gottes usw.) bruchlos mit Vernunft und Wissenschaft vereinbaren zu können. Deshalb konnte die Naturreligion ebenso Vernunftreligion heißen, als regelrechte „Religion der Aufklärung" wird sie auch „Deismus" genannt. Das Wort ist nach „Deus" („Gott") gebildet und bezeichnet einfach den Gottesglauben, den eine Religion ohne Kult und Überlieferung mit den traditionellen Religionen gemeinsam hat. Oft wird zum Deismus die Auffassung gezählt, daß Gott die Welt und die Naturgesetze geschaffen habe, aber in den Ablauf des kosmischen „Uhrwerks" dann nicht mehr eingreife.

Voltaire

Wollte man ihn mit Hume und Kant vergleichen, so war Voltaire kein großer Philosoph des 18. Jahrhunderts. Aber er war ein Phänomen philosophischen Geistes, der größte intellektuelle Publizist der Zeit, ein Literat mit enormer Wirkungskraft und der Inbegriff eines Aufklärers. Mehrfach verhaftet und aus Frankreich ver-

Tafelrunde in Sanssouci (von links: Marlshal, Unbekannt, Voltaire, v. Stille, Friedrich, d' Argens, Keith, Algarotti, Rothemburg, de la Mettrie), Gemälde von Adolph Menzel, 1850, ehemals Nationalgalerie, Berlin (1945 zerstört)

Auf Einladung des preußischen Königs Friedrich II. reiste Voltaire im Sommer 1750 nach Berlin. Der Einladung war eine umfangreiche Korrespondenz beider vorausgegeangen, in der Friedrich seine Bewunderung für den Dichter zum Ausdruck brachte und Voltaire seinerseits von dem „Fürsten-Philosophen" schwärmte. Im Gegensatz zu Paris, wo Voltaire ständig mit der Zensurbehörde zu kämpfen hatte und Verleumdungen ausgesetzt war, wurde er in Berlin als bedeutender Dichter und Denker begrüßt. Aber schon bald trübte sich das Verhältnis zwischen Dichter und König. Voltaire fühlte sich abhängig von Friedrich II., der ihn, wann immer es ihm beliebte, in Anspruch nahm. Die Teilnehmer der ausgedehnten Tafelrunden in Sanssouci standen alle im Ruf, Freidenker zu sein. Unter ihnen war Voltaire der prominenteste Gast. Er erlaubte sich gelegentlich kritische Äußerungen, die Friedrich mißfielen. Nach fast drei Jahren schieden sie im März 1753 im Unfrieden voneinander.

Der Schlaf der Vernunft gebiert Ungeheuer, Graphik von Francisco de Goya, um 1797, Privatbesitz

Goya stand liberal denkenden Kreisen in Spanien nahe, bestimmte Aspekte seines Werks repräsentieren den Geist der europäischen Aufklärung. In graphischen Folgen zeigte er die Schrecken des Krieges und phantastische Ausgeburten der Unvernunft. Das rätselhafte an diesen Graphiken ist ihre Darstellung des Irrationalen. Es wird nicht entlarvt, sondern zeigt sich mit einem unaufhebbaren Rest von Unverständlichkeit. Ganz in diesem Sinne ist der Titel des abgebildeten Blattes aus der Folge „Caprichos" (Phantasiestücke) doppeldeutig: Wo keine Vernunft herrscht, entstehen und gebieten Monster – so die rein aufklärerische Lesart. Nach der anderen Lesart ist es die Vernunft selbst, die nicht immer wachen kann und träumend das Monströse aus ihrer eigenen Quelle entspringen läßt. Darin kann man einen Zweifel am Vernunftoptimismus der Aufklärung sehen.

„Emile", Roman von Jean-Jacques Rousseau, Kupferstich aus dem 3. Buch nach Jean Michel Moreau

Mit seinem Erziehungsroman „Emile" untermauert Rousseau seine These, daß der Mensch von Natur aus gut sei und erst durch die Gesellschaft moralisch verdorben werde. Für Rousseau liegt einer der Gründe dieser Entwicklung in einer falschen Erziehung, weshalb er eine Reform der Pädagogik im Sinne einer Ersetzung der traditionellen Erziehungsmethoden durch eine „natürliche Erziehung" fordert. Die Basis dieser Reform bildet die genaue Kenntnis des kindlichen Wesens. Es komme vor allem darauf an, so Rousseau, die natürlichen Anlagen und instinktiven Reaktionen des Kindes zu fördern, statt sie zu unterbinden. Damit wendet er sich gegen die im 18. Jahrhundert verbreitete Auffassung, daß das Kind schon frühzeitig über die Pflichten der Erwachsenen unterrichtet werden müsse.

wiesen konnte er – bei unangefochtenen und glänzenden Erfolgen als Dramendichter und Romancier – viele seiner philosophischkritischen Schriften nur mit Hilfe wagemutiger Verleger und komplizierter Winkelzüge und Maskeraden drucken lassen (man zählt 175 Pseudonyme Voltaires!). Oft wurden die Bücher dennoch schnell verboten und beschlagnahmt, ein Exemplar wurde dann nach damals üblichem Brauch vor der Treppe des Pariser Justizpalastes vom Henker zerrissen und verbrannt.

Voltaires Kritik ist überall mit Witz, brillanter Ironie und Einschüben universal gelehrter Zitate klassischer wie auch exotisch entlegener Beispiele und Meinungen ohne Trockenheit vorgetragen. Sie gilt Zuständen des absolutistischen Staates, die angesichts eines längst nicht mehr auf vereinzelte Utopisten beschränkten Menschenrechtsbewußtseins absurd waren. Vor allem auch die absolutistische katholische Kirche ist Voltaires Angriffsziel. Seine Anklage lautet auf repressiven Dogmatismus, menschenverachtenden Fanatismus und Fesselung des Volkes im Stande des Aberglaubens (als den er die meisten Inhalte der Religion versteht). „Zerschlagt die Schändliche" ist dabei der Schlachtruf.

Dabei ist Voltaire durchaus kein Atheist: „Wenn es Gott nicht gäbe, müßte man ihn erfinden. Aber die ganze Natur ruft uns zu, daß Gott existiert." Warum müßte Gott notfalls erfunden werden? Nicht zuletzt weil Voltaire glaubt, daß die Tugendhaftigkeit oder einfach die Menschlichkeit der Menschen ein Zentrum, einen Anhalt oder, so wörtlich, einen „Zügel" braucht. Der zweite Satz des Ausspruchs zeigt jedoch, daß hier nicht nur aus Zweckmäßigkeit, zum Nutzen der Gesellschaft, religiöser Anstand gefordert werden soll, sondern daß Voltaires liberaler und im Vergleich selbst zu aufgeklärtem Christentum leger zu nennender Deismus durchaus auf Überzeugung beruht. Voltaire hat mit der literarischen Verknüpfung und dialogischen Individualisierung einer Fülle historischer und zeitgenössischer Denkversuche ein Klima geschaffen, in dem philosophische Systeme wie Dichtungen wirken können, die Aberglauben und Vernunft, Optimismus und Pessimismus in erhabene oder auch lächerliche Gleichnisse fassen. Damit hat er Möglichkeiten zu kritischer Distanzierung freigesetzt, die wesentlich zur Relativierung verhärteter und irrationaler Werte beitrugen.

Jean-Jacques Rousseau

Immanuel Kant beschreibt sich einmal im Rückblick als jungen Gelehrten, der nichts kannte als Bücher, Erkenntnisdurst und Wissenschaft. „Es war eine Zeit, da ich glaubte, dies alles könnte die Ehre der Menschheit machen, und ich verachtete den Pöbel, der nichts weiß. Rousseau hat mich zurecht gebracht. Dieser verblendete Zug verschwindet, ich lerne den Menschen ehren, und ich würde mich viel unnützer finden als die gemeinen Arbeiter, wenn ich nicht glaubte, daß diese Betrachtung allen übrigen einen Wert geben könnte, die Rechte der Menschheit herzustellen."

Kant versteht Rousseau als Aufklärer, denn Rousseau fordert die „Rechte der Menschheit" energischer ein als die Mehrzahl der „Philosophes". Ihr politisches Ziel ist meist eine liberale konstitutionelle Monarchie; Rousseau entwirft ein demokratisches Ideal. Im Zuge der Französischen Revolution wird sein Andenken fast kultisch verehrt werden. Sein Roman „Emile oder die Erziehung" macht die Rechte des Individuums in Kindheit und Jugend geltend und gibt bis weit ins 19. Jahrhundert hinein Anstöße zu pädagogischen Innovationen. Er „entdeckt" eigentlich erst die Kindheit, ähnlich wie die Aufklärung in den „edlen Wilden" der „Naturvölker" das zuweilen verklärte Gegenbild zur Zivilisation entdeckte. Ebenso starken Eindruck wie auf Kant hat Rousseau auf Denker und Dichter der Romantik gemacht, und dabei wirkten Züge seines Werks, die mit der Aufklärung kaum zu vereinen sind. Rousseau beschwört als erster den Abgrund, der zugleich der nie ganz verdeckte Grund romantischer Versöhnung und Einheit ist: heillose Entzweiung des Menschen mit seiner Natur (die auch eine gesellschaftliche Natur ist) und die Ekstase der Gefühle eines Ichs, das alles zu sagen sucht und sich dabei selbst zu verfehlen droht. Ursprünglich ist der Mensch für Rousseau frei und gut. Er lebt seiner Umwelt und Arbeit zugewandt und ist relativ autonom (Rousseau entwirft im Prinzip das Bild freien bäuerlichen Daseins). Seine Gefühle entspringen einer positiven Selbstliebe, die ihn mit sich selbst und zugleich mit anderen eint. Fehlgeleitete gesellschaftliche Organisation verkehrt die die Selbstliebe in negative, selbstsüchtige Eigenliebe (amour propre), die den Menschen mit sich und anderen entzweit.

Diese Organisation beschreibt Rousseau ähnlich wie Locke, dessen Idee des Gesellschaftsvertrags aber unter genau umgekehrten Vorzeichen die positiv bewertete Sicherung des Eigentums gewährleistet. Bei Rousseau dagegen heißt es: „Der erste, dem es in den Sinn kam, ein Grundstück einzuhegen und zu behaupten: ‚Das gehört mir', und der Menschen fand, einfältig genug, ihm zu glauben, war der eigentliche Begründer der bürgerlichen Gesellschaft. Wieviel Verbrechen, Kriege, Mordtaten, Elend und Scheußlichkeit hätte ein Mann dem Menschengeschlecht erspart, der die Pfähle herausgerissen und seinen Mitmenschen zugerufen hätte: ‚Hütet euch, diesem Betrüger zu glauben! Ihr seid verloren, wenn ihr vergeßt, daß die Früchte allen gehören und die Erde niemandem!'" Das Eigentum führt zu Arbeitsteilung, Abhängigkeit und Entfremdung. Ähnliches geschieht auf geistigem Gebiet: Der Übergang von der Natur zur Kultur löst die unmittelbare Weltbezogenheit des psychischen Lebens, der Mensch gerät ins Grübeln. Rousseau gebraucht hier starke Worte, die ihn innerhalb der Aufklärung isolieren: „Der Zustand des Denkens ist ein widernatürlicher", „der reflektierende Mensch ein entartetes Tier".

Im „Gesellschaftsvertrag" („Du contrat social", 1754/62) entwirft Rousseau das Bild eines Staates, in dem – mit Worten Kants – die Kultur durch „vollkommene Kunst wieder Natur wird, welches das letzte Ziel der sittlichen Bestimmung der Menschengattung ist" (Kunst bedeutet hier einfach das „Gemachte" im Gegensatz zum natürlich Gewordenen). Es ist ein Staat, in dem das Volk souverän ist und durch Abstimmung entscheidet und in dem der „Einzelne, obgleich er sich mit allen vereint, gleichwohl nur sich selbst gehorcht und so frei bleibt wie vorher". Dies letzte ist ein kaum mögliches Kunststück, und Rousseaus Konzept wird auch nicht völlig klar. In jedem Fall besteht die Freiheit in der freiwilligen Unterwerfung unter eingesehene Gesetze, die dem „Gemeinwillen" entstammen. Der Gemeinwille ist nicht dasselbe wie der „Wille Aller" (der Summe aus den Willensentscheidungen aller Einzelnen, mit der z. B. eine einstimmige Wahl entschieden wird). Er ist vielmehr auf das Gemeinwohl gerichtet wie der individuelle Wille auf das eigene Wohl und kann sich im Gegensatz zum Willen Aller, der wie ein Mehrheitswille von Parteilichkeit oder Fehleinschätzungen usw. geleitet sein kann, niemals irren. So ähnelt der Gemeinwille fast einer ins Soziale gewendeten pantheistischen Gott-Natur, die Eins und Alles ist. Der Einzelne ist frei, indem er den eigenen völlig individuellen Willen als völlig aufgehoben im Gemeinwillen und mit ihm identisch erkennt. Der Mensch ist Staatsbürger (citoyen) und gleichwohl wieder ganz bei sich.

Allegorisches Gemälde zu Ehren Rousseaus aus der Zeit der Französischen Revolution, Musée Carnavalet, Paris

Jean-Jacques Rousseau gilt als einer der gedanklichen Wegbereiter der Französischen Revolution. Die Abbildung zeigt eine allegorische Darstellung seiner Theorie im Kontext der neuen Republik. Über der gekreuzten Trikolore befindet sich das Bildnis Rousseaus, darunter, im Focus, wirbt ein antik-römisches Liktorenbündel für das Streben nach Kraft, Wahrheit, Gerechtigkeit und Gemeinschaft. An der Spitze erscheint die Mütze der Sanscullotten Bewegung, daneben, am Stamm des Baumes, die Freiheit als natürliches Recht des Menschen. Rousseaus „Gesellschaftsvertrag" („Contract Social") war Vorbild für die erste Verfassung der französischen Republik. Die in den Menschen- und Bürgerrechten verankerten Maximen „Freiheit, Gleichheit und Brüderlichkeit" fußen ebenfalls auf seinen Ideen.

Immanuel Kant, Anonymes Porträt, um 1790

Mit seiner epochemachenden „Kritik der reinen Vernunft" (1781) unterzieht Kant das menschliche Erkenntnisvermögen einer ernsthaften Prüfung und entdeckt, daß es bestimmte, im Subjekt selbst verankerte Bedingungen gibt, durch die unsere Auffassung von der Welt geprägt wird. Wie die Welt „an sich", d. h. unabhängig von dieser durch das Subjekt bestimmten Sichtweise beschaffen ist, darüber sind keine Aussagen möglich, da der Mensch die Dinge niemals unabhängig von dieser Erkenntnisweise betrachten kann. Die Erkenntnis richtet sich also nicht nach den Gegenständen, sondern sie bestimmt die Beschaffenheit der Gegestände

Immanuel Kant

Die Kritik der reinen Vernunft

Metaphysik und Transzendentalphilosophie

Mit David Hume, dem er nach eigener Auskunft viel verdankt, verwirft Kant radikal die Metaphysik als vermeintliche Wissenschaft vom Übersinnlichen, d. h. als die scheinbar logische und sachhaltige Lehre von dem, was jenseits der Erfahrung liegt. Dennoch gesteht Kant, in die Metaphysik verliebt zu sein. Nach seiner Überzeugung ist sie unverzichtbar, denn Fragen nach den allgemeinsten Bestimmungen aller Wirklichkeit, nach der prinzipiellen Erkennbarkeit der Natur, nach Gott, Freiheit und Unsterblichkeit der Seele drängen sich geradezu auf: „Die menschliche Vernunft geht unaufhaltsam bis zu solchen Fragen fort, die durch keinen Erfahrungsgebrauch der Vernunft und daher entlehnte Prinzipien beantwortet werden können."

Fragen, die nicht „a posteriori" (vom Späteren, im nachhinein) aus der Erfahrung beantwortet werden können, verlangen Erkenntnisse „a priori" (vom Früheren, im vorhinein), die zum einen von der Erfahrung unabhängig sind und zum anderen nicht aus Sätzen bestehen, deren Wahrheit sich einfach aus der Bedeutung der verwendeten Worte ergibt wie etwa in dem Satz „Dreiecke haben drei Seiten". Einen solchen Satz nennt Kant ein „analytisches Urteil": das Prädikat „dreiseitig" ergibt sich aus der Analyse des Subjektbegriffs „Dreieck". Der Satz erweitert die Erkenntnis nicht, im Gegensatz zu einem „synthetischen Urteil", etwa: „Manche Hunde sind für Menschen gefährlich". Das ist ein Erfahrungssatz, ein synthetisches Urteil a posteriori. Die Metaphysik nun hat es mit „synthetischen Urteilen a priori" zu tun. Nur wenn sie in solchen Urteilen über Grundsätze einzelner Wissenschaften oder über gewisse Bedingungen oder auch nur Leitmotive der Erkenntnis spricht, etwa über die „Idee" des Unendlichen, und dabei keine erkennbare Unendlichkeit behauptet, ist Metaphysik als „Wissenschaft" möglich, und zwar als „Wissenschaft von den Grenzen der menschlichen Vernunft".

In dieser Grenzbestimmung folgt Kant nicht der Skepsis Humes. Gegen ihn ist er der Meinung, daß die Erfahrung, die aus denkender Verarbeitung von Wahrnehmungen entsteht, ihre Prinzipien nicht wiederum aus der Erfahrung schöpfen kann. Gegen manche Rationalisten ist Kant andererseits der Meinung, daß alle Erkenntnis mit der Erfahrung beginnt und sich in jedem Fall auf Erfahrung beziehen muß. Sie kann es allerdings mit bloß „möglicher" Erfahrung zu tun haben und untersucht dann allein durch Denken die subjektiven Erkenntnishandlungen, deren Möglichkeit der Erfahrung vorhergeht und die für alles, was überhaupt Gegenstand werden kann, bestimmend sind. Diese Untersuchung ist die Aufgabe der von Kant entwickelten „Transzendentalphilosophie". „Ich nenne alle Erkenntnis transzendental, die sich nicht mit Gegenständen, sondern mit unserer Erkenntnisart von Gegenständen, insofern diese a priori möglich sein soll, überhaupt beschäftigt." Die Transzendentalphilosophie ist also vom Erkennen her die formale Grundstruktur alles dessen, was für uns Wirklichkeit sein kann. Weil sie zu apriorischen und allgemeingültigen Aussagen kommt, die sich auf notwendige Merkmale der Wirklichkeit beziehen, nennt Kant sie in dieser Hinsicht weiterhin auch Metaphysik.

Raum und Zeit als reine Anschauungen

Die Rationalisten waren der Ansicht, daß sich Lehrsätze, die mathematisch oder logisch aus Definitionen oder „einfachsten" ursprünglichen Begriffen abgeleitet sind, auf die Gegenstände der Wahrnehmung anwenden lassen und dabei zugleich etwas über die von unserer Wahrnehmung unabhängige und als Übersinnliche Ganzheit gedachte Welt an sich aussagen. Dies sei möglich, weil gewisse einfache Evidenzen und Grundbegriffe des Denkens dank der Fügung Gottes, der uns nicht betrügt, oder aus anderen metaphysisch entwickelten Gründen die (geistig erkennbare) wahre Realität beträfen. Kant lehnt mit Hume diese Position ab.

In einer 1770 nach seiner Berufung zum Professor geschriebenen Dissertation („Von der

Form der Sinnen- und Verstandeswelt und ihren Prinzipien") findet Kant eine solchen Annahmen gegenüber neue und auf seine Transzendentalphilosophie vorausweisende Begründung der Anwendbarkeit einer erfahrungsunabhängigen – und das heißt in Kants Terminologie „reinen" – Wissenschaft, nämlich der Geometrie, auf die Erfahrungswelt. Nach Kant (wie nach Descartes) ist der Raum keineswegs eine Vorstellung, die aus der Wahrnehmung räumlicher Gegenstände abstrahiert wäre. Denn die dreidimensionale Ausdehnung ist keine sinnlich unterscheidbare Eigenschaft von Dingen, sondern bereits eine Voraussetzung dafür, daß wir etwas als etwas an einem Ort „außer" uns befindliches, als Gegenstand, der uns entgegensteht, wahrnehmen können. „Raum" ist auch nicht ein – wie Descartes sagen würde – eingeborener Begriff, vielmehr überhaupt kein Begriff. Begriffe sind „allgemeine" Vorstellungen, unter die vieles Einzelne fallen kann. „Einzelne" oder „besondere" Vorstellungen, die „unmittelbar auf Gegenstände gehen", also sinnliche Wahrnehmungen, heißen bei Kant empirische „Anschauungen". Die Raumvorstellung ist nun nach Kant, obgleich sie eben nicht aus der Erfahrung stammt, eine Anschauung, „eine einzelne Vorstellung, denn was man mehrere Räume nennt, sind nur Teile desselben unermeßlichen Raumes" eben unserer Vorstellung, soll heißen, diese Teile verhalten sich zur Raumvorstellung nicht so wie z. B. einzelne Zimmer zum allgemeinen Begriff „Zimmer" oder wie dieser zum Begriff „Haus". Außerdem: „Daß es im Raum nicht mehr als drei Abmessungen gibt, daß zwischen zwei Punkten nur eine einzige Gerade ist, daß aus einem gegebenen Punkt auf einer Ebene mit einer gegebenen Gerade ein Kreis zu beschreiben sei usw.: das kann nicht aus irgendeinem allgemeinen Begriff des Raumes geschlossen, sondern nur in ihm gleichsam in concreto ‚geschaut' werden." Da der Raum aber kein Wahrnehmungsgegenstand ist, ist er keine empirische, sondern eine zur Ausstattung des menschlichen Empfindungs- und Erkenntnisvermögens gehörige „reine" (vor aller Erfahrung gegebene) Anschauung, etwas, das in gewisser Weise Wahrnehmungsgegebenheiten ähnelt und jedenfalls entscheidende Eigenschaften mit ihnen gemeinsam hat. Kurz, der Raum ist „nicht durch Empfindungen zusammengebracht, sondern die Grundform aller äußeren Empfindung".

Was ist aber dasjenige, wovon wir äußere Empfindungen, also Sinneseindrücke empfangen, die nach Kants einleuchtender Überzeugung nicht von selbst in unseren Organen oder im Geist entstehen? Darüber können wir nach Kant, der hier wiederum Hume beipflichtet, nicht das Geringste sagen. Unsere Erkenntnisse beziehen sich nur auf Dinge, wie wir sie wahrnehmen, und das sind in Kants Wortgebrauch „Erscheinungen" bzw. Phänomene, nicht aber „Dinge an sich" unabhängig von unserer Anschauung. Da nun der Raum als „Grundform" aller äußeren Erscheinungen ganz unserem eigenen sinnlichen Erkenntnisvermögen angehört, wäre es sinnlos, zu sagen, die Dinge an sich seien ausgedehnt oder befänden sich im Raum. Das hieße, die Bedingungen unserer Erkenntnis mit unerkennbaren Bedingungen zu verwechseln, unter denen der höchstens als

Kant rührt Senf an, Zeichnung von Friedrich Hagemann, 1801

Kant und seine Tischgenossen, Gemälde von Emil Doerstling, um 1900

Kant führte ein außerordentlich geregeltes Leben. Er stand jeden Tag um fünf Uhr auf, es folgten in regelmäßigem Wechsel Arbeit am Schreibtisch, Vorlesungstätigkeit und Spaziergänge. Abends ging er pünktlich um zehn Uhr ins Bett. Selbst kleine unplanmäßige Ereignisse versetzten ihn in Unruhe. Als er einmal zu einer Spazierfahrt eingeladen und erst gegen zehn Uhr zu Hause abgesetzt wurde, war er sehr verärgert. Trotz seines ausgeprägten Ruhebedürfnisses war er dennoch der Geselligkeit nicht abgeneigt. Regelmäßig lud er sich Freunde zum Mittagessen ein. Die Tischgespräche drehten sich „vom Kalbsbraten bis zu den Kometen". Philosophische Themen sind nicht nach Kants Geschmack. Die behandelt er lieber allein, und vielleicht war es diese Ruhe und Disziplin, die es ihm ermöglichte, Werke zu schaffen, die zu den bedeutendsten Schriften der Philosophiegeschichte gehören.

Grenzbegriff des Gegenständlichen zu denkende Grund der erkannten Erscheinungen stehen mag. Daher bestreitet Kant definitiv, daß der Raum eine reale Bestimmung der Dinge an sich sei (die ganze Argumentation, das ist hier anzumerken, führt Kant in analoger Weise auch für die ebenfalls reine Anschauung der „Zeit" durch).

Schloß Königsberg, Stich, 19. Jahrhundert, links unten das Haus von Immanuel Kant

Kant hat seine Geburtsstadt Königsberg zeit seines Lebens nicht verlassen. Er hielt es nicht für notwendig, große Reisen zu unternehmen und fühlte sich in seiner Stadt offenbar stets sehr wohl. In der Vorrede seiner „Anthropologie" schreibt er über Königsberg: „Eine große Stadt, der Mittelpunkt eines Reichs, in welchem sich die Landescollegia der Regierung derselben befindet, die eine Universität und dabei noch die Lage zum Seehandel hat, welche durch Flüsse aus dem Innern des Landes sowohl, als auch angrenzenden entlegenen Ländern von verschiedenen Sprachen und Sitten einen Verkehr begünstigt, – eine solche Stadt kann schon für einen schicklichen Platz sowohl der Menschenkenntnis als auch der Weltkenntnis genommen werden, wo diese, auch ohne zu reisen, erworben werden kann."

Die „kopernikanische Wende" der Philosophie

Die oben angesprochenen synthetischen Urteile a priori gibt es nicht nur in der Metaphysik, sondern zunächst und vor allem auch in der reinen (erfahrungsunabhängigen) Mathematik und Naturwissenschaft. Die Ausgangsfrage der „Kritik der reinen Vernunft" (1781), Kants erstem berühmten Hauptwerk, ist nun die nach der Möglichkeit solcher Urteile, die eine Wissenschaft als solche erst ausmachen. Für die Geometrie und Arithmetik ist diese Frage durch die geschilderte Lehre von Raum und Zeit weitgehend gelöst. Daß die Winkelsumme im Dreieck 180 Grad beträgt, ist für Kant wie andere Lehrsätze der Geometrie ein „synthetischer" Satz. Er ergibt sich nicht einfach logisch aus Definitionen und Axiomen, wir müssen vielmehr, wie gesagt, gleichsam im Geist konstruieren. Dies geschieht im Raum als reiner Anschauung, deshalb ist der Satz „apriorisch". Ähnliches gilt für die Arithmetik, in der wir etwa bei Additionen nach Kants Meinung in der Zeit etwas zusammensetzen müssen.

Wie steht es aber mit der „reinen" Naturwissenschaft? Zunächst einmal: Ist die Hauptgrundlage dessen, was wir in der Erfahrung an Regelmäßigkeit kennen, nämlich das Kausalitätsprinzip, a priori gültig? Nach Hume stammt es ausschließlich aus der Erfahrung. Daß es als apriorischer Begriff der notwendigen Verknüpfung von Ursache und Wirkung erscheint, hat für ihn nur psychologische Gründe. Nach Kant handelt es sich hier aber tatsächlich um einen apriorischen Begriff; „daß" er auf alle überhaupt möglichen physikalischen Vorgänge, die in der Erfahrung gegeben sein können, notwendig anwendbar ist, davon überzeugen uns die Erfolge der Newtonschen Physik. „Warum" dies aber möglich ist, muß gezeigt werden. Die Argumentation verläuft dabei ähnlich wie die Begründung der Übereinstimmung der euklidischen Geometrie mit der „Außenwelt". Während Wahrnehmungen durch die Formen der Sinnesauffassung (Raum und Zeit) bestimmt sind, sind Erkenntnisse, die Wahrnehmungen durch das Denken, durch Begriffe auf objektive Zusammenhänge beziehen, durch die „Form" des Verstandes, durch „reine Verstandesbegriffe" bestimmt. „Erfahrung ist eine Erkenntnisart, die Verstand erfordert, dessen Regeln ich in mir, noch ehe mir Gegenstände gegeben werden, mithin a priori, voraussetzen muß, und welche in Begriffen a priori ausgedrückt werden, nach denen sich also alle Gegenstände der Erfahrung notwendig richten und mit ihnen übereinstimmen müssen."

Mit dieser Einsicht ist es „ebenso, als mit den ersten Gedanken des Kopernikus bewandt, der, nachdem es mit der Erklärung der Himmelsbewegungen nicht recht gut fort wollte, wenn er annahm, das ganze Sternenheer drehe sich um den Zuschauer, versuchte, ob es nicht besser gelingen möchte, wenn er den Zuschauer sich drehen, und dagegen die Sterne in Ruhe ließ". Wie die Bewegung der Sterne eine „Erscheinung" ist, die auf der Bewegung des „Zuschauers" beruht, so werden die Gegenstände der Erfahrung durch unsere Erkenntnisleistungen als Erscheinungen „konstituiert", d. h. erzeugt. Dabei wirken die „Rezeptivität" (Empfänglichkeit) der „Sinnlichkeit" (des Wahrnehmungsvermögens) und die „Spontaneität" (Aktivität) des „Verstandes" immer zusammen. Diese zwei „Stämme" unseres Erkenntnisvermögens sind je für sich genommen gewissermaßen nutzlos: „Anschauungen ohne Begriffe sind blind, Begriffe ohne Anschauungen sind leer."

Verstand und Vernunft

Wie sind reine Verstandesbegriffe oder „Kategorien" aufzufinden? Da sie Bedingungen der Möglichkeit der Erkenntnis sind, müssen sie in Urteilen (Sätzen), die verschiedene Vorstellungen zur Einheit einer Erkenntnis verknüpfen und auch selbst wiederum zur Bildung von Begriffen führen, gerade diese Verknüpfung ermöglichen. Nun gibt es eine Reihe von Urteilsformen, die sich durch die Art der Verknüpfung von Subjekt und Prädikat unterscheiden. Das Prädikat (z. B. „vergammelt" oder „Melone") kann demjenigen, was vom Satzsubjekt (z. B. „Hut") bezeichnet wird, zugesprochen oder abgesprochen werden, es kann einer Vielheit oder einem Einzelnen zugesprochen werden, mehrere Prädikate können disjunktiv mit „oder" verknüpft werden usw. Die traditionelle „formale" Logik hat diese Formen bereits eingeteilt, sie aber nicht in einer transzendentalen Logik, die auch die Möglichkeit des „inhaltlichen" Bezugs wahrer Aussagen auf Gegenstände überhaupt untersucht, auf ursprüngliche synthetische Handlungen des Verstandes zurückgeführt. Kant leitet nun aus der Tafel der Urteile die Tafel der Kategorien ab. Die Kategorie der Kausalität etwa wird als Bedingung der Verknüpfung in sogenannten hypothetischen Urteilen („wenn ... dann ...") angenommen.

Anschließend unternimmt Kant die „transzendentale Deduktion der reinen Verstandesbegriffe", die den „Rechtsanspruch" der Kategorien in ihrem Gegenstandsbezug mit Hilfe der oben schon dargestellten „kopernikanischen Wende" erklärt: Nicht die Erkenntnis richtet sich nach den Gegenständen, sondern umgekehrt. Kant zeigt im einzelnen, wie die Zusammensetzung, die Synthesis des Vielfältigen der Wahrnehmung zur Einheit des Urteils und des Begriffs nicht aus dem Objekt, sondern nur aus dem Subjekt entspringen kann.

Die kritische Metaphysik als „Wissenschaft von den Grenzen der menschlichen Vernunft" wird in der „Kritik der reinen Vernunft" vor allem in der „transzendentalen Dialektik" entfaltet. Hier geht es um die „kosmologische Idee" von einem Weltganzen, um die Frage nach einem möglichen Anfang der Welt in der Zeit, um die These der Unsterblichkeit der Seele und andere metaphysische Fragen. Sie stellen sich der „Vernunft", die den Verstand, der die Begriffsbildung und die Erkenntnis von Gesetzmäßigkeiten ermöglicht, in Richtung auf das Unbedingte übergreift und ihm Erkenntnisziele vorgeben kann. Hier ist jetzt die Vernunft als spezielles „Vermögen" verstanden, während sie im Titel des Werkes den Inbegriff aller psychischen oder geistigen Fähigkeiten und Mittel des Menschen meint. Während die Sinnlichkeit das „Vermögen der Anschauungen" und der Verstand das „Vermögen der Begriffe" und der Regeln ist, ist die Vernunft „das Vermögen der Ideen".

Mit den „Vernunftideen" des Unbedingten und der absoluten Einheit aller Erkenntnisse entstehen metaphysische Thesen, die sich unweigerlich aufdrängen und doch immer nur einen Schein von Wahrheit haben, sie können nie zu Erkenntnissen werden. So entstehen aus der Idee der Totalität der Dinge und Bedingungen „Antinomien", das sind Widersprüche, die sich aus dem jeweils schlüssigen Beweis zweier genau entgegengesetzter Behauptungen ergeben. Kant löst die Antinomien auf, indem er sie auf falsche Fragestellungen zurückführt. Aber ihre Argumente und Beweise gelten ihm deshalb nicht für wertlos. Die Metaphysik erzeugt „transzendentalen Schein" und „notwendige Illusionen", die zwar von der reinen Vernunft selbst durchschaut werden, aber wie eine optische Täuschung trotzdem weiter funktionieren. Und das ist nicht nur negativ zu sehen, denn erst durch die regulativen Ideen des Unbedingten kommt die Erfahrung zur systematischen Einheit.

Kritik der praktischen Vernunft

In der „Grundlegung zur Metaphysik der Sitten" (1785) und der „Kritik der praktischen Vernunft" (1788), Kants zweiter großer Hauptschrift nach der „Kritik der reinen Vernunft", geht es um die Ethik. Die praktische, d. h. handlungsleitende Vernunft wird mit dem freien, selbstbestimmten Willen gleichgesetzt. Sie ist von der theoretischen Vernunft nicht prinzipiell verschieden,

Friedrich Schiller, Gemälde von Anton Graff, 1786, Privatbesitz

Schillers philosophische Abhandlungen zeugen von einem starken Einfluß der kantischen Schriften. Vor allem mit Kants Moralphilosophie und mit seiner Ästhetik setzt sich Schiller kritisch auseinander. Er stimmt mit Kants Auffassung von der Notwendigkeit einer moralischen Gesetzlichkeit überein, wobei er die Rigorosität des „Kategorischen Imperativs" ablehnt. Nach Kant nötigt die Pflicht den Menschen zur Beachtung moralischer Gesetzte. Die sittliche Vollkommenheit des Menschen liegt für Kant demnach in der Unterdrückung der Sinnlichkeit durch moralische Gesetze. Schiller hingegen zielt auf eine Überwindung des Dualismus zwischen Trieb (Sinnlichkeit) und Pflicht bzw. Freiheit und Gesetz. Beide Prinzipien sollten sich vereinigen. Die Vollkommenheit des sittlichen Charakters liegt für Schiller somit im Ausgleich zwischen Sinnlichkeit und Pflichtbewußtsein. Erst dieser Ausgleich ist für Schiller Ausdruck wahrer Tugendhaftigkeit, denn Tugend ist „Neigung zur Pflicht".

Vesuv bei Nacht, Gemälde von Jakob Philipp Hackert, 1779, Privatbesitz

Mit seiner „Aesthetica" („Ästhetik", 1750–1758) begründete A. G. Baumgarten eine philosophische Disziplin, in der es nach Kants Auffassung – dargelegt in der „Kritik der Urteilskraft" – um die formale und allgemeine Analyse des auf das Schöne gerichteten Geschmacksurteils und des auf das „Erhabene" gerichteten „Geistesurteils" geht. Das im 18. Jahrhundert vieldiskutierte und in Malerei und Literatur evozierte „Erhabene", d. h. das unerhört Große und auch Schreckliche, z. B. „Vulkane in ihrer zerstörenden Gewalt, Orkane mit ihrer zurückgelassenen Verwüstung, der grenzenlose Ozean in Empörung gesetzt", zeigt unsere Ohnmacht vor der Natur und doch (sofern nicht tatsächliche Bedrohung die ästhetische Sicht versperrt) „zugleich ein Vermögen, uns als von ihr unabhängig zu beurteilen", uns als moralische Wesen zu fassen und „die Menschheit in unserer Person" zu empfinden.

zeigt jedoch einen anderen Vernunftgebrauch und ein anderes Gebiet. Der erste Satz der „Grundlegung" lautet: „Es ist überall nichts in der Welt, ja überhaupt auch außer derselben zu denken möglich, was ohne Einschränkung für gut könnte gehalten werden, als allein ein ‚guter Wille'." Hier geht Kant vom zentralen ethischen Begriff des Guten aus und behauptet, es gebe ein „ohne Einschränkung", d. h. „unbedingt" Gutes. Alles, was nicht an und für sich, sondern für einen Zweck oder in einem bestimmten Zusammenhang, also durch Umstände „bedingt", gut ist, taugt nicht zur entscheidenden Kennzeichnung der Moralität. Damit ist der Nützlichkeitsethik, dem Utilitarismus (lat. „utilitas" = „Nützlichkeit") widersprochen, nach dem wir gut nennen, was dem Wohl der Menschheit oder einem anders formulierten Zweck dient. Handlungen können für Kant nicht nach ihren letztlich immer unberechenbaren Folgen beurteilt werden. Wonach wird aber der gute Wille beurteilt, was charakterisiert ihn? Nicht zuletzt die Unabhängigkeit von persönlichen Neigungen und Bedürfnissen und darüber hinaus die Unabhängigkeit von Neigungen überhaupt, seien sie auch frei von unmittelbar erkennbarem Eigennutz und pragmatisch gesehen von allgemeinem Nutzen, wie etwa die Menschenliebe.

Der nicht von Neigungen bestimmte Wille unterstellt sich der „Pflicht". Pflichtgebote äußern sich in imperativischen Handlungsregeln („Tue das und das"). Ein moralisch für jedes denkbare Vernunftwesen zu jeder Zeit verpflichtendes Gebot bzw. Gesetz nennt Kant einen „kategorischen" (unbedingten, situationsunabhängig gültigen) Imperativ. Wenn es ein oberstes praktisches bzw. moralisches Prinzip gibt, das als apriorischer Satz nicht aus der Erfahrung zu gewinnen ist, muß es ein solcher kategorischer Imperativ sein. Er darf in seiner Allgemeinheit und Freiheit von vorgesetzten Zwecken keine inhaltlichen Bestimmungen haben, kann sich also nur auf die „Form" von Handlungsregeln beziehen. Er lautet (in einer der verschiedenen Fassungen, die Kant angibt): „Handle so, daß die Maxime deines Willens jederzeit zugleich als Prinzip einer allgemeinen Gesetzgebung gelten könne." Zur Erläuterung: Maximen sind subjektiv selbstgegebene Handlungsregeln des Einzelnen wie etwa die Regel: „Sage immer die Wahrheit". Bei „Gesetz" ist in diesem Zusammenhang nicht an Recht und Legislative zu denken, sondern an die notwendige Gültigkeit von Naturgesetzen.

Für Kant ist der kategorische Imperativ, das Gesetz, das den Willen, der sich nach ihm bestimmt, uneingeschränkt gut macht, uns allen vollkommen vertraut, wenn auch nur in irgendeiner nicht unbedingt ausdrücklichen Form. Das Bewußtsein des Gesetzes ist also ein Faktum, und zwar „das einzige Faktum der reinen Vernunft, die sich dadurch als ursprünglich gesetzgebend ankündigt." Dies feiert Kant in einem berühmten Satz: „Zwei Dinge erfüllen das Gemüt mit immer neuer und zunehmender Bewunderung und Ehrfurcht, je öfter und anhaltender sich das Nachdenken damit beschäftigt: der bestirnte Himmel über mir und das moralische Gesetz in mir."

Kenotaph für Isaac Newton von Étienne-Louis Boullée, 1784

Boullée, der sich als Architekt auch mit realen Bauten befaßte, fixierte in Zeichnungen phantastisch riesiger Tempel, Monumente und Paläste seine Idee des Erhabenen (vgl. den Text zur Abb. gegenüber). Eines dieser Projekte war dem Andenken Newtons gewidmet, den er bewunderte und dessen Physik auch für Kant das Paradigma der (in ihren ersten Gründen philosophisch zu legitimierenden) Wissenschaft überhaupt war. Das – wie zahlreiche Entwürfe Boullées – nicht realisierte Kenotaph stellt nicht die Person Newtons, sondern sein Werk in den Mittelpunkt. Das Kugelinnere sollte tagsüber durch Öffnungen in der Kuppel beleuchtet werden, die den Sternenhimmel nachbildeten. Im Kommentar Boullées heißt es: „Man sieht ein Monument, in dem der Betrachter wie durch Zauberkraft in die Lüfte und auf den Wolken in die Unendlichkeit des Raumes getragen wird."

Kritik der Urteilskraft

In seinem dritten Hauptwerk (1790) befaßt sich Kant mit dem apriorischen Prinzip der „Urteilskraft", die es erlaubt, einzelnes wie z. B. Wahrnehmungen unter gegebene allgemeine Begriffe zu subsumieren (unterzuordnen) bzw. allgemeine Regeln aufzufinden, die eine Vielheit von einzelnem umfassen. Dieses Prinzip ist die in speziellem Sinn verstandene „Zweckmäßigkeit". So betrachtet die Naturwissenschaft, insbesondere etwa die Biologie, die es mit organisch ineinandergreifenden Zusammenhängen zu tun hat, auf der Suche nach Gesetzmäßigkeiten die Natur immer so, als ob sie gewissermaßen konstruiert sei, d. h. von einem Verstand erdacht, der frei ist, Zwecke zu setzen.

Den ersten Teil der „Kritik der Urteilskraft" bildet Kants epochemachende Ästhetik. Das Schöne in Kunst und Natur ist Gegenstand von „Geschmacksurteilen", in denen sich in herausgehobener Weise die Funktion der reflektierenden Urteilskraft zeigt. Diese sucht, wenn wir etwas Schönes als solches mit „interesselosem Wohlgefallen" (d. h. ohne alles begehrende Interesse am schönen „Objekt") wahrnehmen, zum Besonderen dieser einzelnen Anschauung eine allgemeine Regel der Einheit des Mannigfaltigen, einen Begriff, in gewissem Sinne eine „Erklärung", ohne allerdings etwas derartiges je abschließend zu finden. Dabei entfaltet sich ein „freies Spiel" der Erkenntniskräfte Einbildungskraft und Verstand. Beide müssen in bestimmter Weise in jeder objektiven „Erkenntnis", die etwas Wahrgenommenes vermittels des Denkens in einem Zusammenhang beurteilt, zusammenwirken (die Einbildungskraft hat dabei eine die „Sinnesdaten" der Wahrnehmung zu einem Ganzen fügende Funktion). Das Geschmacksurteil drückt aber „keine" Erkenntnis aus, die Schönheit ist keine objektive Eigenschaft des Wahrgenommenen. Wohl aber wird in diesem Urteil ein harmonisches, in sich selbst zweckmäßiges, obgleich zu keinem Ende kommendes Zusammenspiel von Verstand und Einbildungskraft „bewußt". Dieses „Spiel", das den Gegenstand als „ästhetischen" Gegenstand überhaupt erst „erzeugt", gründet in einer allein in Hinsicht auf unser Urteil gegebenen Zweckmäßigkeit des wahrgenommenen Schönen, das keinen tatsächlichen Zweck hat. Beurteilt wird also eine „Zweckmäßigkeit ohne Zweck", d. h. die bloße „Form" der Zweckmäßigkeit, und dieser Urteilsprozeß wird auf unser „Vermögen der Lust oder Unlust" bezogen: Schön ist dasjenige, dessen Wahrnehmung indirekt, nämlich als Auslöser jenes „Spiels", Lust erzeugt. Genaugenommen urteilt also das Geschmacksurteil über die Lust am Urteilen.

Die Kritik der ästhetischen Urteilskraft befaßt sich des weiteren mit dem „Erhabenen", mit „ästhetischen Ideen", mit dem „Genie" und der „Schönheit als Symbol der Sittlichkeit". Beim zuletzt genannten Thema zeigt sich noch einmal die Zielstrebigkeit des Kantischen Unternehmens, die „Vermögen des Gemüts" in Übereinstimmung zu bringen und so aus der Kritik illegitim einheitsstiftender Welterklärungen der Metaphysik heraus dennoch die Welt unserer Erfahrung als Sinnzusammenhang darzustellen.

Von der Neuzeit zur Moderne

Das 19. Jahrhundert

DER DEUTSCHE IDEALISMUS

Beginn der Moderne

Die folgenden Kapitel über den deutschen Idealismus knüpfen unmittelbar an das vorausgehende Kant-Kapitel an. Dennoch beginnt an dieser Stelle – aus Gründen der übersichtlichen Gliederung dieses Buches – ein neuer Hauptabschnitt. Deshalb hier einige Bemerkungen zum Übergang vom 18. ins 19. Jahrhundert. Dieser Übergang stellt sich in der neueren historischen Forschung, auch im Bereich der Kunst- und Literaturgeschichte, als wichtige Epochenschwelle zwischen Neuzeit und Moderne im weiteren Sinn dar (während Moderne im engeren Sinn eher das 20. Jahrhundert meint).

In der zweiten Hälfte des 18. Jahrhunderts bis hin zur Romantik um 1800 kulminieren in Kunst und Wissenschaft Veränderungen, die man mit den Stichworten Verzeitlichung und Humanisierung benennen kann. Die Verzeitlichung bedeutet in der Biologie und Kosmologie die Eröffnung neuer naturhistorischer Dimensionen durch evolutionäre Gesichtspunkte. So verlangt z. B. eine von Kant entwickelte Theorie der Entstehung von Sonnensystemen aus Gasnebeln und damit auch die Theorie der Erdentstehung die Annahme eines Entstehungszeitraumes, der in keinem Verhältnis zum damals sonst vermuteten geringen Erdalter steht. Auch wird – lange vor Darwins Evolutionstheorie – die biologische Artenvielfalt langsam historisiert, das heißt gegenüber der Annahme einer prinzipiell gleichbleibenden Menge von Gattungen und Arten als Ergebnis langfristiger Veränderungen verstanden. Die Welt wird zum Produkt eines in unvordenkliche Vergangenheit zurückreichenden Prozesses. In der Sprach-, Zeichen- und Kunsttheorie zeigt sich die Verzeitlichung in der Annahme, daß Bedeutungen sich in einem je individuellen Sinngebungsprozeß bilden, der auf zeitlich verlaufende Synthesen des Mannigfaltigen angewiesen ist und außerdem zu verschiedenen Zeiten verschieden aussieht. Bedeutungen sind demnach in doppelter Hinsicht nicht zeitlos.

Die barocke Idee, die Welt auf einer gewaltigen Tafel von Zeichen gleichsam sich selbst objektiv repräsentieren zu lassen, verliert sich ganz. Eine Humanisierung, hier nicht verstanden als Herstellung humaner Verhältnisse, zeigt sich in einem Aufschwung der Anthropologie, der Wissenschaft vom Menschen, in Medizin und Philosophie und in einer beginnenden Soziologie.

Johann Gottlieb Fichte

Fichtes „Grundlage der gesamten Wissenschaftslehre" erschien in erster Fassung 1794, dreizehn Jahre nach Kants „Kritik der reinen Vernunft". Fichte führt in eigener Weise Kants Transzendentalphilosophie weiter, die Untersuchung also der im Erkenntnisvermögen selbst vor aller Erfahrung gegebenen Bedingungen der Möglichkeit der Gegenständlichkeit überhaupt und des erkennenden Bezugs auf Gegenstände. Von „Wissenschaftslehre" statt von

DAS 19. JAHRHUNDERT

Nach den Befreiungskriegen gegen Napoleon beginnt die **Epoche der europäischen Nationalstaaten**, in denen, begünstigt durch ein gewachsenes Bewußtsein der historischen Bedingtheit des jeweiligen geschichtlichen Augenblicks, ein starkes Bewußtsein nationaler Identität entsteht.

Mit historischem Bewußtsein hat **der deutsche Idealismus**, die wichtigste philosophische Strömung des beginnenden 19. Jahrhunderts, insofern zu tun, als er Natur und Menschheit gewissermaßen in Geschichte auflöst. Geschichte ist dabei die Selbstentfaltung des überindividuellen subjektiven Geistes.

Dem Idealismus antwortet der **Materialismus** von Karl Marx. Seine Kritik des kapitalistischen ökonomischen Systems ist zugleich philosophisch bedeutend als eine auf den Bereich grundlegender Arbeits- und Eigentumsverhältnisse bezogene Kulturkritik.

Marx bezieht sich vor allem auf die **Folgen der industriellen Revolution**. Sie begann im letzten Drittel des 18. Jahrhunderts in England, schritt schnell fort und führte zur Entstehung des Proletariats.

Neue Formen der Arbeitsverteilung gibt es auch in der Naturwissenschaft, die sich nun zu Einzelwissenschaften zergliedert und von der Philosophie löst. Die noch jungen Disziplinen der **Biologie** und **Chemie** ändern das Bild von der unbelebten und belebten Materie; **Darwins Evolutionstheorie** bedeutet eine Revolution des Menschenbildes.

Die Philosophie stellt sich in unterschiedlicher Weise auf die Triumphe der Naturwissenschaften ein. Der **Positivismus** (Auguste Comte) versteht Philosophie in Weiterführung des aufklärerischen Fortschrittsglaubens nur noch als Wissenschaft der Wissenschaft.

Wilhelm Dilthey dagegen führt die **Unterscheidung zwischen Natur- und Geisteswissenschaften** ein. Die Philosophie soll als „Kritik der historischen Vernunft" und „Anwendung des geschichtlichen Bewußtseins auf die Philosophie und ihre Geschichte" der Geisteswissenschaft den Boden bereiten.

Im fließenden Verstehen und Erleben von „Weltanschauungstypen" will sich Dilthey dem Leben selbst nähern und spricht daher auch von **Lebensphilosophie**. Dieser Richtung werden auch Henri Bergson und in gewisser Weise Friedrich Nietzsche zugerechnet.

Johann Gottlieb Fichte, Karikatur von Gottfried Schadow

Transzendentalphilosophie spricht Fichte, weil es ihm um das Wissens des Wissens geht, d. h. um Vorstellungen, die vom Gefühl der Gewißheit begleitet werden, und um das Wissen dieser Vorstellungen und ihrer Möglichkeit.

Wissen gibt es nur dort, wo etwas über etwas ausgesagt, wo geurteilt werden kann. In Urteilen (Aussagen) wird das, worüber geurteilt wird, mit dem, was darüber geurteilt wird, mit dem Wörtchen „ist" (oder „sind") verbunden, wie etwa in dem Satz „A = A", „der Gegenstand A ist gleich dem Gegenstand A" (dem für Fichte unbezweifelbaren Urteil darüber, daß etwas mit sich selbst identisch ist). Die Einheit dieser Verbindung stammt nicht einfach aus dem Verbundenen, sondern beruht auf einer Einheit in der Aktivität des Urteilens. Diese hatte Kant in dem „Ich denke", das alle Urteile und Vorstellungen „muß begleiten können", gefunden, d. h. im Selbstbewußtsein. Bei Fichte heißt es: „Man kann gar nichts denken, ohne sein Ich, als sich seiner selbst bewußt, mit hinzu zu denken", ein nicht von mir Gedachtes kann ich nicht denken, denn „man kann von seinem Selbstbewußtsein nie abstrahieren". Kant nannte das Selbstbewußtsein das „höchste Prinzip" und die notwendige Bedingung allen Verstandesgebrauchs. Für Fichte ist es das höchste Prinzip schlechthin und nicht nur eine Bedingung, sondern auch der letzte und einzige Grund aller Vorstellungen. Kants „Ding an sich", das irgendwie auf das Wahrnehmungsvermögen wirkt, ist für Fichte und einige seiner Zeitgenossen ein Widerspruch in sich, denn die Ursache-Wirkungsbeziehung ist nach Kants eigener Lehre ein reiner Verstandesbegriff, der in keiner Weise auf Dinge an sich (und also auch nicht auf ihr Verhältnis zu unseren Vorstellungen) bezogen werden kann. Wenn aber die Annahme von Dingen an sich aufgegeben wird, muß alle Wirklichkeit aus dem Ich (Fichte) oder aus der absoluten Idee, dem Geist oder Weltgeist (Hegel) selbst stammen. Diese Auffassung wird mit dem Ausdruck „Idealismus" bezeichnet. Die gegenteilige Auffassung, nach der vorstellungsunabhängige Dinge als wirklich gesetzt werden, nennt Fichte „Dogmatismus".

Der erste von drei Grundsätzen der „Wissenschaftslehre" erklärt das Selbstbewußtsein aus einer „Tathandlung": „Das Ich setzt ursprünglich

Regen, Dampf und Geschwindigkeit, Gemälde von William Turner, 1844, National Gallery, London

Turners visionäre späte Landschaftsbilder schildern die Elemente als Ausdruck der erhabenen und gewaltigen Kräfte der Natur. Der Mensch und seine Werke sind den Naturgewalten vollkommen ausgeliefert, jeglicher Versuch, den Lauf der Welt zu ändern, ist zum Scheitern verurteilt. Turners pessimistische Weltsicht und der Gegensatz von Natur und Technik zeigen sich in diesem Bild ganz besonders deutlich: Dampf und Wasser verschlingen den Eisenbahnzug und lassen ihn als Spielball der Elemente erscheinen. Durch die atmosphärische Auflösung der Gegenständlichkeit entsteht eine diffuse Lichtwirkung, welche die Farbe zum eigentlichen Bedeutungsträger macht. Turner gelingt auf diese Weise der Brückenschlag zu den Autonomiebestrebungen der Moderne.

Der Kleine Morgen, Gemälde von Philipp Otto Runge, 1808, Kunsthalle, Hamburg

Runge hatte beabsichtigt, seinen Grafikzyklus „Die Tageszeiten" zu einem Gemäldezyklus umzuarbeiten, der seine Farbenlehre veranschaulichen sollte. Ausgehend von Newtons Spektralfarbenkreis hatte Runge als erster Künstler einen Farbenkörper, die Kugel, geschaffen. Nach Runges Ansicht hatten Farbe und Licht ihren Ursprung in Gott, weswegen die drei Grundfarben Blau, Rot und Gelb, aus denen sich alle anderen Farben zusammensetzen, die Dreieinigkeit symbolisieren. Für Runge war der Morgen „die grenzenlose Erleuchtung des Universums". In der Mitte des Bildes ist Aurora, die Göttin der Morgenröte, zu sehen, die den ewigen Rhythmus des Weltalls verkörpert. Über ihr schwebt ein aufblühender weißer Lilienkelch als Symbol der Schöpfung, auf dem Kinder sitzen. Diese symbolisieren das Sehen und Erkennen als den Beginn aller Dinge.

schlechthin sein eigenes Sein." Ohne ein ursprüngliches „Ich bin Ich" ist für Fichte ein allgemeines Identitätsurteil A = A nicht möglich. Dieses Ich ist allerdings nicht das empirische Ich, das wir als uns selbst bekannt voraussetzen und von dem wir entsprechend reden, wenn wir z. B. sagen „ich bin eben so" oder auch „ich erkenne das als richtig". Es ist ein „transzendentales Ich", die Bedingung der Möglichkeit (und eine Strukturbestimmung) allen Wissens, und es ist als Prinzip der Vernunft nicht individuell. Fichtes Idee ist es, im Fortgang über die zwei folgenden, gleich zu nennenden Grundsätze und weitere Entwicklungen des absoluten Ich alle Kategorien des Denkens wie Substanz, Wechselwirkung, Grund und Folge, aus eben diesem Ich abzuleiten bzw. sie in ihrer Entstehung zu erklären, sie also nicht, wie es Kant getan hatte, je für sich aus schon gegebenen Formen des Wissens zu gewinnen.

Was ist bei dem genannten Grundsatz mit „setzen" gemeint? Hieße es „hervorbringen", so wäre das Ich Ursache seiner selbst, der alte metaphysische Begriff der „causa sui" wäre wiederbelebt. Setzen kann aber auch „für gegeben nehmen" heißen. Im Fall einer Annahme z. B. kann etwas hypothetisch gesetzt werden, dessen Folgen dann bedacht werden können. Beim Selbstsetzen des Ich im Urteil Ich = Ich kann es sich allerdings nicht um eine Annahme und um eine bloß logische Formel handeln, in der über das tatsächliche Sein des Ich nichts gesagt wird. Das Ich setzt sich „notwendig", d.h. als etwas, das nicht nicht sein kann (es ist ganz einfach niemals „wegzudenken"), und es setzt sich „unbedingt", d. h. es ist aus nichts anderem ableitbar; diese Setzung ist der Ursprung aller anderen Seins-Setzungen. „Alles, was ist, ist nur insofern, als es im Ich gesetzt ist, und außer dem Ich ist nichts."

Den zweiten Grundsatz der „Wissenschaftslehre" bezeichnet Fichte als den Satz des Entgegensetzens. Ebenso unbezweifelbar wie das A = A ist der Satz, daß Nichtidentisches nicht identisch ist. „So gewiß das unbedingte Zugestehen der absoluten Gewißheit des Satzes: ‚Nicht-A nicht = A' unter den Tatsachen des empirischen Bewußtseins vorkommt, so gewiß wird dem Ich schlechthin entgegengesetzt ein Nicht-Ich." Zunächst gesetzt war nichts als das Ich, also ist alles Entgegengesetzte, alles Gegenständliche, zunächst Nicht-Ich.

Dieser zweite Grundsatz ist aber nicht „in einer wörtlichen Formel auszudrücken", er ist ein nicht selbständiger antithetischer Schritt in der dialektischen Folge von These, Antithese und Synthese. Die Synthese ist notwendig, denn aus den ersten zwei Sätzen entsteht eine Antinomie: Das Nicht-Ich ist „im" Ich gesetzt, denn „alles Entgegensetzen setzt die Identität des Ich, in welchem gesetzt und dem Gesetzten entgegengesetzt wird, voraus. Mithin ist das Ich im Ich nicht gesetzt, insofern das Nicht-Ich darin gesetzt ist. Mithin ist Ich nicht = Ich, sondern Ich = Nicht-Ich". Der synthetische dritte Grundsatz lautet: „Ich setze im Ich dem theilbaren Ich ein theilbares Nicht-Ich entgegen." Das Ich und sein Entgegengesetztes sind nicht jeweils unbeschränkt, sondern schränken sich gegenseitig ein. Subjekt und Objekt sind unauflöslich miteinander verschränkt, Selbstbewußtsein gibt es einerseits nicht ohne Gegenstände, auf die sich das Bewußtsein richtet und durch die es bestimmt wird, andererseits aber auch nicht ohne die Erfahrung der eigenen Wirksamkeit in der Wirklichkeit, in der Gegenstände oder Ereignisse bedingt oder hervorgebracht werden können.

Friedrich Wilhelm Schelling

„Alles, was ist, ist an sich Eines": Nicht nur dieser Satz, sondern auch sein Kontext in Schellings Schrift „Darstellung meines Systems der Philosophie" (1801) erinnert an Spinoza, den Philosophen des 17. Jahrhunderts, der in seinem Hauptwerk („Ethik", 1677) nach dem Muster eines Lehrbuches der Geometrie eine Folge von Lehrsätze auseinander abgeleitet hatte. Schelling lehnt sich mit einer ähnlichen Darstellungsform und auch in einzelnen Argumentationen ausdrücklich an Spinoza an, das „Eine“ jedoch, um das es ihm geht, ist nicht ganz dasselbe wie die eine und einzige „Substanz“ Spinozas. Diese nämlich ist eine gewissermaßen statische Einheit alles Seienden, während das „Absolute“, Schellings Einheit, von Fichtes absolutem „Ich“ abstammt und die Einheit oder Identität konstitutiver Polaritäten des Denkens und Selbstbewußtseins ist. Anders als Spinozas Substanz existiert die „absolute Identität nur unter der Form des Erkennens ihrer Identität mit sich selbst.“

Allerdings ist Erkenntnis hier nicht im Sinn der Erkenntnis eines empirischen „persönlichen“ Ichs zu verstehen: Diese setzt die grundlegende Trennung von Subjekt und Objekt, von Erkennendem und Erkanntem voraus, während jene die „absolute Indifferenz“, die Ununterschiedenheit dieser Pole bedeutet. Dennoch glaubt Schelling, daß über das Absolute nicht nur spekuliert werden kann, sondern daß es in „intellektueller Anschauung“ unmittelbar zugänglich ist. Kant hatte eine solche Art der Anschauung, eine geistige Schau, als Konstrukt der Fähigkeit eines denkbaren göttlichen „intellectus archetypus“, eines urbildlichen Verstandes, der das, was er denkt, zugleich erzeugt (und damit auch anschaut), angesprochen, sie aber aus dem Bereich der menschlichen Erkenntnis ausgeschlossen. Schelling versteht sie als Einsicht, die weder auf sinnliche Wahrnehmung noch auf Begriffe und Schlüsse angewiesen ist und die nicht gelehrt werden kann: Was dieses Vermögen sei, „läßt sich nicht durch Begriffe demonstrieren. Jeder muß es in sich selber finden, oder er wird es nie kennen lernen“ (Fichte). Wir haben ein „geheimes, wunderbares Vermögen, uns aus allem Wechsel der Zeit in unser innerstes Selbst zurückzuziehen, und da unter der Form der Unwandelbarkeit das Ewige in uns anzuschauen“. (Schelling)

Die Sprache dieses Satzes und die Rede vom „Absoluten“, in dem Realität und Idealität, Natur und Geist, Sein und Erkennen und alle Gegensätze eins sind, lassen vielleicht ahnen, warum Schelling als „romantischer“ Philosoph bezeichnet werden kann. Subjektivität als Prinzip des organisch gedachten Weltganzen, Aufhebung dualistischer und mechanistischer Trennungen des Denkens von der Natur, Verbindung des Endlichen und Unendlichen im Anschaulichen der Kunst und unendliche Freiheit und Schöpfungsmächtigkeit der Phantasie: Dies sind Hauptthemen der – nicht zuletzt von Fichte inspirierten – Dichter und Theoretiker der deutschen Romantik, zu denen beispielsweise Novalis und Friedrich Schlegel zählen.

Auch Schelling sieht in der Kunst eine Verwirklichung „intellektueller Anschauung“ und die höchste Möglichkeit der Vereinigung von Idealem und Realem. So fordert das (in Hegels Handschrift überlieferte, aber vielleicht von Schelling verfaßte) „älteste Systemprogramm“

Friedrich Wilhelm Schelling, 1775–1854, Porträt von Christian Friedrich Tieck, um 1801–1802

Für Schelling existiert alle Wirklichkeit bloß als Vorstellung eines absoluten Ichs. Der zentrale Gedanke seiner Identitätsphilosophie ist das Absolute; alle gegensätzlichen Pole wie Subjekt–Objekt, Natur–Geist, Reales–Irreales sind im Absoluten aufgehoben und treten so auseinander, daß auf verschiedenen Seinsstufen (Potenzen) entweder der eine oder der andere Pol überwiegt. Die absolute Identität ist für Schelling in intellektueller Anschauung, vor allem aber im Kunstwerk, dem „einzig Wahren und ewigen Dokument der Philosophie“, erfahrbar, das zunächst zwar eine Schöpfung des Menschen, letztlich aber Produkt eines unbewußt schaffenden Naturgrundes ist. Indem alle Kunst das Reale überschreitet, und nicht etwa abbildet, erschließt sie den Sinnzusammenhang der Welt und setzt das Wahre schöpferisch ins Werk.

Zwei Männer in Betrachtung des Mondes, Gemälde von Caspar David Friedrich, 1819–1820, Gemäldegalerie Neue Meister, Dresden

Das Gemälde zeigt die Naturerfahrung als eines der zentralen Erlebnisse des städtischen Menschen im 19. Jahrhundert. Der in der Romantik entstehende Wunsch nach Stille, Harmonie und Erlösung von einer als problematisch empfundenen Gegenwart findet seinen Ausdruck in den Rückenfiguren des Bildes. Durch Kontemplation des Mondes fühlen sich die Dargestellten mit dem Universum verbunden. Die Unendlichkeit der Natur, durch den Mond versinnbildlicht, und die Endlichkeit des menschlichen Strebens, symbolisiert durch die entwurzelte Eiche, werden dem Betrachter des Bildes durch das Erlebnis der Kunst erschlossen. In der von Menschenhand geschaffenen Kunstschönheit wird auf diese Weise die göttliche Naturschönheit sichtbar. Die Landschaft als Gefühls- und Erlebnisraum erschließt nach und nach über das Vordergründige das in der Natur verborgene Hintergründige. Auf diese Weise vermittelt die Kunst der Romantik durch ihre subjektiv geprägte Symbolik dem Betrachter ein universelles Weltverständnis.

Hegel am Katheder, 1770–1831, Detail einer Lithographie von Franz Kugler, 1828

Wie Kant untersucht Hegel die Strukturen des Geistigen, sieht diese aber nicht im Prinzip des Ich, sondern in der geistigen Wirklichkeit (Kunst, Staat, Wissenschaft, Religion). Die Entwicklung dieser geistigen Wirklichkeit ist für ihn die Entwicklung des Geistes selbst (Panlogismus), der seiner Natur nach in einer dialektischen Bewegung steht: Jedes Stadium (These) bringt seinen Gegensatz (Antithese) hervor und beide sind in der daraus hervorgehenden höheren Stufe (Synthese) aufgehoben. Als Wissenschaft des Absoluten hat die Hegelsche Philosophie den Anspruch, selbst eine Darstellung des vollendeten, reflexiven Bewußtseins zu sein, die letzte Stufe in der Geschichte einer sich durch den menschlichen Geist begreifenden Weltvernunft.

des deutschen Idealismus (1796–1797) für einen künftigen Zustand der Menschheit, daß die „Poesie" wieder werde, „was sie am Anfang war – Lehrerin der Menschheit; denn es gibt keine Philosophie, keine Geschichte mehr, die Dichtkunst allein wird alle übrigen Wissenschaften und Künste überleben."

Die Philosophie nun, mit der sowohl Kants Dualismus von Ding an sich und erkennendem Subjekt als auch Fichtes „subjektiver Idealismus" überwunden werden soll, wird von Schelling als „Identitätssystem" bezeichnet. Dieses erklärt er zum „Indifferenzpunkt" der von ihm selbst betriebenen Transzendental- und Naturphilosophie. Die Transzendentalphilosophie Schellings begründet die Möglichkeit der Erfahrung und Erkenntnis, das Subjekt-Objekt-Verhältnis, vom Subjekt her. Das Objekt der Erfahrung, das „Reelle", die Natur, ist dabei verstanden als das unbewußt hervorgebrachte Produkt derselben absoluten Vernunft, die als bewußte Produktion das „Ideelle", den Geist, das Denken hervorbringt und selbst ist.

Die Naturphilosophie betont unter letzlich gleichen Voraussetzungen den objektiven Pol und sieht in der Naturgeschichte eine Entwicklungskette, die auf das Ideelle zuläuft und Bewußtsein hervorbringt. Das Identitätsystem soll schließlich den Widerspruch aufheben, der darin besteht, daß etwas Hervorgebrachtes das Hervorbringende hervorbringt. „Die Natur soll der sichtbare Geist, der Geist die unsichtbare Natur sein. Hier also in der absoluten Identität des Geistes in uns und der Natur außer uns muß sich das Problem, wie eine Natur außer uns möglich sei, auflösen."

Georg Wilhelm Friedrich Hegel

Vernünftige Wirklichkeit

Wie Schelling ist Hegel der Auffassung, daß alles Wirkliche in seiner unbegrenzt vielfältigen Bezogenheit auf anderes und Bedingtheit durch anderes die Manifestation eines Unbedingten ist, daß der – für uns im wesentlichen erkennbare – Zusammenhang der Dinge Ausdruck der rein geistigen und in sich unendlichen Einheit des „Absoluten" ist. Allerdings habe Schelling, so Hegel, das Absolute noch zu sehr als unlebendige „Substanz" und nicht in genügend überzeugender Weise als tätiges „Subjekt" verstanden. Das „Wahre" dürfe nicht nur im mit sich selbst identischen „Sein" verankert werden, sondern sei auch im „Werden" zu sehen.

So wird bei Hegel der Idealismus gewissermaßen historisch, indem das Absolute oder die „Idee", die Totalität aller vernünftigen Denkbestimmungen, so etwas wie eine Geschichte bekommt und zum Prozeß wird oder sich zumindest als Prozeß darstellen läßt. Die ideelle Wirklichkeit, der Geist, geht vom einfachen Sein in sich oder Sein „an sich" über in ein „Anderssein" oder Erkanntsein für anderes oder auch Sein „für sich" selbst und wird schließlich zum Sein „an und für sich". Der Geist ist dann „für sich in sich selbst reflektierter Gegenstand. Der Geist, der sich so entwickelt als Geist weiß, ist die ‚Wissenschaft'."

Die Wissenschaft, gemeint ist hier nichts anderes als die Philosophie, gleicht der Selbstentfaltung des absoluten Geistes, der immer schon ist, was er ist, sich aber dennoch erst im Durchgang durch Spaltung, Entgegensetzung und

Friedrich-Wilhelm-Universität (seit 1949 Humboldt-Universität), Stahlstich, um 1860

Die 1809 in Berlin gegründete Friedrich-Wilhelm-Universität wird zum Modell der deutschen Universität des 19. und 20. Jahrhunderts. Ihre Grundprinzipien sind die akademische Freiheit und die Einheit von Forschung und Lehre. Für Hegel ist es die besondere Rolle, die den Wissenschaften im reformwilligen Preußen beigemessen wird, die ihn für sein Wirken zu großen Hoffnungen veranlaßt. Für seine Antrittsvorlesung notiert er: „Hier ist die Bildung und die Blüte der Wissenschaften eines der wesentlichsten Momente selbst im Staatsleben; auf hiesiger Universität muß auch der Mittelpunkt aller Geistesbildung und aller Wissenschaft und Wahrheit, die Philosophie, ihre Stelle finden." Sein künftiges Wirken möchte Hegel allerdings nicht ausschließlich an die Universität binden, vielmehr hofft er, seine Arbeit zugunsten einer anderen Tätigkeit aufgeben zu können.

Anderssein findet. Deshalb beschreibt die Wissenschaft von der Erfahrung der Erscheinung des absoluten Geistes im individuellen Geist – so kann man den Titel von Hegels erster großer Schrift „Phänomenologie des Geistes“ (1807) umschreiben – eine Stufenfolge, in der sich Erkenntnisse „dialektisch“ negieren und zu höheren Einheiten aufheben. „Das Wahre ist das Ganze. Das Ganze aber ist nur das durch seine Entwicklung sich vollendende Wesen.“ Das bedeutet gleichwohl nicht, daß die einzelnen Stufen des Entwicklungsprozesses für sich und in Bezug auf frühere Stufen gesehen ohne weiteres als „unwahr“ oder „unvernünftig“ bezeichnet werden können. Dies gilt auch im Hinblick auf die Natur und die Geschichte der Menschheit, die ebenfalls Erscheinungsformen des Absoluten auf seinem Weg zur Selbsttransparenz sind und die Vernunft in ihrem Werden ausdrücken. Deshalb kann Hegel emphatisch und zugleich recht lapidar sagen: „Was vernünftig ist, das ist wirklich, und was wirklich ist, das ist vernünftig.“ Es lag natürlich schon für Hegels Zeitgenossen nahe, diesen Satz als Rechtfertigung und Bejahung aller wirklichen, bestehenden Verhältnisse aufzufassen und dementsprechend zu kritisieren. Hegel erklärt das als Mißverständnis: Vieles in Natur und Geschichte Mögliche sei nur zufällig in seiner spezifischen Form zur Existenz gekommen, es hätte sich im einzelnen auch anders entwickeln können, und es sei in eben dieser nicht aus Notwendigkeit realisierten Form ganz unbestreitbar von unvernünftiger Mangelhaftigkeit durchsetzt. „Wer wäre nicht so klug, um in seiner Umgebung vieles zu sehen, was in der Tat nicht so ist, wie es sein soll?“ Aber für Hegel kann „eine zufällige Existenz nicht den Namen eines Wirklichen verdienen“, die „Wirklichkeit des Vernünftigen“ ist vielmehr die der „Ideen und Ideale“. „Die philosophische Wissenschaft hat es nur mit der Idee zu tun und damit mit einer Wirklichkeit, an welcher jene Zustände (die nicht so sind, wie sie sein sollen) nur die oberflächliche Außenseite sind.“ Somit ist die mögliche Vernünftigkeit der Änderung bestehender Zustände nicht bestritten, eher ist das Gegenteil der Fall, denn die „oberflächliche Außenseite“ des „Wirklichen“ kann eben unvernünftig sein.

Dialektik

„Determinatio negatio est“, „Abgrenzung (bzw. Bestimmung) ist Verneinung“: dieser von Spinoza so formulierte Satz besagt, daß wir alles von

Napoleon I. Bonaparte, die Alpen überschreitend, Gemälde von Jacques Louis David, 1800, Musée Historique, Schloß Versailles

In seiner Geschichtsphilosophie gesteht Hegel den „welthistorischen Individuen“ wie Alexander oder Napoleon eine entscheidende Rolle zu. Dank einer „List der Vernunft“ handeln sie im Interesse des Ganzen, selbst wenn sie nur eigenen Zielen zu folgen glauben. Hegel wurde Zeuge welthistorischer Ereignisse, als Napoleon 1806 bei Jena die Preußen vernichtend schlug. Aus der besetzten Stadt schrieb Hegel: „Den Kaiser, diese Weltseele, sah ich durch die Stadt hinausreiten; es ist in der Tat eine wunderbare Empfindung, ein solches Individuum zu sehen, das hier auf einen Punkt konzentriert, auf einem Pferde sitzend, über die Welt übergreift und sie beherrscht.“

uns Erkannte nur deshalb als einheitlichen Gegenstand der Erkenntnis bestimmen und benennen können, weil wir es von anderem, das es nicht ist, unterscheiden. Das ist zunächst eine durchaus alltägliche Feststellung, wir sind es gewohnt, Dinge und Worte durch Unterscheidungen und Vergleiche, die keine Gleichsetzungen sind und deshalb auch auf Unterschiede verweisen, zu bestimmen und zu erklären. Allerdings leben wir dabei immer schon in einem endlos differenzierten Gefüge von Bestimmtheiten, auf das wir uns beziehen können, um weitere Unterscheidungen einzuführen. Wie entsteht aber ein solches Gefüge?

Es könnte zwei Antworten auf diese Frage geben: Da kein einzelner Gegenstand oder Begriff positiv allein aus sich heraus bestimmt werden kann, sondern nur negativ durch seinen Stellenwert im Gefüge, sein Unterschiedsverhältnis zu allem anderen Einzelnen (das ebenfalls nur negativ bestimmt ist), kann sich alles Einzelne nur als innere Differenzierung eines Ganzen ergeben. Dann ist das Ganze, wie Spinozas „Substanz“, in gewisser Weise vor allem Einzelnen. Oder aber ein ursprünglich Einzelnes ist nicht im üblichen Sinn unteilbar einfach, sondern hat sein „Anderes“ oder „Negatives“, von dem es unterschieden ist, gewissermaßen in sich oder an sich. In diesem Fall müßte sich die Kette der differenzierten Mannigfaltigkeit genetisch aus einer ersten „Zweieinigkeit“, deren inneres Verhältnis bereits ein Drittes ist, entwickeln, so wie bei Fichte alle Grundbegriffe des Denkens und damit alle Gegenstände des Wissens aus dem absoluten „Ich“ hervorgehen.

Nun enthalten sich aber beide Alternativen gegenseitig. Das Einfache des zweiten Falls ist potentiell schon komplex, während das Ganze des

Ludwig Feuerbach, 1804–1872
Holzstich, 1876

In der Auseinandersetzung mit der Theologie beginnt Feuerbachs philosophische Entwicklung. Im Unterschied zu Hegel ist er der Auffassung, daß die Philosophie gegenüber der Religion unbedingt selbständig ist. Im Zentrum seines philosophischen Bemühens steht der Mensch und die Wissenschaft vom Menschen (Anthropologie). Weil er die religiösen Sehnsüchte als Gattungsmerkmal des Menschen ansieht, will Feuerbach die Theologie in Anthropologie auflösen. Seinen religionskritischen Grundgedanken bringt Feuerbach auf die Formel: „Die Religion ist die Reflexion, die Spiegelung des menschlichen Wesens in sich selbst." Feuerbachs religionskritischer Materialismus hat die Lehren von Marx, Engels und den historischen Materialismus nachhaltig beeinflußt.

ersten Falls nicht differenzierbar wäre ohne ein „Negatives", einen Unterschied „in" der Einheit.

Die idealistische Dialektik geht davon aus, daß jede These oder jeder Begriff (hier: das Einzelne) in eine solche wechselseitige – bis zur Verkehrung ineinander führende – Einschließung mit einer gegensätzlichen These oder einem Gegenbegriff (hier: das Ganze) gerät. Daraus ergibt sich dann eine neue These (Synthese) oder ein neuer Begriff. Das wäre in diesem Fall der Begriff eines Ganzen im Sinne der hegelschen „Idee", die nicht ist, bevor sie sich nicht in eine Reihe von dialektisch auseinander entwickelten Begriffen entfaltet hat, die sich dann erst zu eben dieser Idee aufheben. Dementsprechend ist in der Hegelschen Philosophie keine Einzelheit zu verstehen, sofern man die Lehre nicht schon im Ganzen verstanden hat, was aber nur möglich ist, wenn man zunächst die Einzelheiten verstanden hat. Die dialektische Bewegung ergibt sich für Hegel bei jedem Versuch, eine Sache begrifflich zu betrachten, aus der Sache selbst. Die Sache selbst ist nach der idealistischen Auffassung der letztlichen Identität von Subjekt und Objekt gar nichts anderes als der Begriff.

Die ersten Kapitel der „Phänomenologie des Geistes" geben einen Eindruck von Hegels dialektischem Verfahren, sie sollen deshalb jetzt kurz dargestellt werden.

Die „Phänomenologie des Geistes"

Das erste Kapitel der „Phänomenologie" behandelt unter der Überschrift „Die sinnliche Gewißheit oder das Diese und das Meinen" das „unmittelbare Wissen", „Wissen" des „Unmittelbaren" oder „Seienden". Das „Diese" oder „Dieses" ist dabei die Bezeichnung jedes beliebigen hier und jetzt Gegebenen, dessen Dasein für uns eine unzweifelhafte Gewißheit ist, handle es sich um ein Ding oder den je gegenwärtigen Augenblick des Daseins der „Außenwelt" überhaupt. „Der konkrete Inhalt der ‚sinnlichen Gewißheit' läßt sie als ‚reichste' Erkenntnis, ja als eine Erkenntnis von unendlichem Reichtum erscheinen." Es wird sich aber zeigen, daß sie die „ärmste" Erkenntnis ist und von ihrem Gegenstand nichts bestimmteres sagen kann, als daß er „ist".

Das Dieses sei, so Hegels Beispiel, die Nacht. Wir sagen „Jetzt ist Nacht" und sind uns dieser Wahrheit sicher, wir können sie aufschreiben. Sehen wir aber „jetzt, diesen Mittag" die aufgeschriebene Wahrheit wieder an, so werden wir sagen müssen, daß sie schal geworden ist. Der Ausdruck „dieses" (bzw. „jetzt") scheint die Gegenstände der unmittelbaren, noch in keiner Weise reflektierten und auch nicht auf ein „Ich" bezogenen Gewißheit direkt zu bezeichnen, verfehlt aber dennoch das gemeinte Dieses, das in jedem Augenblick ein anderes ist. Das Beispiel soll zeigen, daß wir das sinnlich Gegenwärtige in seiner konkreten Fülle, alles das, was wir als „wirkliche, absolut einzelne, ganz persönliche und individuelle Dinge, deren jedes seines absolut gleichen nicht mehr hat", „meinen", als solches nicht ausdrücken können. „Dies ist unmöglich, weil das sinnliche Dieses, das gemeint wird, der Sprache, die dem Allgemeinen angehört, ‚unerreichbar' ist. Unter dem wirklichen Versuche, es zu sagen, würde es vermodern."

Kampf ums Kreuz, Flugblatt von 1842

Nach Hegels Tod (1831) wurde seine Philosophie von seinen Anhängern angewandt und weitergeführt. Innerhalb der sogenannten Hegelschen Schule kam es jedoch bald zur Spaltung in Rechts- und Linkshegelianer (auch Alt- und Junghegelianer genannt). Den Rechtshegelianern kam es vor allem auf das System der Hegelschen Philosophie und die damit verbundene Synthese zwischen Philosophie und christlicher Religion an. Im Gegensatz dazu waren die Linkshegelianer religionskritisch eingestellt und betonten vor allem Hegels dialektische Methode. Im Zusammenhang mit der bürgerlichen Revolution 1848-1849 weitete sich die Religionskritik aus zur aktuell-politische Kritik. In diesem Flugblatt aus dem Jahr 1842 ist diese Auseinandersetzung der beiden Gruppen dargestellt. Die Linkshegelianer Ludwig Feuerbach und David Friedrich Strauss stürzen das Kreuz, während es die Rechtshegelianer zu halten suchen.

Nachdem nun die sinnliche Fülle des scheinbar Konkreten als „Dieses" „schal" geworden ist, verschiebt sich hinsichtlich der Seinsgewißheit der Akzent vom „gegenständlichen" Sein auf die Gewißheit, das Wissen. Die Wahrheit „ist in dem Gegenstande als ‚meinem' Gegenstande oder im ‚Meinen'; er ist, weil ‚Ich' von ihm weiß." Aber diesem Ich kann die vermeintlich konkrete Fülle seines Meinens wiederum nicht zugeschrieben werden, es ist zunächst ebenfalls allgemein, d. h. nur vom Ich anderer, deren „Meinen" des „Dieses" ein anderes ist, unterschieden.

Das Gemeinte ist also nicht durch die Isolation des Gegenstands oder des Ich zu gewinnen. Im nächsten Anlauf ist „das ‚Ganze' der sinnlichen Gewißheit selbst als ihr ‚Wesen' zu setzen", es ist „reines Anschauen", in dem ein Ich seinen Gegenstand hat. Auf dieser Stufe des Bewußtseins kann nun die schon angesprochene Allgemeinheit der scheinbar individuellen Bezugnahme auf das Unmittelbare bewußt erfaßt werden. Hegel stellt dies als dialektischen Dreischritt dar. 1. Das Jetzt wird gezeigt, „dieses Jetzt", das „ich meine". Aber indem es aufgezeigt wird, hat es schon aufgehört zu sein und ist ein anderes geworden. 2. Daß das Jetzt „war", ist dennoch wahr. Es ist als gewesenes „aufgehoben", es „ist", in dem es „nicht" (mehr) ist. 3. Dies ist widersinnig, die Verneinung muß selbst wieder verneint werden, damit ist die zweite Wahrheit aufgehoben, und es wird wieder behauptet, daß „Jetzt" ist. Das „Aufheben" meint also zum einen „bewahren" und zum anderen „beenden".

Damit wird aber die erste Behauptung nicht schlicht wiederholt, sie ist nun „ein in sich Reflektiertes" und begreift das Jetzt als eine „Komplexion" oder „einfache Vielheit", die „im Anderssein bleibt, was sie ist, das Jetzt als einfacher Tag, das viele Jetzt in sich hat, nämlich Stunden, die gleichfalls viele Jetzt in sich haben usw. Das Aufzeigen ist selbst die Bewegung, welche es ausspricht, was das Jetzt in Wahrheit ist, nämlich ein Resultat oder eine Vielheit von Jetzt zusammengefaßt; und das Aufzeigen ist das Erfahren, daß Jetzt Allgemeines ist." Die so dargestellte Reflexionsbewegung ist also eins mit ihrem Gegenstand: einfache Vielheit. Es wird nach Hegel klar, „daß die Dialektik der sinnlichen Gewißheit nichts anderes als die einfache Geschichte ihrer Bewegung oder ihrer Erfahrung und die sinnliche Gewißheit selbst nichts anderes als nur diese Geschichte ist".

Ausblick vom Hottingerberg ins Limmattal, Gemälde von Gottfried Keller, 1842, Kunstmuseum, St. Gallen

Als Feuerbach 1848 in Heidelberg seine Vorlesungsreihe „über das Wesen der Religion" hält, befindet sich unter seinen Hörern der neunundzwanzigjährige Gottfried Keller. Obwohl zunächst skeptisch, gerät er so stark unter den Einfluß Feuerbachs, daß er mit seinen religiösen Vorstellungen aufräumen will; fortan teilt er die Auffassung, die Religion sei die Ideologie des unsinnlichen Menschen, der seine irdischen Energien und Glücksmöglichkeiten an den Himmel verschleudere. Keller sieht sich in seiner Neigung zum unmittelbaren, sinnlichen Erfassen der Natur bestätigt und setzt seine Begegnung mit Feuerbach und dem anthropologischen Materialismus dichterisch um: „Da ist Ludwig Feuerbach, der bestrickende Vogel, der auf einem grünen Aste in der Wildnis sitzt und mit seinem monotonen, tiefen und klassischen Gesang den Gott aus der Menschenbrust wegsingt!", heißt es in seinem Roman „Der Grüne Heinrich". Daß der mündige Mensch keinen Gott mehr braucht, so will es der Roman, ist die Lehre der Natur. Für Feuerbach wie für Keller ist der Schmerz die Quelle der Poesie: „Nur wer den Verlust eines endlichen Wesens als einen unendlichen Verlust empfindet, hat die Kraft zu lyrischem Feuer", bemerkt Feuerbach, und Keller läßt Heinrich Lee den Verlust der Mutter umso tiefer und intensiver fühlen, als er den Gedanken an die Unsterblichkeit aufgegeben hat.

MATERIALISMUS NACH HEGEL

Ludwig Feuerbach

Als Student hörte Ludwig Feuerbach zwei Jahre lang in Berlin die Vorlesungen Hegels, dessen Grundannahmen er noch 1835, vier Jahre nach Hegels Tod, in einer Streitschrift gegen die Einwände eines Kritikers verteidigte. Einige Zeit später publizierte Feuerbach dann selbst eine recht scharfe „Kritik der Hegelschen Philosophie" (1839). Seither, vor allem aber seit dem Erscheinen seines Hauptwerks „Vom Wesen des Christentums" (1841), wird er den schon damals so bezeichneten „Jung-" oder „Linkshegelianern" zur Seite gestellt. Sie waren unmittelbare oder indirekte Schüler Hegels, die dessen Gedanken zum Teil weiterführten und zum Teil verwarfen, wobei sie u. a. die zu dieser Zeit vieldiskutierte Hegelsche Überzeugung von der Vereinbarkeit der christlichen Offenbarungsreligion mit der Philosophie nicht teilten und damit im Gegensatz zu einigen „Alt-" oder „Rechtshegelianern" standen.

Jung- und Althegelianer kamen zuweilen überein in einer Einschränkung oder auch gänzlichen Ablehnung der Ansprüche des idealistischen Systemdenkens, das versucht hatte, in einer dichten Architektur von Prinzipien und Stufenfolgen des Seins und Denkens alles Existierende als Selbstdarstellung des Geistes zu entwickeln. Die Althegelianer leisteten bedeutende Arbeit auf dem Gebiet der Geschichtsschreibung, insbesondere der Philosophiehistorie, die Linkshegelianer drängten auf eine progressive politische Umsetzung philosophischer Einsichten. In dieser Hinsicht war Feuerbach nicht engagiert, aber auch ihm ging es ausdrücklich um eine „Verwirklichung" der Philosophie.

Hegel hatte in der christlichen Theologie eine unmittelbare Vorstufe der „wahren", von ihm selbst entworfenen Philosophie gesehen, welche dann die Theologie in sich aufheben und in dialektischer Weise negieren sollte (ohne dabei die Religion zu vernichten). Feuerbach, der sich kritisch und von einem atheistischen Standpunkt aus auf christliche Vorstellungen des Verhältnisses des Menschen zu Gott, Welt und sich selbst konzentriert, akzeptiert diesen Gedanken grundsätzlich, fordert aber, Hegels System selbst wiederum aufzuheben. Es sei in der Negation der Theologie zu einer eigenen Theologie geworden und nicht über diesen Standpunkt hinausgelangt. Feuerbach will nicht aus dem „immateriellen Wesen" Gottes, der „Idee" und des reinen Geistes spekulativ die Wirklichkeit erklären, sondern die konkrete Gegebenheit des Menschen und der Dinge in einem sensualistischen Materialismus fassen. „Dasein zu enthüllen" war „mein" einziger Zweck, richtig zu „sehen mein einziges Bestreben" sagt er über seine Arbeit am „Wesen des Christentums". „Sehen" und „Dasein" verweisen hier auf Sinnlichkeit und Leiblichkeit, die Feuerbach nachdrücklich ins Recht setzt. Den Ausdruck „Sinnlichkeit" gebraucht er nicht mehr nur für die Fähigkeit der Sinnesempfindung, die dem Denkvermögen gegenübersteht. „Sinnlichkeit ist bei mir nichts anderes als die wahre, nicht gedachte und gemachte, sondern existierende Einheit des Materiellen und Geistigen, ist daher bei mir ebensoviel wie Wirklichkeit", und „das Wirkliche in seiner Wirklichkeit oder als Wirkliches ist das Wirkliche als Objekt des Sinnes, ist das Sinnliche. Wahrheit, Wirklichkeit, Sinnlichkeit sind identisch" („Grundsätze der Philosophie der Zukunft").

Das Subjektive und Objektive, Sinneswahrnehmung und Wahrgenommenes sind für Feuerbach in der Daseinserfahrung untrennbar verbunden, und hierbei spielt auch die Intersubjektivität eine entscheidende Rolle. „Der Begriff des Objekts ist urspünglich gar nichts anderes als der Begriff eines anderen ‚Ich' – so faßt der Mensch in der Kindheit alle Dinge als freitätige Wesen auf –, daher ist der Begriff des ‚Objekts' überhaupt vermittelt durch den Begriff des ‚Du', des ‚gegenständlichen Ich'. Nur da, wo ich aus einem Ich in ein Du umgewandelt werde, wo ich ‚leide', d. h. passiv das Wahrnehmungsobjekt eines anderen bin, entsteht die Vorstellung einer ‚außer mir seienden Objektivität'". Das „Ich", so gibt Feuerbach zu verstehen, mußte ein „Du" sein, bevor es zum Ich werden konnte. Ausdrücklicher als Hegel möchte Feuerbach in diesem Zusammenhang die Bedeutung der Sprache berücksichtigt wissen, sie ermögliche „die Realisation der Gattung, die Vermittlung

Eine Baumwollspinnerei in Manchester, Zeichnung von Hedley Fitton, Ende des 19. Jahrhunderts

Ausgehend von den wirtschaftlichen Verhältnissen im industrialisierten Manchester entsteht unter dem Namen „Manchestertum" eine wirtschaftsliberale Doktrin, die den unbedingten Freihandel und eine schrankenlose Wirtschaftsfreiheit fordert. Sie kennt als einzige treibende Kraft für Wirtschaft und Gesellschaft nur den Egoismus. Die Beobachtung frühindustrieller Verhältnisse in Manchester, ihre Besuche der Arbeiterviertel und Fabriken sowie der zeitgleiche Untergang der englischen Handstuhlweber führen Marx und Engels zur Verelendungstheorie. In „Lohn, Preis und Profit" heißt es, die ganze Geschichte der modernen Industrie zeige, daß das Kapital, wenn ihm nicht Einhalt geboten wird, ohne Gnade und Barmherzigkeit darauf aus ist, die ganze Arbeiterklasse in einen Zustand äußerster Degradation zu stürzen. In „Lohnarbeit und Kapital" heißt es wenig später: „So wird der Wald der in die Höhe gestreckten und nach Arbeit verlangenden Arme immer dichter, und die Arme selbst werden immer magerer."

Der vierte Stand, Gemälde von Giuseppe Pellizza da Volpedo, 1898–1901, Villa Reale, Galleria d'Arte Moderna, Mailand

des Ich mit dem Du". Im „Wesen des Christentums" versucht Feuerbach, Wahrheiten zu zeigen, die seiner Meinung nach in der Religion liegen, wenn auch unter falschen Vorzeichen. „Das Geheimnis der Theologie ist die Anthropologie", so lautet seine Formel. Anthropologie, hierbei aufgefaßt als philosophische Wesensbestimmung des Menschen, und zwar insbesondere des Menschen als Gattungswesen, soll nicht nur Theologie und idealistische Philosophie überwinden, sondern als deren „Negation" auch aus ihnen hervorgehen.

Feuerbach sieht in den vermeintlichen Eigenschaften Gottes nichts als eine Projektion der Eigenschaften des Menschen und führt einzelne Entsprechungen des (falschen) Bewußtseins von Gott und des (wahren, aber bislang unbewußten) Selbstbewußtseins der menschlichen Gattung aus. Es geht dabei aber auch um individuelle Erfahrungen und darum, das „Sein" nicht abstrakt zu fassen, sondern „Sein als Objekt des Seins, als Objekt seiner selbst", des je einzelnen menschlichen Daseins nämlich, zu begreifen.

In diesem Zusammenhang betont Feuerbach wiederum die sinnlich-geistige Ganzheit, und dabei zeigt sich, wie er als Atheist selbst geradezu religiös spricht: „Das Sein ist ein Geheimnis der Anschauung, der Empfindung, der Liebe. Nur in der Empfindung, nur in der Liebe hat ‚Dieses' – diese Person, dieses Ding – d. h. das einzelne, absoluten Wert, ist das Endliche das Unendliche."

Karl Marx

Arbeit und Wirklichkeit

In einem Rückblick erinnert sich Friedrich Engels, Marx' enger Freund, Mitautor und Helfer in finanzieller Not, an die Begeisterung, die Feuerbachs Schriften der frühen vierziger Jahre bei Marx, ihm selbst und vielen Zeitgenossen ausgelöst hatten: „Wir waren mit einem Schlag Feuerbachianer". „Sinnlich sein, d. h. wirklich sein, ist Gegenstand des Sinns sein, sinnlicher Gegenstand sein, also sinnliche Gegenstände außer sich haben": In diesem knappen, verwickelten Satz geht es dem jungen „Linkshegelianer" Marx, ganz wie Feuerbach in seiner Dialektik von Ich und Du, um die Aufhebung einer schlichten Gegenüberstellung von Subjekt und Objekt, wie sie der erkenntnistheoretische „Realismus" der älteren Philosophie gesehen hatte, und zugleich um die Aufhebung der spekulativen Setzung der Identität von Subjekt und Objekt im deutschen Idealismus mit seinem geistphilosophischen Übergewicht.

Die materialistische Haltung, für die Marx berühmt ist, ist deshalb in der oft angeführten schlagwortartig isolierten These „Das Sein bestimmt das Bewußtsein" etwas mißverständlich charakterisiert. Danach könnte es nämlich so scheinen, als sei eben das Bewußtsein, vielleicht als eine Art Epiphänomen des Seins, dem vorgegebenen Sein gegenübergestellt. Marx sieht jedoch in seinem erkenntnistheoretischen Konzept des Materialismus, mit Anknüpfung an Hegel, die Wirklichkeit nicht als einen Bestand

Ginger Brandy, Werbung, um 1860

Im „Kapital", seinem Hauptwerk, analysiert Marx zunächst den Doppelcharakter der Waren. Sie haben einmal „Gebrauchswert" und „Wert" (Abkürzung für „Tauschwert"). Dieser assoziiert sich mit der abstrakten Ware Geld und überformt jenen, der sich im lebendigen Verhältnis zu den Dingen bestimmt. Daraus folgt schließlich: Nicht das menschliche Dasein bestimmt die Werte, sondern umgekehrt. Arbeitsprodukte gehen wie Zeichen in eine unverständlich gewordene Sprache ein und entfremden dadurch rückwirkend den Arbeitsprozeß. „Der Wert verwandelt jedes Arbeitsprodukt in eine gesellschaftliche Hieroglyphe."
Kaum etwas illustriert diesen Satz besser als Reklame und Markenzeichen. Sie erzeugen künstliche Bedürfnisse, die zu scheinbar natürlichen werden und kehren das Verhältnis von Zweck und Mittel um.

vorgegebener Gegenstände, sondern als ein Gefüge von Prozessen, in denen sich Mensch und Lebenswelt untrennbar bedingen, als ein Produkt der Praxis, also als etwas Erzeugtes.
„Das Große an der Hegelschen ‚Phänomenologie' und ihrem Endresultate – der Dialektik als dem bewegenden und erzeugenden Prinzip – ist, daß Hegel die Selbsterzeugung des Menschen als einen Prozeß faßt, als Entäußerung und als Aufhebung dieser Entäußerung, daß er das Wesen der ‚Arbeit' faßt und den gegenständlichen Menschen, wahren, weil wirklichen Menschen, als Resultat seiner eigenen Arbeit begreift." Allerdings ging es Hegel, so Marx, hauptsächlich um Bewußtseinsprozesse, nicht um Arbeit als „sinnliche menschliche Tätigkeit, Praxis". Bei dieser aber, bei den faktischen Arbeitsbedingungen, bei den Produktionsverhältnissen, sei anzusetzen. Deshalb müsse man die Hegelsche Philosophie, mit Anlehnung an Feuerbach gesagt, „vom Kopf auf die Füße stellen", weil sie eben umgekehrt beim Geist angesetzt und nur aus ihm Wirklichkeit abgeleitet hatte.
Marx sieht das Denken, u. a. also auch die Tätigkeit der Philosophen, als geistige Arbeit, „Kopfarbeit" an, die Produkte hervorbringt ebenso wie die „Handarbeit" (sei es diejenige vorgeschichtlicher Menschen, die jagten, Landbau betrieben und Werkzeug usw. herstellten, oder die moderne Industriearbeit), und dabei dann auch ebenso wie die Handarbeit den Formen unterliegt, in denen die Arbeit jeweils gesellschaftlich organisiert ist. Dies verkenne, so Marx, der eben schon angesprochene erkenntnistheoretische Realismus, nach dem eine bewußtseinsunabhängige Realität in Wahrnehmung und Denken mehr oder weniger „realistisch" abgebildet wird. Der Realismus stelle in abstrakter Weise Denken und an sich seiende Wirklichkeit gegenüber. Diese Abstraktion sei aber Symptom einer „Entfremdung" nicht nur des Denkens, sondern der Denker selbst, gegenüber einem nicht entfremdeten Zustand, in dem Kopf- und Handarbeit nicht getrennt seien. Auch die Position Kants kann Marx nicht akzeptieren, obwohl von ihr her klar ist, daß die Wirklichkeit immer etwas Erzeugtes ist. Die Formen unseres Erkennens und der Einheit von Erkenntnis und Gegenstand gründen aber nach dieser Position in einem „transzendentalen Subjekt", das auch die Einheit unseres Ichs ermöglicht. Für Marx dagegen entsteht und besteht die Wirklichkeit in „gesellschaftlicher" Auseinandersetzung, Naturaneigung und Arbeit, an die Stelle des transzendentalen Ichs tritt also gewissermaßen ein gesamtgesellschaftliches Subjekt.

Historischer Materialismus

Marx stimmt Feuerbach zu, wenn dieser in der Religion einen Grund bzw. ein Ergebnis der Selbstentfremdung des Menschen sieht, der nicht zu seinem eigentlichen Dasein finde, wenn er Möglichkeiten und Wesensbestimmungen der eigenen Gattung in Gott verlege. So heißt es bei Marx: „Die Religion ist der Seufzer der bedrängten Kreatur, das Gemüt einer herzlosen Welt, wie sie der Geist geistloser Zustände ist. Sie ist das ‚Opium' des Volks." Dies ist nicht in einem ganz trivialen Sinn zu verstehen: Die Religion, ebenso aber auch philoso-

Karl Marx im Gespräch mit französischen Arbeitern 1844, Gemälde von Hans Mocznay, 1964, Deutsches Historisches Museum, Berlin

In seiner Betrachtung der Geschichte der Philosophie zieht Karl Marx in seiner elften Feuerbachthese die Schlußfolgerung: „Die Philosophen haben die Welt nur verschieden interpretiert, es kommt darauf an, sie zu verändern." Sein Manifest der Kommunistischen Partei, die Programmschrift für den Bund der Kommunisten, hat die Welt zweifellos verändert. Marx definiert darin das Proletariat als die vom Kapitalismus erzeugte Klasse der Arbeiter, die die politischen und ökonomischen Widersprüche des Kapitalismus auflösen und die Produktion vergesellschaften werde. An die Stelle der Klassengesellschaft soll eine Assoziation treten, „worin die freie Entwicklung eines jeden Bedingung für die freie Entwicklung aller ist."

Eisenwalzwerk, Gemälde von Adolph Menzel, 1875, Alte Nationalgalerie, Berlin

Ab 1870 tauchen in der Malerei vermehrt Themen der Arbeitswelt auf, bei denen auf eine allegorische Darstellungsweise zugunsten einer realstischeren Schilderung des Produktionsprozesses verzichtet wurde. Berühmtestes Beispiel dafür ist Menzels „Eisenwalzwerk", welches das Geschehen beim Schichtwechsel in der Fabrikhalle zeigt. Die Maschine dominiert das Geschehen, dem sich die anonymen Arbeiter unterordnen müssen. Die monotone Tätigkeit im industriellen Prozeß verdeutlicht die schlechten Arbeitsbedingungen in der Epoche der Industrialisierung und ihre Mißachtung der menschlichen Individualität. In seiner durch genaue Beobachtung bestimmten Suche nach Authentizität gelingt es Menzel, atmosphärische und sachliche Schilderung überzeugend zu verbinden.

phische Systeme, die Marx ähnlich drastisch beurteilt, sind nicht nur Flucht oder Blindheit angesichts „herz- und geistloser" leidbringender Zustände, sondern deren in gewisser Weise notwendiger Ausdruck, der als solcher unbewußt hervorgebracht wird. Sie gehören zum „Überbau„ einer „materiellen Basis", die in Produktionsverhältnissen und -kräften besteht. Erstere sind vor allem die grundlegenden Eigentumsverhältnisse, aus denen dann die Organisation und Verteilung der gesellschaftlichen Arbeit folgt. Sie lassen sich in ihren Wandlungen durch die Geschichte verfolgen, etwa im allmählichen, über Zwischenstufen vermittelten Übergang von der feudalen mittelalterlichen Lehensordnung, bei der u. a. Grundbesitz und Besitz von Leibeigenen entscheidend waren, und dem neuzeitlichen Kapitalismus, der mit dem Besitz von Produktionsmitteln (z. B. Fabriken) und dem Besitz und Verkauf der eigenen Arbeitskraft verbunden ist. Den Produktions„verhältnissen" (auf der eher objektiven Seite) stehen die Produktiv„kräfte" (auf der eher subjektiven Seite) gegenüber, d. h. das Potential von Arbeitskraft, von Techniken, Innovationen und menschlicher Erfindungskraft. Nun geraten „auf einer gewissen Stufe ihrer Entwicklung die materiellen Produktivkräfte der Gesellschaft in Widerspruch mit den vorhandenen Produktionsverhältnissen, innerhalb derer sie sich bisher bewegt hatten. Aus Entwicklungsformen der Produktivkräfte schlagen diese Verhältnisse in Fesseln derselben um. Es tritt dann eine Epoche sozialer Revolutionen ein." In diesen Revolutionen werden auch Klassenkämpfe ausgetragen, denn den Widersprüchen der Produktionsweise entsprechen Widersprüche der politischen Klassenordnung einer Gesellschaft. Die revolutionären Umbrüche können sich im übrigen auch in z. B. politischen, ökonomischen und philosophischen Theorien, d. h. im Überbau der Basiswidersprüche, ankündigen und entfalten.

So also Marx' zentrale Überlegungen zum „historischen Materialismus", der als Geschichts- und Gesellschaftstheorie zeigt, wie Marx den Materialismus im Unterschied zum mechanistischen Substanz-Materialismus der Aufklärung als Beschreibung der Wirklichkeit als Prozeß versteht. Sehr wichtig sind für die Betrachtung des so verstandenen Prozesses dialektische „Bewegungen", d. h. die Entstehung und Aufhebung von Widersprüchen, von Antagonismen. In dieser Hinsicht übernimmt Marx Entscheidendes von Hegel. Aber er faßt die Dialektik als mögliche und geeignete „Methode" der rekonstruierenden wissenschaftlichen „Darstellung" von Geschichte auf. Sie zugleich als inneres Wesen- und Bewegungsgesetz der Wirklichkeit zu sehen vermeidet Marx mit philosophischer Umsicht. Denn dies führt zu metaphysischen oder besser gesagt metahistorischen Annahmen, die die Geschichte als notwendigen Verlauf konstruieren, wie dies der von Marx immer auch wieder kritisierte Hegel getan hatte. Erst Engels und später Lenin haben dialektische Gesetzmäßigkeiten formuliert, nach denen ihnen zufolge die Geschichte und alle materiellen Prozesse tatsächlich verlaufen (die Gesetze vom Umschlag von Quantität in Qualität, von der Durchdringung der Gegensätze und von der Negation der Negation).

Arthur Schopenhauer, 1788–1860, Gemälde von Angilbert Göbel, 1859, Staatliche Kunstsammlung, Kassel

Bereits im Titel seines Hauptwerks „Die Welt als Wille und Vorstellung" verdeutlicht Schopenhauer die Grundidee seiner Philosophie. Schopenhauer stimmt mit der Auffassung Kants überein, daß der erkennende Mensch die Welt nur innerhalb seiner Vorstellung erfährt, d. h. daß die Welt durch die Erkenntnisweise des Subjekts bedingt ist. Im Gegensatz zu Kant gibt es jedoch für ihn etwas diesen Vorstellungen Zugrundeliegendes und damit unabhängig von aller Erfahrung und Erkenntnis Bestehendes, das Schopenhauer „Wille" nennt. Der Wille ist kein Ziel oder eine Absicht, sondern eine Art alles durchdringende Kraft, das innere Wesen der Dinge und die Triebkraft der Natur. Als „Ding an sich" liegt der Wille zwar der gesamten Wirklichkeit zugrunde, aber er erscheint stets in einzelnen Willensphänomenen, die Manifestationen dieses einen Willens sind.

Ideologie

„Die Philosophen haben die Welt nur verschieden ‚interpretiert', es kömmt drauf an, sie zu ‚verändern'." Dieser berühmte Satz ist die letzte von elf kurzen Notizbucheintragungen, in denen Marx Stellung zu Feuerbach nimmt und die heute als „Feuerbach-Thesen" bekannt sind. Wenn die Philosophie zum „Überbau" gehört, wie im letzten Abschnitt gesagt, und unfreiwillig nur die „Basis" spiegelt, erreicht sie die Wirklichkeit nicht und kann nichts verändern. Die als Irrglaube verstandene Überzeugung, Theorien und von ihnen bewirkte Bewußtseinsveränderungen könnten historisch etwas bewegen, nennen Marx und Engels „Ideologie" (1845-1846) schrieben sie ein seinerzeit unveröffentlichtes Buch „Die deutsche Ideologie"). Damit entspricht die Wortverwendung nicht ganz der heute üblichen; wie in dieser werden allerdings zur Ideologie auch Inhalte gezählt, die in jener Überzeugung vorgetragen werden: „Die Ideologie ist ein Prozeß, der zwar mit Bewußtsein vom sogenannten Denker vollzogen wird, aber mit einem falschen Bewußtsein. Die eigentlichen Triebkräfte, die ihn bewegen, bleiben ihm unbekannt; sonst wäre es eben kein ideologischer Prozeß." (Engels)

Feuerbach, so Marx, habe das „falsche Bewußtsein" der Religion in wahres Selbstbewußtsein des Menschen verwandeln wollen, insofern stimmten seine Absichten mit den eigenen überein. Für Marx besteht „die Reform des Bewußtseins ‚nur' darin, daß man die Welt ihr Bewußtsein innewerden läßt, daß man sie aus dem Traum über sich selbst aufweckt, daß man ihr die eigene Aktion ‚erklärt'", es geht um „Reform des Bewußtseins nicht durch Dogmen, sondern durch Analysierung des mystischen, sich selbst unklaren Bewußtseins."

Aber Feuerbach habe diese Analyse selbst noch ideologisch betrieben, indem er auf der Ebene der Vernunft, des richtigen Verstandesgebrauchs geblieben sei. Marx geht es um die Rückführung der Inhalte von Ideologien auf antagonistische historische Verhältnisse, auf Klassengegensätze.

Der Philosoph, Radierung von Max Klinger, Blatt 3 der Folge: „Opus XIII, - Vom Tode II", 1. Auflage 1898–1909

Mit literarischer Virtuosität hat Schopenhauer immer wieder die partikulären Ziele, Bestrebungen und Handlungen der einzelnen Individuen auf wenige Grundtriebe zurückgeführt und das irdische Geschehen einem schicksalhaften Sog des überindividuellen Willens, der kein guter Wille ist, anheimfallen lassen. In graphischen Serien, die zum Teil dramatische „Handlungen" haben, folgt Max Klinger, von Schopenhauer fasziniert, dieser Sicht der Dinge. Klingers „Philosoph" übergreift selbstüberheblich den realen Strom des Lebens und die Natur, hier sinnbildlich verschmolzen mit der Gestalt einer liegenden Frau, auf einen metaphysischen Grund der Dinge hin. Dieser aber stellt sich als ein Spiegel dar, der Philosoph findet nur sich selbst. Der genaue Ort des Spiegels (und damit die Gewißheit, was reflektiert wird und was unmittelbar sichtbar ist) bleibt in trügerischer Unklarheit: ein eher pessimistisches Bild der Philosophie.

NEUE SINNFRAGEN. UMWERTUNG DER WERTE

Arthur Schopenhauer

Wie Hegel und wie zahlreiche Denker vor ihm entwickelt Schopenhauer eine Philosophie mit umfassendem Erklärungsanspruch, es geht darum, was „die Welt im Innersten zusammenhält". Aber schon zwei Hauptansätze seines Denkens trennen ihn von der metaphysischen Tradition. Schopenhauer beginnt nicht und endet nicht bei Gott, beim Sein, beim isolierten Bewußtsein oder bei dessen Erfahrungen oder Begriffen, sondern beim Menschen. Dessen Weltbezug wird zwar von vornherein philosophisch erkenntniskritisch beleuchtet, sein Erkennen aber wird zusammen gesehen mit seiner Leibhaftigkeit, seinen Bedürfnissen und seiner Verflechtung ins endlose Getriebe der Lebenszusammenhänge. Diese Verflechtung sieht Schopenhauer als Ausgeliefertsein, als Leid, und von hier aus, auch das ist ein Bruch mit der europäischen Tradition, ist seine ganze Lehre pessimistisch. (Pessimismus ist hier nicht vornehmlich als Zukunftshoffnungslosigkeit verstanden, sondern als verwerfende, negativ-kritische Einstellung zur Welt, zum Leben überhaupt).

Der Titel des Hauptwerkes von Schopenhauer, „Die Welt als Wille und Vorstellung" (1818), drückt nach eigener Auskunft „den einen Gedanken" aus, den alle seine Schriften umkreisen. Das „und" im Titel enthält eine Pointe dieses Gedankens, denn es geht um den Zusammenhang zweier Aspekte der Welt, wie wir sie erfahren und zu deuten haben. „Die Welt ist meine Vorstellung", so faßt Schopenhauer zustimmend die neuzeitliche Kritik am einfachen Realismus zusammen, nach dem wir die Welt so sehen und erkennen, wie sie an sich tatsächlich ist. Dagegen hat Kant, so Schopenhauer, abschließend geklärt, daß uns nur „Erscheinungen" gegeben sind, niemals ein „Ding an sich". Raum, Zeit, Kausalität bestimmen unsere Welt und sind gleichwohl Bestimmungen, die a priori in uns liegen und allein uns, den Subjekten der Erfahrung, zuzurechnen sind. „Erscheinung" ist bei Schopenhauer meist gleichbedeutend mit „Vorstellung" und, anders als bei Kant, mehr oder weniger im Sinne von „bloßer Schein" verstanden. „Wir sind vom selben Stoff, aus dem die Träume sind, und unser kleines Leben ist von einem Schlaf umgeben": Dies Wort aus Shakespeares „Sturm" drückt für Schopenhauer mehr aus als nur einen poetischen Gedanken. Zwar ist das wache Leben mit seinen Regelmäßigkeiten, Kontinuitäten und Erinnerungsbezügen vom Traum unterschieden, aber im Prinzip ist die Welt als Vorstellung ein traumartiger, wenn auch für uns realer und unhintergehbarer „Schleier der Maja". Jenseits der Vorstellungen ist jedoch nichts. Hier kritisiert Schopenhauer Kants Konzept vom Ding an sich als einer Art gänzlich unerkennbarer Ursache, die auf unsere sinnliche Empfänglichkeit wirkt. Das Ding an sich sei vielmehr etwas, das in keiner Ursache-Wirkungsrelation (die es nur „in" Vorstellungen gibt) zur Vorstellung stehe, zu dem wir aber doch in einer bestimmten Art des Erlebens einen Zugang haben. Dieses Erleben ist die leibliche Selbsterfahrung. Unser Leib ist erkenntniskritisch gesehen eine Vorstellung wie jedes Ding der Außenwelt und ist doch etwas ganz anderes, etwas nach selbst erlebtem Willen Bewegtes. Wie verhalten sich dabei eigentlich die Willensregung, z. B. den Arm zu bewegen, und die Armbewegung als Selbstwahrnehmung? Keineswegs, so Schopenhauer, ist zuerst der Wille da und dann die Bewegung. Bewegung und Bewegungswille sind „ein und dasselbe", auf verschiedene Weise gegeben, nämlich eben als Wille und als Vorstellung. „Die Aktion des Leibes ist nichts Anderes, als der objektivierte, d. h. in die Anschauung getretene Akt des Willens." Dies kann noch stärker so ausgedrückt werden, „daß der ganze Leib nichts Anderes, als der objektivierte, d. h. zur Vorstellung gewordene Wille ist".

Von hier aus identifiziert Schopenhauer nun einen angenommenen überindividuellen Weltwillen mit dem Ding an sich, das allerdings im Sinne Kants kein Gegenstand von Erfahrung und Erkenntnis sein kann. Dennoch macht Schopenhauer, von der Analogie der Leiberfahrung ausgehend, metaphysische Aussagen über den Willen. Wie bei Schelling und Hegel gibt es hier ein Ganzes, Absolutes, das sich in sich selbst differenziert und objektiviert. Aber ganz im Gegensatz zu Hegels „Geist" ist Schopenhauers „Wille" irrational, blind und sinnlos. Der Wille als dumpfes Streben ist Unerfülltheit, Mangel, dies ist der Grund seiner verschlingenden Selbstbewegung. Sie führt zu Objektivationen, die in der ursprünglich – d. h. „vor" dem Menschen – gar nicht existenten Weise der Welt als Vorstellung die Form des anorganischen Kosmos, dann des Organischen, Belebten und schließlich – mit dem Menschen – des Bewußtseins annehmen. Indem dieser andere Aspekt ins Dasein getreten ist, hat sich allerdings gewissermaßen der Wille selbst überlistet, denn mit dem Bewußtsein und der Fähigkeit zur Reflexion ist zugleich die Freiheit zur Selbstverneinung des Willens (in seiner Repräsentanz im einzelnen Menschen) gegeben. Die angemessene Form dieser Verneinung des Sinnlosen ist für Schopenhauer nicht der Selbstmord, den er ablehnt, sondern die Askese. Es gibt allerdings noch eine andere Art, Freiheit vom Willen zumindest in herausgehobenen Momenten zu gewinnen. In der „Kunsterfahrung" verschwinden alle Zwecke und partikulären Horizonte des Lebens, alle unwillkürlichen Strebungen und Bedürfnisse. Der Mensch wird zum „reinen Subjekt der Erkenntnis", das Rad des Ixion – Anspielung auf eine mythische Folter, die zugleich den ziellos kreisenden Lauf der Zeit und die unabänderliche Bestimmtheit des Geschehens verbildlicht – steht still.

Sigmund Freud, Foto um 1921

Schopenhauers Lehre vom Willen übte einen großen Einfluß auf Sigmund Freud aus, den Begründer der Psychoanalyse. Freud nennt Schopenhauer einen Vorläufer seiner Theorie und bezeichnet dessen unbewußten Willen als identisch mit den „seelischen Trieben der Psychoanalyse". Schopenhauer betrachtet den Willen (s. Bildtext gegenüber) immer im Zusammenhang mit dem Leib, denn der Mensch ist für ihn nicht in erster Linie ein Vernunftwesen, sondern vor allem ein leibliches Wesen. Es gibt eine innere Erfahrung des Subjekts, in der der Leib unmittelbar präsent ist und als Ausdruck des Willens erscheint. Der Wille wird also nicht mittels des Intellekts erkannt, dennoch ist er erfahrbar, denn dieses innere Wesen, so Schopenhauer, ist uns viel vertrauter als die äußeren Objekte der Anschauung. Diese Darstellung des Willens als inneres Wesen, das sich der rationalen Erfassung entzieht und dennoch alles Wirken grundlegend bestimmt, weist Ähnlichkeiten mit Freuds Beschreibung des Unbewußten auf.

Exotische Blumen, Gemälde von Jean Benner, 1836, Musée de l'Impression sur Etoffes, Mulhouse

Schopenhauer erfuhr den von ihm behaupteten Doppelaspekt des Seienden, das einerseits sinnlich Angeschautes und Vorstellung, andererseits sinnloser Daseinstrieb bzw. „Wille" ist, einmal in einer Art Erweckungserlebnis: „Im Treibhause zu Dresden umhergehend und ganz in Betrachtungen über die Physiognomie der Pflanzen vertieft", wurde ihm plötzlich das bloße Dasein der sonderbaren, (z. T. sozusagen „triebhaft" wirkenden) Naturformen zum Rätsel. Er begann mit sich selbst zu sprechen, zu gestikulieren, und vom neugierigen Wärter vorsichtig über seine Person befragt, antwortete er: „Ja, wenn sie mir sagen könnten, wer ich bin, wäre ich ihnen viel Dank schuldig." Offenbar war er in seiner Phantasie eins geworden mit der blinden Kraft des Weltgrundes und hatte sich zugleich in der klaren Mannigfaltigkeit der individuellen Gestalten verloren, die jener Kraft, dem Willen, unvermittelt gegenüberstehen und doch, wenn auch letztlich ziellos, von ihr hervorgebracht werden.

Friedrich Nietzsche, 1844–1900
Ölskizze von Hans Olde, um 1899, Goethe-Nationalmuseum, Weimar

Nietzsche gehört zu den schärfsten Kritikern der traditionellen Philosophie. Charakteristisch für sein Werk sind eine scharfe Beobachtung und Analyse, eine sprachgewaltige Darstellung sowie die skeptische Grundhaltung und perspektivische Sichtweise. Bei der Analyse der menschlichen Erkenntnis stellt Nietzsche fest, daß das Erkenntnisvermögen des Menschen von einem Bedürfnis nach Dauer und Konstanz geprägt ist. Um diesem Bedürfnis gerecht zu werden, ist der Mensch gezwungen, in Kategorien und vereinheitlichenden Strukturen, wie „Sein", „Wahrheit", „Einheit" zu denken. Dabei handelt es sich um Vereinfachungen, die dazu dienen, die Welt überschaubar und berechenbar zu machen. In der Philosophie wird nun, so Nietzsche, der Grundfehler begangen, den fiktionalen und einschränkenden Charakter dieser „Setzungen" nicht zu beachten. Auf diese Beobachtung gründet sich seine radikale Kultur-, Metaphysik-, und Religionskritik sowie sein perspektivischer Wertebegriff. Werte sind nicht einfach vorhanden, sondern sie entstehen durch die Wertgebung des Menschen. Nietzsches Versuch einer Umwertung der Werte bedeutet nicht, daß an die Stelle alter Wahrheiten und Moralauffassungen neue gesetzt werden, sondern meint die Aufdeckung der Motive bestimmter Wertsetzungen und die Bewußtwerdung ihrer Relativität.

Friedrich Nietzsche

Wegbereiter der Moderne

In neueren kultur- und geistesgeschichtlichen Betrachtungen ist nicht selten gesagt worden, daß im Hinblick auf (anthropologische) Fragen Marx, Nietzsche und Sigmund Freud, in jeweils revolutionären Brüchen mit Denktraditionen, der Moderne die entscheidenden Vorgaben geliefert hätten. Ihre Theorien führten, unabhängig voneinander, zu einer „Subversion des Subjekts", indem sie zu zeigen suchten, daß sozusagen die Vernunft und das Ich nicht selbstmächtige Herren im eigenen Hause sind, anders als das von der philosophischen Tradition, mehr oder weniger wohl auch unserer alltäglichen Überzeugung entsprechend, behauptet oder wenigstens als Möglichkeit begriffen und in seiner Möglichkeit vermeintlich begründet wurde. Freud fand in der Grundlegung der Psychoanalyse und einer Theorie des Unbewußten unverfügbare, der Selbstbestimmung und Selbsteinschätzung nicht zugängliche Motive und Funktionsmechanismen des menschlichen Wollens, Handelns und Denkens, nachdem Marx eine in mancher Hinsicht vergleichbare Analyse soziologisch-ökonomisch-kultureller Strukturen zu leisten versucht hatte und Nietzsche alle Werte als undurschauten Schein und Produkt des „Willens zur Macht" dargestellt hatte.

Nietzsche hat in diesem Zusammenhang, unter den Aspekten der Einschätzung des Subjekts, des „Ichs", des Willens und der illusorischen Auffassung von „Sein" viel Einfluß auf Denker des 20. Jahrhunderts ausgeübt (etwa auf Heidegger und einige „postmoderne" französische Philosophen, die zum Teil zugleich auf Marx und Freud zurückgehen). In der Tat klingt es recht modern, wenn Nietzsche z. B. bemerkt, „man müßte eigentlich sagen es denkt statt des üblichen ich denke", oder von der „unsinnigen Überschätzung des Bewußtseins", aus dem man „eine Einheit, ein Wesen" gemacht habe, spricht, und dagegen einwendet: „wir sind eine Vielheit, welche sich eine Einheit eingebildet hat", es muß „eine Menge Bewußtseins und Willens in jedem komplizierten organischen Wesen geben", doch „unser oberstes Bewußtsein hält für gewöhnlich die anderen geschlossen".

Die „Vielheit", die Nietzsche hier im vermeintlichen Individuum sieht („individuus" heißt „unteilbar", bezeichnet also das Gegenteil der Vielheit), gibt es für ihn auch in philosophischen Welterklärungen, die immer nur verschiedene Perspektiven, nie absolute Wahrheit bieten. „Gegen den Positivismus, welcher bei dem Phänomen stehenbleibt ‚es gibt nur Tatsachen', würde ich sagen: nein, gerade Tatsachen gibt es nicht, nur Interpretationen." Die Welt steht endlose vielen Interpretationen offen, die durchzuführen immer eine bestimmte Art des Existierens ist, verbunden auch mit dem Willen zur Durchsetzung von „Macht", und die inkommensurabel sein können, sich weder ausschließen noch ineinander überführbar sind. Ganz unterschiedlich sind allerdings auch die Perspektiven, unter denen Nietzsches Werk gesehen wird. Es entstand innnerhalb zweier Jahrzehnte, zwischen 1869, als er mit 24 Jahren Professor für klassische Philologie in Basel wurde, und 1889, als er in geistige Umnachtung fiel. Bis auf wenige Ausnahmen bestehen die Bücher aus kurzen Absätzen, mehr oder weniger aus Aphorismen, während „Also sprach Zarathustra" (1883–1885) wie ein alttestamentlicher Bericht die Gleichnisreden eines Weisen und Propheten wiedergibt. Hier bedarf es etwas anderer Arten der Interpretation, als sie für das Verständnis philosophischer Schriften erforderlich sind, die nach stringenter Argumentationslogik aufgebaut sind; die Nietzsche-Deutungen gehen dementsprechend weit auseinander.

Kunst

Nietzsches erstes Buch, „Die Geburt der Tragödie aus dem Geiste der Musik" (1872), entwirft als altphilologische Abhandlung ein eigenes und ganz neues Bild der griechischen Klassik, das von den zeitgenössischen Fachkollegen keineswegs akzeptiert wurde, und kommt als zugleich philosophische Abhandlung u. a. zu dem Ergebnis: „nur als ästhetisches Phänomen ist das Dasein und die Welt ewig gerechtfertigt". In zweierlei Hinsicht klingt in diesem Satz die Tatsache an, daß Nietzsche in seiner frühen Zeit stark von Schopenhauer beeinflußt war. Daß Welt und Dasein außerästhetisch keine Rechtfertigung haben sollen, hängt mit Schopenhauers pessimistischer Gleichsetzung des sinnlosen „Willens" mit der Welt „an sich" zusammen. Nietzsche wird immer der Ansicht bleiben, daß der Wille, als nicht individuelle, metaphysisch verstandene Kraft, dem Leben, Denken und Handeln zugrunde liegt. Daß ästhetische Phänomene anstelle z. B. von Gott, Vernunft oder ethischen Prinzipien die Welt „rechtfertigen" sollen, hängt mit der besonderen

Rolle zusammen, die Schelling und die Romantiker, aber eben auch Schopenhauer der Kunst zugewiesen hatten und die der frühe Nietzsche nun geradezu radikal ins Zentrum rückt. Er modifiziert dabei allerdings Schopenhauers Auffassung erheblich, nach der in der Kunsterfahrung die höchste Form der Erkenntnis möglich wird und platonistisch verstandene Ideen angeschaut werden. Für Nietzsche dagegen „verdeckt" die Kunst durch ihren Schein Abgründe der Welt an sich, ohne daß dies aber als Erzeugung trügerischer Illusionen und falschen Bewußtseins bloßgestellt werden könnte. Nicht nur der Mensch braucht einen Anschein von Harmonie und Ganzheit, um nicht vor der Sinnlosigkeit zugrunde zu gehen, sondern auch der sinnlose Lebensgrund braucht ihn.

Die „Geburt der Tragödie" stellt zwei Pole gegeneinander, welche die Kunst, letzlich aber auch alle Lebensformen bestimmen und die bis zu einem gewissen Grad auf Schopenhauers „Wille" auf der einen Seite und die „Vorstellung" auf der anderen Seite abzubilden sind. Das „Dionysische" ist reine Lebensenergie, die den einzelnen rauschhaft mit der Masse des Lebendigen verschmelzen läßt, aber auch für Kampf und Leid steht, das „Apollinische" bedeutet Form, ordnenden Geist, Distanz, Ruhe. Als Kunstformen sind dem ersteren die Musik, dem zweiten die Epik zugeschrieben (mit Blick auf die griechische Antike). Die Verbindung beider Pole, so Nietzsche, habe die attische Tragödie entstehen lassen. Von Richard Wagner (dem Komponisten), der auch theoretische Schriften veröffentlichte und den der junge Nietzsche in höchstem Maß bewunderte, erhoffte er sich eine Erneuerung der Tragödie im Musikdrama, das als Gesamtkunstwerk ebenso wie die antike Tragödie Werk und Zuschauer in starkem, instinktsicherem „tragischen Geist" vereinigen und hinter alle Formen der „Dekadenz", die für Nietzsche schon mit Sokrates begann, zurückführen konnte.

Nihilismus und Umwertung der Werte

In Nietzsches Wort „Gott ist tot" bezeichnet „Gott" eine Gesamtheit von Wertvorstellungen, alles, was das „Wahre, Gute und Schöne" näher bestimmt und Lebensorientierungen schafft. In zahlreichen Überlegungen hat Nietzsche versucht, der historischen, psychologischen und anthropologischen Genese oder Genealogie (Entstehungs-, Abstammungsgeschichte) dieser Werte und Haltungen nachzugehen und sie als illusionär und verlogen zu entlarven. Das „Gewissen" etwa erklärt er aus dem „Instinkt der Grausamkeit, der sich rückwärts wendet, nachdem er nicht mehr nach außen hin sich entladen kann". Nächstenliebe sieht er als verkappten Egoismus; sie gehört wie Demut oder Mitleid (und christliche Werte überhaupt) zur „Sklavenmoral", d. h. der von „Herdenmenschen", der Masse der „schwachen" Individuen vollzogenen lebensverneinenden und „dekadenten" Umdeu-

Dionysos, Griechische Vasenmalerei, attisch, rotfigurig, um 490 v. Chr., Detail einer Amphora

Dionysos ist in der griechischen Mythologie der Gott des Rausches, der Leidenschaft und Ekstase. In Nietzsches erster großen Schrift mit dem Titel „Die Geburt der Tragödie aus dem Geiste der Musik" geht es um die Darstellung des Dionysischen als Widerpart des Apollinischen. Nietzsche versucht zu zeigen, daß die griechische Tragödie aus dem Kult des Dionysos entstanden ist Das Dionysische erscheint als ein jenseits der Vernunft stehender, urprünglicher Trieb, der sich im Rausch und in der Ekstase auslebt. Demgegenüber steht das Apollinische als das Vernünftige, Maßvolle und harmonisch Geordnete. In der attischen Tragödie sah Nietzsche die beiden Kräfte vereint, worin für ihn die höchste Entfaltung der Kunst besteht.

Die Freuden des Dichters, Gemälde von Giorgio de Chirico, 1912–1913, Privatbesitz

1903 malte de Chirico das erste Bild, das der Art von Malerei angehört, die er dann „metaphysisch" nannte. In diesen Tagen notierte er: „Ich habe begonnen, einige Motive zu malen, in denen ich das starke und geheimnisvolle Gefühl auszudrücken versuchte, das ich in den Büchern Nietzsches entdeckt habe: die Melancholie der schönen Herbsttage, der Nachmittag in den italienischen Städten." Neben der Stimmung, die er bei Nietzsche empfand, und den Schatten, die in dessen Schriften eine Rolle spielen, mag de Chirico nicht zuletzt eine bestimte Passage aus dem „Zarathustra" beeindruckt haben. Im dritten Teil dieses Werkes wird der Gedanke der ewigen Wiederkehr angesprochen. Danach ist jeder Augenblick schon einmal dagewesen und zieht sich selber nach sich. Das erinnert an das eigentümliche Erlebnis des „déjà-vu" des Schon-gesehen-habens, das nicht etwa auf einem tatsächlichen Wiedererkennen beruht, und das die meisten Menschen zumindest aus ihrer Kindheit kennen. Wenn dieses Erlebnis in der Malerei darstellbar ist, dann gewiß in den Bildern de Chiricos.

Der Philosoph, Gemälde von Ferdinand Hodler, 1886, Kilchberg, Privatbesitz

Das Gemälde stammt aus einer Schaffensphase Hodlers, in der er sich mit gesellschaftlichen Randfiguren auseinandersetzte. Seine eigene bedrückende materielle Lage spiegelt sich in den Darstellungen alter Männer wieder. Sie kennzeichnet eine hoffnungslose Ergebenheit in ein unabwendbares, trostloses Schicksal. Auf diese Weise werden sie zu Vertretern dramatisierter Selbstbefragung, die im Gemälde literarisch überhöht und somit allgemeingültig zum Ausdruck gebracht wird. Die Geschlossenheit der Außenkontur und die Zeitlosigkeit des Gewandes unterstreichen noch den resignativen Rückzug von der Welt.

tung einer „Herrenmoral", die die lebensbejahenden und natürlich-egoistischen Instinkte der „starken" und „aristokratischen" Individuen verkörpert. Diesen zweifellos sehr leicht zu mißbrauchenden und – zumindestens außerhalb ihres Kontextes – mehr als fragwürdigen Unterscheidungen liegt Nietzsches Auffassung vom „Willen zur Macht" zugrunde, den das „starke" Individuum und schließlich der „Übermensch", den Nietzsche heraufbeschwört, nicht verneinen könne und dürfe. „Diese Welt, ein Ungeheuer von Kraft, ohne Anfang, ohne Ende, diese Welt ist der Wille zur Macht – und nichts außerdem! Und auch ihr selber seid dieser Wille zur Macht – und nichts außerdem!"

Wenn Nietzsche nun die Werte vor allem des Christentums, die die westliche Welt natürlich auch außerhalb der Religiosität mitbestimmen, als „tot" bezeichnet, ist das weniger eine Aussage über ein abgeschlossenen Faktum als über einen Prozeß des Absterbens, der noch im Gang sei und zur „Heraufkunft des europäischen Nihilismus" führen müsse. Dieser Nihilismus kann, so Nietzsche, eine schwache Form annehmen, die nur die Verzweiflung gegenüber einem Nichts an Wahrheiten und moralischen Werten verberge und Zuflucht zur Parole „Erlaubt ist alles, was gefällt" nehme. Er kann sich aber auch in einer starken Form als notwendiges Durchgangsstadium selbst überwinden und eine „Umwertung aller Werte" herbeiführen. Dies gelingt nur den wenigen „Übermenschen". Ein Prüfstein für den Übermenschen, der sicher mehr ein provokatives literarisches Konzept ist als die Beschreibung möglicher Einzelmenschen, ist die Lehre von der „ewigen Wiederkehr des Gleichen", die Nietzsche seinen „ Zarathustra" verkünden läßt. Sie enthält, in dichterischen Andeutungen, komplizierte Überlegungen über das Problem der Zeit, der Zeiterfahrung und die Seinsauffassung, besagt aber in Kürze eben nur, daß sich alles Geschehen, und zwar ohne Änderung und irgendeine Steigerung, ewig wiederholt. Die schwachen Nihilisten zerbrechen an der Einsicht in die Sinnlosigkeit der ewigen Wiederkehr, die Übermenschen dagegen „rufen unersättlich da capo, nicht nur zu sich, sondern zum ganzen Stücke und Schauspiele".

Sören Kierkegaard

Die ersten Veröffentlichungen des Dänen Kierkegaard, die außerhalb seines Landes bis in die 20er Jahre dieses Jahrhunderts so gut wie unbekannt waren, fallen in die gleiche Zeit wie die ersten Schriften von Karl Marx. Während dieser die ältere Philosophie, insbesondere Hegel, von einem materialistischen Standpunkt aus kritisierte, verwarf Kierkegaard – übrigens wie Marx bei aller Kritik durchaus auch Hegelsche Mittel verwendend – die Systemphilosophie von den Selbsterfahrungen des religiösen, mit seinem Gewissen kämpfenden Einzelmenschen her. Hegels Satz „Das Wahre ist das Ganze" ist für ihn absurd. Ein philosophisches Gebäude, das mit allgemeinen und abstrakten Begriffen die wahren Prinzipien des Seienden, des Ganzen, objektiv darstellen will, kann es nicht geben. Objektivität, und damit fast die ganze ältere Philosophie, die doch ojektives Wissen anstrebte, betrachtet Kierkegaard als ein irreleitendes Idol. „Das Objektiv-werden-Wollen ist die Unwahrheit", es entfremdet den Menschen von sich selbst. „Die einzige Wirklichkeit, um die ein Existierender nicht bloß ‚weiß', ist seine eigene Wirklichkeit, daß er da ist, und diese Wirklichkeit ist sein absolutes Interesse." Wahrheit kann also nicht objektiv „gewußt" werden, sie ist subjektiv, nur in einem existenziellen Verhältnis des einzelnen zu sich selbst, zu seiner Wirklichkeit und seinen Daseinsmöglichkeiten, zugänglich. Vor allem im religiösen Glauben ist ein jeder „unendlich persönlich in einer auf seine ewige Seligkeit gerichteten Leidenschaft an seinem

Verhältnis zu dieser Wahrheit interessiert". Im existenziellen Denken Kierkegaards spielen „Entscheidungen", in denen der Mensch seine Zukunft entwirft und seine Vergangenheit in ein neues Licht rückt, eine wichtige Rolle. Solche Entscheidungen sind „Augenblicke", in einem eigenen terminologischen Sinn verstanden, nämlich Kreuzungspunkte des Unendlichen (der Ewigkeit) und der endlichen Zeitlichkeit. Der Mensch ist zwar endlich, der Zeitlichkeit unterworfen, seine Wahlfreiheit und seine „Leidenschaft für das Unendliche" heben ihn aber in gewisser Weise aus dem der Notwendigkeit unterliegenden zeitlichen Geschehen heraus.

Da es nach Kierkegaard keine generellen Regeln für existenzielle Lebensentscheidungen geben kann und das Besondere nie ins Allgemeine aufzuheben ist, konnte er seine Philosophie nicht dogmatisch vortragen. Er ließ seine Schriften unter verschiedenen, meist lateinischen Pseudonymen erscheinen, nicht um sich tatsächlich als Autor, als „Sokrates von Kopenhagen" (wie er genannt worden ist), zu verbergen, sondern um unterschiedliche Standpunkte, die mit literarischer Kunst dargestellt sind, gegeneinander offenzuhalten, wie das auch Sokrates in seinen Gesprächen tat, und um zu Stellungnahmen der Leser aufzufordern.

Sören Kierkegaard im Kaffehaus,
Ölskizze von Christian Olavius, 1843

Im Zentrum der Philosophie Kierkegaards steht die Existenz des einzelnen. Wahrhafte Existenz bedeutet für Kierkegaard die Wahl einer bestimmten Existenzmöglichkeit und die Verwerfung einer anderen. Erfolgt diese Entscheidung nicht in eindeutiger Weise, besteht die Möglichkeit, daß der Mensch sich selbst verfehlt. Kierkegaard unterscheidet drei Existenzmöglichkeiten („Stadien"). Im ästhetischen Stadium lebt der Mensch nach seinen sinnlichen Bedürfnissen und strebt stets nach Genuß. Er ist damit vom Äußerlichen abhängig und hat sich noch nicht selbst gewählt. Unabhängig vom Äußerlichen ist der Mensch im ethischen Stadium, sein Leben ist geprägt von Entscheidungen und moralischen Maßstäben. Aber auch in diesem Stadium kann der Mensch nicht wahrhaft er selbst werden. Das gelingt erst im religiösen Stadium. Im Glauben ergreift der Mensch eine bestimmte Lebensform, für die er sich bewußt entscheidet und die ihm seine Freiheiten und Grenzen vor Augen führt. Mit seiner Analyse der Existenz hat Kierkegaard die Existenzphilosophie des 20. Jahrhunderts entscheidend beeinflußt.

POSITIVISMUS UND PRAGMATISMUS

Auguste Comte

Der Positivismus lehnt jede Art von Metaphysik ab und sieht die Quelle der Erkenntnis in dem durch Beobachtung gewonnenen sinnlich Wahrnehmbaren, den „positiven" Tatsachen. Auguste Comte, der Begründer des Positivismus als philosophischer Richtung, stand als junger Mann einige Zeit dem Sozialtheoretiker Saint-Simon nahe. Dessen Schule entwarf in Zeiten der Restauration, die der französischen Revolution gefolgt war, eine Gesellschaftsutopie, nach der unter Voraussetzungen sozialer Gleichheit eine wissenschaftlich begründete Planwirtschaft alle Wirtschafts- und Lebensbereiche steuern sollte. Comte gehörte durchaus nicht zu dieser Schule, betrachtete aber ebenfalls die empirische Wissenschaft als maßgeblich in bezug auf die Methoden möglicher Gewinnung von Wissen überhaupt und als Grundlage fortschrittlichen sozialen Lebens. Er befaßte sich nicht zuletzt mit gesellschaftshistorischen und -theoretischen Fragen und kann als einer der Begründer der Soziologie gelten. Comtes Ziel besteht im Aufbau der Soziologie im Sinne einer positiven Wissenschaft. Menschliches Wissen ist für Comte nicht wie etwa für die Transzendentalphilosophie oder den deutschen Idealismus aus allgemeingültigen Prinzipien zu erklären, sondern ist immer im Zusammenhang mit Geschichte und Gesellschaft zu sehen.

Allerdings unterstellte Comte der Entwicklung des Wissens und des Geistes eine gewisse Notwendigkeit, die er in einem idealtypischen „Dreistadiengesetz" beschrieb. Im ersten, theologischen Stadium werden alle Phänomene polytheistisch oder monotheistisch aus göttlichem Wirken erklärt; die Gesellschaft ist kriegerisch und theokratisch organisiert. Im metaphysischen Stadium werden abstrakte Prinzipien hypostasiert, alles bestimmt sich etwa aus dem Kampf von Gut und Böse; die Regierungsgewalt liegt bei gebildeten Staatsdenkern. Im positiv-wissenschaftlichen Stadium führen empirische Forschung und logisch fundierte Wissenschaftstheorie zu optimalen Lebensbedingungen; die Regierung besteht aus Fachleuten der Wissenschaft und Wirtschaft. Die Aufgabe der „positiven Philosophie" liegt für Comte darin, die einzelnen Wissenschaften hinsichtlich eben ihrer „Positivität", d. h. ihrer Gewißheit und Freiheit von metaphysischen Annahmen, zu beurteilen und einzuteilen und damit auch Wissenschaftstheorie zu leisten.

Auguste Comte, 1798–1857,
Porträt, zeitgenössische Radierung

Der von Comte eingeführte Positivismus ist eine Absage an die Metaphysik. Seine Philosophie hält sich allein an das Wirkliche, Fortschrittliche und gesellschaftlich Nützliche. In seinem „Système de politique positive" lehrt Comte, daß der menschliche Geist in seiner Entwicklung drei aufeinander folgende Stadien durchläuft (Dreistadiengesetz): Im ersten, theologischen Stadium sucht der Mensch nach dem Ursprung des Seins, nach wahrer Erkenntnis und findet sie in einem übernatürlichen Wesen (Gott). Im zweiten, metaphysischen Stadium wird die göttliche Macht durch abstrakte Ursachen und Ideen ersetzt, von denen sich der Mensch leiten läßt. Erst im dritten, wissenschaftlichen und positiven Stadium lassen sich die wahren Gesetzmäßigkeiten durch Beobachtung und Experiment aufdecken. Comtes Devise der positiven Wissenschaften lautet: Wissen, um vorauszusehen, voraussehen, um vorzubeugen. In seinem Enzyklopädischen Gesetz formuliert Comte eine Rangordnung der Wissenschaften, die der „sozialen Physik", von ihm erstmals Soziologie genannt, die Aufgabe zuweist, die komplexen Vorgänge der menschlichen Gesellschaft zu untersuchen und zu organisieren.

John Stuart Mill

Ähnlich wie Comte bemühte sich Mill um eine Wissenschaftstheorie, die auch für die Politik und Sozialwissenschaft fruchtbar sein sollte und deren Grundlagen er im „System der deduktiven und induktiven Logik" (1843) darlegte. Mill steht in der Tradition des englischen Empirismus (vor allem Humes); eine Wissenschaft, die es nicht ausschließlich mit empirischen Tatsachen zu tun hat, kann es für ihn nicht geben. Als Grundlage der Wissensgewinnung sieht er neben Aussagen über die Beobachtung von Einzeltatsachen den Übergang von vielen solcher Aussagen, die übereinstimmen, zu allgemeinen Tatsachenaussagen, d. h. die „Induktion". Da er wie Hume diese Art des Schlusses in Gesetzmäßigkeiten der Assoziation, d. h. in einer Funktionsweise der menschlichen Psyche begründet sieht, ist alles Wissen letztlich psychologisch zu begründen, auch wenn dies im einzelnen keine Rolle spielt und nicht etwa bedeutet, daß Wissen irgendwie willkürlich ist. Eine solche psychologistische Auffassung der Logik fand im 19. Jahrhundert viele Anhänger, sie wurde später vor allem von Edmund Husserl bekämpft.

In seinem „System der deduktiven und induktiven Logik" (1843) trifft Mill zunächst einige auf die Funktion von Ausdrücken bezogene Unterscheidungen, die auch heute für die sprachanalytischen Grundlagen der Logik und Wissenschaftstheorie wichtig sind. „Allgemeine" Ausdrücke stehen „singulären" Ausdrücken wie Eigennamen, die sich nur auf einen einzelnen Gegenstand beziehen können, gegenüber; „konkrete" Ausdrücke, die unmittelbar auf Gegenstände bezogen werden können, werden von „abstrakten" Ausdrücken wie „Röte" oder „Freiheit" unterschieden; die „Denotation" von Ausdrücken steht als das Bezeichnete der „Konnotation" gegenüber, d. h. der Art des Bezeichnens bzw. Ausdruck selbst und dem, was in ihm „mitschwingen" kann.

In weiteren Kapiteln folgt Mill der schon zuvor von manchen Empiristen der Aufklärung vertretenen Auffassung, daß Mathematik und formale Logik in ihren Axiomen nicht weniger von induktiven Verallgemeinerungen von Erfahrungstatsachen ausgehen als alle anderen Wissenschaften, die somit immer induktiv seien. Der Gedanke einer generellen Wissenschaftstheorie, die dann in den Bereichen der Einzelwissenschaften spezifiziert werden muß, steht im Gegensatz zu anderen Überlegungen des 19. Jahrhunderts, nach denen Natur- und Geisteswissenschaften zwei grundsätzlich verschiedene Gebiete sind.

Wichtig sind auch Mills Thesen zu einer „utilitaristischen" Ethik („Utilitarismus", 1861), d. h. einer Ethik, die moralische Maßstäbe allein in der Nützlichkeit von Handlungen sieht (lat. „utilis", „nützlich"). Hier modifiziert Mill die Lehre von Jeremy Bentham, dessen Absicht es gewesen war, gewissermaßen physikalische Methoden in der Ethik anzuwenden. Darin und in der Abweisung aller „Fiktionen", die nicht auf Ausdrücke der Beobachtungssprache zurückführbar seien, liegt bereits eine positivistische Tendenz. Bentham begründet sein moralisches Prinzip anthropologisch: „Die Natur hat die Menschen unter die Regierung zweier souveräner Herrscher gestellt: den Schmerz und die Lust." Handlungen werden erfahrungsgemäß, so hatte auch schon Hume gesagt, danach beurteilt, ob sie in einem eventuell erst auf großen Umwegen erreichten Endeffekt Schmerz oder Lust bereiten. „Gut" ist eine Handlung dann, wenn sie das Glück der direkt oder indirekt beteiligten Personen fördert. Dementsprechend müssen nach Bentham auch moralische Normen aufgestellt und Gesetze erlassen werden. Seine Formel dessen, was der Utilitarismus erreichen will, lautet: „Das größtmögliche Glück für die größtmögliche Anzahl von Menschen." Eine Anzahl von Menschen läßt sich natürlich bestimmen, zählen eben, und für Bentham ist auch das „Glück" quantitativ erfaßbar. Mill fügt dem unter anderem eine auch qualitative Bemessung des Glücks hinzu, es sei nicht gleichgültig, woraus das Glück entspringe. Geistige Freuden z. B. erbrächten auf die Dauer, etwa im Rückblick auf einen Lebensweg, mehr Glück als sinnliche Freuden und müßten von diesen qualitativ unterschieden werden.

Charles Sanders Peirce

Im Titel eines Aufsatzes „Wie unsere Ideen zu klären sind" (1878), beschreibt Peirce bereits ungefähr die Absichten seines philosophischen Geschäfts. Wir haben immer schon eine Menge von unausdrücklichen Überzeugungen, nach denen wir uns einrichten und handeln. Sobald eingespielte Handlungsweisen zu Mißerfolgen führen, entsteht eine Unsicherheit, die wir durch genauere Betrachtung unserer Annahmen und unseres Verhaltens und dann durch geeignete Änderungen wieder auszuräumen trachten, um zur Ruhe ungestörten Verhaltens zurückzukehren. So schlicht und lebensnah faßt Peirce zusammen, was man als Erkenntnisprozeß bezeichnet und was natürlich immer ein Thema der Philosophie ist, wobei dann auch Ideen zu klären sind. Peirce hat sich hauptsächlich mit wissenschafts- und erkenntnistheoretischen Problemen befaßt, sie aber immer in praktischen Lebenszusammenhängen gesehen. Ein Schwerpunkt seiner Arbeit lag in der Semiotik (Zeichentheorie), da wir es bei Erkenntnisprozessen immer mit Begriffen und Vorstellungen, die sich auf etwas beziehen, und dabei notwendigerweise auch mit sprachlichen Zeichen zu tun haben.

Begriffe versteht Peirce als Handlungsregeln. Alles, worauf sich Begriffe beziehen, hat eine „Disposition", gewissermaßen eine „Veranlagung" dazu, in Zusammenhänge zu treten, sich handhaben zu lassen, wobei bestimmte Wirkungen entstehen. Peirce löst nun alle möglichen Gegenstände geradezu in diese praktischen Beziehungen, in die sie treten können, auf. Er formuliert in dem genannten Aufsatz eine „pragmatische Maxime": „Überlege, welche Wirkungen die denkbarerweise praktische Bezüge haben könnten, die wir dem Gegenstand unseres Begriffs in Gedanken zukommen lassen. Dann ist unser Begriff dieser Wirkungen bereits das Ganze unseres Begriffs des Gegenstandes."

„Handlungsregeln" sind Begriffe als Gesamtheit dieser Beziehungen und Wirkungen, die wir „herstellen" bzw. die sich in Verwendungszusammenhängen ergeben.

Den Begriff „Härte" z. B. verstehen wir, wenn wir wissen, wie bestimmte Dinge auf Schlageinwirkungen reagieren, was zu tun ist und welche Konsequenzen entstehen, wenn wir mit harten Dingen umgehen. Den Sinn von Sätzen beurteilt Peirce danach, ob sie in bestimmter Weise verifizierbar sind. Dies ist nur dann der Fall, wenn die Wahrheit oder Falschheit der Sätze einen Unterschied in bezug auf unsere Wahrnehmungs- oder Handlungsmöglichkeiten machen würde. Endgültige Wahrheiten gibt es für Peirce nicht, die Bedeutung von Begriffen erschöpft sich in einer Summe von Kontexten, die als ein Relationsgefüge nichts Absolutes sind. Mit dieser Auffassung, bei der Theorien und Begriffe im Hinblick auf ihre praktische Bedeutung beurteilt werden, begründet Peirce den Pragmatismus, eine dem Positivismus nahestehende philosophische Richtung, die vor allem im angloamerikanischen Raum wirksam war.

Über eine Million Menschen drängen sich am Badestrand von Coney Island, Foto 1940

Menschenmassen und Straßenschluchten in den ersten Hochhausgebirgen waren bereits vor der Jahrhundertwende gesuchte Motive für Fotografien, die das spektakulär neuartige Erscheinungsbild des modernen Amerika zeigen sollten. Der amerikanische Pragmatismus ist, was z. B. John Dewey betrifft, sicher nicht ganz abgelöst von den besonderen Bedingungen, Anforderungen und Gesellschaftsstrukturen der bevölkerungsreichsten westlichen Nation zu denken. Vielleicht spiegeln sich sogar die „unbegrenzten Möglichkeiten", die mit Amerika sprichwörtlich verbunden sind, in Deweys Philosophie, wenn er logische Methoden und vernünftiges Denken für die Lösung variabler Probleme instrumentalisiert und nicht auf ewige Wahrheiten fixiert.

John Dewey

Wie Peirce war Dewey der Ansicht, daß sich Erkennen und Handeln, Theorie und Praxis nicht trennen lassen. Das Verständnis der Erkenntnis als einer Form der Anschauung, wie es vielfach in der philosophischen Tradition gegeben war, lehnt Dewey ab. Davon ist nicht nur eine mehr oder weniger mystische „Ideenschau" (Ideen platonisch verstanden) betroffen, sondern überhaupt die Analogiebildung zwischen Sehen und Erkennen. Wahrheit kann nicht als Abbildung der Wirklichkeit „gesehen" werden, sie ist nicht vom Kontext, von Menschen und Geschehnissen unabhängig. Wahrheit ist eine immer nur vorläufige, unsere Handlungsfähigkeit erweiternde Antwort auf Probleme, die sich in bestimmten Situationen stellen. Dewey entwickelt die erkenntnistheoretischen Positionen des Pragmatismus weiter zum sogenannten Instrumentalismus. Wahre Aussagen sind als geeignete Problemlösungsinstrumente zu verstehen und auch nur als solche bestimmt. Das bedeutet aber keineswegs, daß Dewey die voluntaristische Formel „Wahr ist, was uns nützt" akzeptiert hätte. Diese beruht auf einer Entscheidung aus subjektiven Zwecken heraus. Das Netz der Funktionsbeziehungen von menschlichem Organismus, Umwelt und Handlungsbezügen ist aber sehr dicht, und auch wenn Wahrheiten sich in diesem Netz gewissermaßen nur in der Schwebe halten und also auf keinem absolut feststehenden Punkt ruhen, haben sie eine gewisse Objektivität.

Das Ende der Philosophie?

Das 20. Jahrhundert

LEBEN

Vom 19. zum 20. Jahrhundert

Die Philosophie des 20. Jahrhunderts ist sich ihrer Existenzberechtigung nicht mehr sicher. Die Katastrophen unserer Zeit haben die Philosophen nicht nur vielfältig in ihrem eigenen Leben getroffen, sondern sie haben den Glauben an die Wirklichkeit der Vernunft nachhaltiger erschüttert, als dies die Erfahrung der Entzweiung zwischen Altem und Neuem im Zeitalter der Revolutionen vermocht hatte. So traut sich die Philosophie eine Versöhnung jener Entzweiung im Denken, anders als der klassische Idealismus, nicht mehr zu. Sie propagiert vielmehr in ihren bedeutendsten Stimmen ihre eigene Abdankung, sei es zugunsten der Kunst, der Wissenschaft oder der Politik. In keiner früheren Epoche haben die großen Philosophen so lautstark und so einhellig ihr Heil außerhalb der Philosophie gesucht. Paradoxerweise geht diese manifeste Selbstverleugnung einher mit einer beispiellosen Verwissenschaftlichung der Philosophie. Nie zuvor gab es in den Universitäten und Akademien der Welt mehr hauptberufliche Philosophen als heute, nie zuvor hat es eine solche Differenziertheit von philosophischen Einzeldisziplinen gegeben, die nur Spezialisten noch überblicken.

Die große philosophische Verunsicherung, auf die die Philosophie des 20. Jahrhunderts reagiert, geht vor allem vom Werk dreier Männer aus: Karl Marx, Friedrich Nietzsche und Sigmund Freud. Marx hatte gezeigt, daß das kapitalistische Wirtschaftssystem Eigengesetzlichkeiten unterliegt, die sich einer vernünftigen Steuerung entziehen und ein bedrohliches Krisenpotential begründen. Nietzsche hatte den aufklärerischen Glauben an die menschliche Selbstbestimmung als Resultat bloßen Machtstrebens entlarvt. Freud schließlich schickte sich an, die vernünftige Herrschaft des Menschen über sein eigenes Innerstes, seine Gefühle und Antriebe anzuzweifeln, indem er diese als Ausbildungen eines allgegenwärtigen Sexualtriebes beschrieb. All diese Gedanken stellen die Macht der Vernunft radikal in Frage, denn für zentrale Bereiche des menschlichen Selbstverständnisses hatte sich auf diese Weise herausgestellt, daß nicht das seiner selbst gewisse Subjekt, sondern blinde Kräfte Herr der Lage sind. Die Philosophie antwortete auf diese Herausforderung unterschiedlich; zum einen mit der Abdankung der Vernunft, zum anderen aber mit einer Radikalisierung der Aufklärung, die den schweren Angriffen Rechnung tragen sollte, die von den großen Aufklärern Marx, Freud und Nietzsche gegen sie geführt worden waren. Der Glaube an die vernünftige Gestaltbarkeit der Welt war auch in der breiten Öffentlichkeit gegen Ende des 19. Jahrhunderts in dem Maße brüchig geworden, wie der Mensch sich immer uneingeschränkter als Teil des Funktionszusammenhangs moderner Industriegesellschaften begreifen mußte. Der Erste Weltkrieg brachte nur endgültig ans Tageslicht, daß die bürgerliche Idee des Fortschritts den zerstörerischen Mächten der Gegenwart nichts mehr entgegenzusetzen hatte. Unbehagen an Zivilisa-

DAS 20. JAHRHUNDERT

Der Historiker Eric Hobsbawm nannte das 20. Jahrhundert das **Zeitalter der Extreme**. In der Tat lagen in keinem Jahrhundert Fortschritt und Regression, Krieg und Frieden, Aufklärung und Barbarei zeitlich und räumlich so eng beieinander wie im 20. Jahrhundert.

Die beiden großen Ideologien des Jahrhunderts, der **Faschismus** und der **Kommunismus**, zogen den Menschen in den Bann des Glaubens an die Gestaltbarkeit von Geschichte. Der von Deutschland entfesselte Zweite Weltkrieg und die Ermordung der europäischen Juden stellten einen Zivilisationsbruch dar, der politische Heilsversprechen in der westlichen Welt endgültig desavouierte. Der Kapitalismus gewann schließlich die Systemkonfrontation mit dem Kommunismus.

Kulturell begann eine avantgardistische Kunst und Literatur schon früh damit, das handlungsmächtige, aufgeklärte, bürgerliche Subjekt des 19. Jahrhunderts in seine Bestandteile zu zerlegen. Dank Elektrizität, Schallplatte, Telephon, Fernsehen, PC und Internet, erreicht eine **kommerzielle Massenkultur** am Ende des Jahrhunderts auch den letzten Winkel der Erde. Seit den Studentenprotesten der sechziger Jahre lösen Lebensentwürfe, die an existentieller Selbsterfahrung orientiert sind, immer stärker die starren Rollenbilder der modernen Industriegesellschaft ab. Die **Relativitätstheorie** und die **Quantentheorie** sowie die Entdeckung der **DNS** waren die zentralen wissenschaftlichen Entdeckungen des Jahrhunderts.

Die Philosophie stellt sich den Umbrüchen der Zeit. Die Gewißheiten von Aufklärung und Positivismus werden in Frage gestellt. Mit **Leben, Sprache und Gesellschaft** treten **neue Themen** ins Zentrum **der philosophischen Betrachtung**. Die Sprache wird zum Hauptthema der Philosophie, weil die Einheit der Erfahrung in der Vielfalt der möglichen Perspektiven wenn überhaupt, dann nur in der sprachlichen Verständigung zu finden zu sein scheint. Der Leitbegriff Leben trägt der Erfahrung Rechnung, daß mit der endgültigen Auflösung traditionaler Gemeinschaften auch eine Quelle spontaner Lebensenergie verschüttet wurde. Die Gesellschaft schließlich wird zum Thema, weil die vielfältige Abhängigkeit jedes einzelnen von der Welt nicht mehr glaubwürdig in theologischen Begriffen beschrieben werden kann.

Hans Arp: Thales von Milet, 1952, Privatsammlung

tion und Technik sowie Mißtrauen gegen Aufklärung und Rationalismus prägten den Zeitgeist, und dies sind auch die Grundmotive, aus denen sich die Lebensphilosophie speist. Aus der Frontstellung gegen die Vernunft ergibt sich jener lebensphilosophische Dualismus, der dem als erstarrt empfundenen Prinzip der Rationalität das dynamische Prinzip des Lebens entgegensetzt.

Lebensphilosophie

Der Franzose Henri Bergson, wohl der bekannteste Lebensphilosoph, unterscheidet zwei Grundprinzipien der Wirklichkeit, denen zwei Arten von Bewegung entsprechen: Das Leben mit seiner steigenden, drängenden Bewegung und die tote Materie mit ihrer fallenden Bewegung. Die Materie ist passiv und läßt sich mit Hilfe des naturwissenschaftlichen Verstandes erkennen und manipulieren. Das Leben hingegen besitzt eine unbändige Kraft, die es ihm erlaubt, sich die Materie gefügig zu machen: den élan vital. Dieser élan ist die in allem Lebendigen wirkende Triebkraft, die aus der unbelebten Materie das Leben hervortreibt. So begreift Bergson die Evolution nicht als blindes Spiel von Zufällen, sondern als zielgerichteten Prozeß, in dem das Leben im Laufe seiner Entfaltung der Materie immer höhere Formen abtrotzt.

Auch die Gesellschaft ist nach Bergson durch den Dualismus von Starrheit und Dynamik geprägt. Eine geschlossene, tote Moral gibt den Massen Regeln, die es ihnen ermöglichen, als Rädchen im großen sozialen Getriebe zu funktionieren. Eine offene, lebendige Moral bleibt den großen einzelnen, den Helden und Heiligen, vorbehalten, die aus intuitiver Einsicht in das Lebensganze heraus neue Wege beschreiten. Für die Religion findet sich eine ähnliche Unterscheidung. Der Verstand macht dem Menschen seine Sterblichkeit erträglich, indem er Götzenbilder erfindet, die ihm eine trügerische Sicherheit versprechen. Die wahre Religiosität hingegen ist mystisch. Sie wendet sich ahnend dem Ursprung des Lebensstroms zu und löst sich meditativ aus der Welt der Materie heraus. In der Verbindung von elitärer Kulturkritik und einer Verherrlichung des Irrationalen kommt auf diese Weise eine fundamentale Skepsis der Lebensphilosophie gegenüber der modernen Massengesellschaft zum Ausdruck, die sich politisch in einer zutiefst antidemokratischen Tendenz niedergeschlagen hat.

Phänomenologie

Auch in Deutschland führte eine weitverbreitete Unzufriedenheit mit dem Rationalismus der Moderne zu neuen Anfängen. Die junge Generation war zu Beginn des Jahrhunderts von der Sterilität der neukantianisch geprägten akademischen Philosophie enttäuscht, die ihnen Erkenntnistheorie bot, nicht aber die materiale Fülle des Lebens. Es war Edmund Husserl, dessen Losung „Zu den Sachen selbst!" das wirkliche Leben in die Philosophie zurückzubringen versprach. Anders als der Lebensphilosophie lag der Phänomenologie, wie Husserl sein Unternehmen nannte, der Kult des Irrationalen fern. Im Gegenteil legte er, der als Mathematiker und Naturwissenschaftler ausgebildet war, stets Wert auf strengste methodische Kontrolle seines Denkens und eine penible, ja umständliche Sorgfalt der Darstellung. Husserl Ziel war es, die Philosophie als strenge Wissenschaft

Der Philosoph, Ljubow Sergejewna Popowa, 1915, Staatliches Russisches Museum, St. Petersburg

Das 20. Jahrhundert ist eine Epoche, die als Zeit der rasanten Beschleunigung und der Auflösung einer einheitlichen Perspektive auf die Welt wahrgenommen wurde. Beide Trends, die auch die Philosophie nicht unberührt ließen, kommen prägnant im Kubismus zum Ausdruck. Die Perspektive wird in zahllose Einzelperspektiven aufgebrochen, die nebeneinander bestehen bleiben und sich nicht mehr zum Bild eines Ganzen zusammenfügen. Zugleich zeigt sich darin eine unerhörte Dynamik der Veränderung, so daß der Eindruck entsteht, die Perspektiven seien in einem stetigen Fluß begriffen. Die Philosophie reagiert auf diese Tendenzen meist zwiespältig. Entweder sie begrüßt, wie etwa der logische Positivismus, die Dynamisierung des wissenschaftlich-technischen Fortschritts, lehnt aber die Pluralität der Erkenntnisweisen ab, oder sie betrachtet den Fortschritt als Verhängnis und akzeptiert den erkenntnistheoretischen Perspektivismus, wie etwa Heidegger.

von sicheren Fundamenten aus neu aufzubauen. Zu diesem Zweck fordert er, die natürliche Einstellung zur Welt zu verlassen und die Existenz der Außenwelt „einzuklammern". Denn sicher ist nur, wie die Dinge erscheinen, nicht aber wie sie an sich sind. Die Phänomenologie gewinnt so ihren sicheren Standpunkt durch eine strikte methodische Beschränkung auf die unmittelbare Evidenz des im Bewußtsein Erscheinenden, der „Phänomene".

Husserls entscheidende Einsicht ist es, daß Bewußtsein intentional strukturiert ist. Bewußtsein ist kein passives Vernehmen von etwas, sondern ein zielgerichteter Akt. Wird jemandem etwas bewußt, so konstituiert er es aktiv als etwas Bestimmtes. Schon Kant hatte dies gegen den Empirismus betont. Husserl untersucht nun Schritt für Schritt, wie sich die Gegenstandskonstitution im Bewußtsein vollzieht. Wandte er sich zunächst in den „Logischen Untersuchungen", die als sein Hauptwerk gelten, dem Wesen logischer und mathematischer Gegenstände zu, so erforschte er später auch das Zeitbewußtsein und gegen Ende seines Lebens, als Jude verfemt, die Konstitution der sozialen Welt. Es mag vielleicht heute etwas schwerfallen, die Begeisterung zu verstehen, die die Phänomenologie damals auslöste. Man muß sich jedoch vor Augen halten, daß sie – zumindest im Prinzip – den ganzen Reichtum der Erfahrungswelt einer Philosophie wieder zugänglich machte, die zuvor glaubte, sich bei der Erkenntnistheorie bescheiden zu müssen. Es waren indes vor allem die Schüler und Nachfolger Husserls, die sein Versprechen, zu den Sachen selbst zurückzugehen, einlösten und die phänomenologische Methode auf konkrete Inhalte des Bewußtseins anwendeten. Insbesondere in Frankreich entstand so eine reiche phänomenologische Tradition, die bis auf den heutigen Tag fortreicht. Während sich bereits Husserl mit dem Aufbau des menschlichen Wahrnehmungsfeldes beschäftigt hatte, kommt die existenzphilosophische Wendung, die die Phänomenologie in Frankreich nahm, besonders deutlich im frühen Hauptwerk Maurice Merleau-Ponty „Die Phänomenologie der Wahrnehmung" von 1945 zum Ausdruck. Dort zeigt er zunächst in Auseinandersetzung mit der psychologischen Gestalttheorie, daß Wahrnehmung sich weder sensualistisch als bloße Verarbeitung von Sinnesdaten begreifen läßt noch idealistisch als Ergebnis von Konstitutionsprozessen im Bewußtsein. Vielmehr ist die Wahrnehmung ein aktiver Prozeß, in dem sich das Subjekt seine Welt erschließt. Wie in einem impressionistischen Gemälde ist die Struktur der Gegenstände nicht eindeutig festgelegt, sie ist aber auch nicht vollkommen willkürlich. So sehen wir auf einem impressionistischen Bild, etwa Monets, eine Kathedrale, weil dies eine der uns kulturell zugänglichen Möglichkeiten ist, dem Gewirr von Punkten, aus denen das Bild besteht, Sinn zu geben. Die Wahrnehmung überwindet so den Dualismus von Körper und Geist, weil sich wahrnehmbare Gegenstände letztlich nur in bezug auf ein körperlich in die Welt eingreifendes Subjekt verstehen lassen.

Die Beständigkeit des Gedächtnisses, Gemälde von Salvador Dalí, 1931, The Museum of Modern Art, New York

In der Philosophie Bergsons nimmt der Dualismus von Raum und Zeit eine zentrale Stellung ein. Der Raum ist das Medium der Naturwissenschaften und der Technik. Wegen der Ununterscheidbarkeit aller Raumpunkte, ist nämlich ein wissenschaftlich erfaßter Vorgang im Raum prinzipiell auch technisch wiederholbar. Dies setzt jedoch voraus, daß auch die Zeit von der Naturwissenschaft als raumartig aufgefaßt wird. Die Naturwissenschaft mißt lediglich die sukzessive Veränderung der Lage von Körpern im Raum. Das Wesen der Zeit aber ist es ständig Neues hervorzubringen, kein Zeitpunkt gleicht dem anderen. Die Einsicht in die wahre Natur der Zeit, die Bergson als „Dauer" charakterisiert, liegt auch Dalís Bild zugrunde. Die exakten Meßgeräte (Uhren), mit denen versucht wird, die Zeit zu bändigen, werden von der „Dauer" eingeholt. Denn ihr organisches Fließen ist nicht meßbar, ihre Anschauung bleibt der Intuition vorbehalten.

Existenzphilosophie

Aus der Phänomenologie entwickelte sich auch eine der einflußreichsten Denkbewegungen des 20. Jahrhunderts, in der viele gar die Philosophie des 20. Jahrhunderts erblicken: die Existenzphilosophie. Der Erste Weltkrieg hatte die Generation der um die Jahrhundertwende Geborenen desillusioniert. Von den bürgerlichen Idealen ihrer Väter hielten sie nichts mehr, und auch die Kirche war ihre Sache nicht. Der Mensch war in ihren Augen bei seiner Suche nach dem Sinn der Existenz auf sich allein gestellt. Die Freiheit, das eigene Leben zu wählen und die Gefahr, es zu verfehlen, diese Themen sind im Werk der Existenzphilosophen Martin Heidegger, Karl Jaspers und Jean-Paul Sartre von zentraler Bedeutung.

Heidegger zählt zweifellos zu den wichtigsten Philosophen des Jahrhunderts. Seine weltweite Wirkung in diesem Jahrhundert ist nur noch mit jener Ludwig Wittgensteins vergleichbar, obwohl seine Philosophie – wie diejenige Wittgensteins – sprachlich schwer zugänglich ist und hohe Ansprüche an die philosophische Vorbildung stellt. Heideggers Denken führte ihn zeitweilig auch in die Nähe des Nationalsozialismus, da er meinte, Hitlers Bewegung sei ein entschlossener Aufbruch aus der Verfallenheit der modernen Zeit. Er hat seine Fehleinschätzung schnell erkannt und trat 1934 nach einjähriger Amtszeit als Rektor der Freiburger Universität zurück. Dennoch hat er sich später öffentlich nie von seinem frühen Engagement für den Nationalsozialismus distanziert, und es ist dieses Schweigen, das ihm viele Gegner, aber auch ehemalige Freunde nie verzeihen konnten.

Der Gegenstand seines Hauptwerks „Sein und Zeit", das ihn 1927 gleichsam über Nacht berühmt machte, ist die Analyse des menschlichen Daseins und dessen Zeitlichkeit. Der phänomenologischen Methode seines Lehrers Husserl folgend, untersucht er darin die Grundstrukturen der menschlichen Existenz, die „Existenzialien". Diese Existenzialien beschreiben zunächst ein Verhältnis des Menschen zu Raum und Zeit, das sich fundamental von der Seinsweise der Dinge unterscheidet. Dasein ist immer In-der-Welt-Sein, das heißt, es schließt einen Bezug zu einer vorgegebenen Umwelt ein, mit der es für das Dasein jeweils eine ganz bestimmte Bewandtnis hat. Die Welt ist daher immer schon auf die eine oder andere Weise „erschlossen". Diese vorgängig erschlossene

Liebespaar, Gemälde von Marc Chagall, 1978, Privatsammlung

Eine existenzphilosophische Fortentwicklung der Phänomenologie in Frankreich stammt von Emmanuel Levinas. Er studierte bei Husserl und Heidegger, deren Denken seine Philosophie nachhaltig prägen sollte. Es ist jedoch besonders die Verbindung von Phänomenologie und jüdischer Mystik, der er sich nach den Erfahrungen des Holocaust, den keiner seiner litauischen Verwandten überlebt hatte, verstärkt zuwandte und die das Eigentümliche seines Denkens ausmacht. Levinas' Ethik gründet im Blick des Anderen, der uns unendlich verpflichtet; das heißt der Andere nimmt uns durch sein Antlitz so in die Pflicht, daß das schlechte Gewissen zur menschlichen Grundverfassung wird. Im Wissen darum, daß wir dieser Verpflichtung zwar unbedingt nachkommen wollen, dies letztlich aber nicht können, wurzelt für Levinas die Erfahrung des Absoluten.

Welt kann sich das Dasein jedoch nicht aussuchen; es ist in die Welt „geworfen". Das in die Welt geworfene Dasein ist jedoch nicht auf ein bestimmtes So-sein festgelegt. Es muß sich in jedem Augenblick und mit jeder Entscheidung erst zu dem machen, was es sein will. Heidegger nennt dieses Existenzial, daß das Dasein „dasjenige Seiende (ist), dem es in seinem Sein um sein Sein geht", „Sorge". In der Sorge wird die Zeitlichkeit der menschlichen Existenz, das Wissen um die eigene Sterblichkeit sichtbar; das Dasein ist ein „Sein zum Tode". Gäbe es die Gewißheit des Todes nicht, wäre das Dasein nicht „hinausgehalten ins Nichts", es gäbe auch nicht die Gefahr, das eigene Leben, die Eigentlichkeit, zu verfehlen. So aber kann nur die „Entschlossenheit" aus der Uneigentlichkeit, aus der „Verfallenheit an das Man" herausführen. Die Frage, „Entschlossen wozu?" läßt Heidegger allerdings offen.

Die Daseinsanalyse ist der Gegenstand der ersten Hälfte von „Sein und Zeit". Die zweite Hälfte ist nie erschienen. Allerdings läßt sich Heideggers Spätphilosophie nach der sogenannten Kehre Mitte der dreißiger Jahre als Fortentwicklung des Ansatzes von „Sein und Zeit" begreifen. Denn die Frage, zu deren Beantwortung schon „Sein und Zeit" führen sollte und der Heidegger Zeit seines Lebens nachging, lautet: „Was ist das Sein?" Die traditionelle Philosophie kann, so Heidegger, die Frage nicht beantworten, weil sie das Sein „vergessen" hat. Insbesondere die abendländische Metaphysik hat das Sein verkannt, indem sie versuchte, das Sein oder Gott als das höchste und vollkommenste Seiende zu beschreiben. Das Sein aber

Der Schrei, Gemälde von Edvard Munch, 1893, Nasjonalgalleriet, Oslo

Der Existentialismus geht auf Sören Kierkegaard zurück, der das Verhältnis des Menschen zu sich selbst als Existenz charakteriserte. Die Verzweiflung angesichts der Beliebigkeit von hedonistischen Lebensentwürfen und die Angst angesichts des Fehlens verbindlicher Maßstäbe für das ethische Handeln, dem Edvard Munch künstlerischen Ausdruck verlieh, kann für Kierkegaard erst im Bewußtsein der Gnade Gottes überwunden werden. Dieses Bewußtsein steht den Menschen der Jahrhundertmitte nicht mehr zur Verfügung, und Schriftsteller wie Sartre und Camus machten die Abwesenheit göttlicher Hilfe bei der Orientierung in der Welt zum Hauptthema ihres Schaffens. Das atheistische Pathos, mit dem sie ihre Einsichten vortrugen, gab einer ganzen Generation junger Menschen nach dem Zweiten Weltkrieg eine neue geistige Orientierung.

ist vom Seienden durch eine „ontologische Differenz" getrennt. Es ist nicht etwas, das sich in der Welt vorfindet, sondern es ist dasjenige, das bewirkt, daß das Seiende überhaupt ist. Es ist die aktive Quelle alles Seienden. So ist auch die Seinsvergessenheit der abendländischen Philosophie noch das Werk des Seins selbst. Denn das Sein selbst bestraft gleichsam den abendländischen Menschen, der sich die Welt untertan gemacht hat, für seinen Hochmut, indem es sich ihm entzieht. Heideggers Spätphilosophie läßt sich als ein großer Aufruf zur Bescheidenheit begreifen, zu einem genauen Hinhören auf die leisen Botschaften des Seins, zu dem, wie er eingesteht, der Dichter eher berufen ist als der Philosoph. Erst wenn der Mensch lernt, „gelassen" zu sein, wenn er nicht mehr versucht, sich die Natur mit Hilfe der Technik zu unterwerfen, erst dann wird er seiner Aufgabe als „Hüter des Seins" gerecht werden können.

Anders als für Heidegger bildet für Karl Jaspers, der zunächst Psychiater war, die Unverläßlichkeit der Welt, die den einzelnen mit Scheitern bedroht, den Ausgangspunkt seines Denkens. In den Grenzsituationen von Tod und Zufall, Schuld und Kampf zeigt sich, daß wir uns auf nichts in der Welt völlig verlassen können. Immer bleibt eine letzte Kluft zwischen Subjekt und Objekt, zwischen uns und dem, worauf wir uns beziehen. Jaspers ruft den modernen Menschen auf, diese Kluft anzuerkennen und seine Existenz verantwortlich zu ergreifen. Denn allzu leicht ist es, vor der Unausweichlichkeit des Scheiterns die Augen zu verschließen und sich mit ideologischen oder religiösen Phantasmen zu trösten. Das Scheitern wird dann als bloßer Schicksalsschlag erfahren, nicht aber als Grundbedingung menschlichen Existierens. Denn das Scheitern ist die Kehrseite der menschlichen Freiheit, die uns in den Grenzsituationen unweigerlich vor die Wahl zwischen Gut und Böse, zwischen Selbstsein und Entfremdung stellt. In dieser Lage läßt sich am ehesten das „Umgreifende" ahnen, das die Spaltung von Subjekt und Objekt überschreitet, indem es beide umfaßt. Das Umgreifende ist jedoch nie direkt erfahrbar. Lediglich in „Chiffren der Transzendenz" leuchtet es auf, um sich sogleich wieder zu entziehen. So kann der Mensch vor allem in der liebenden Zuwendung zu anderen, in der existentiellen Kommunikation die Chance zum Selbstsein ergreifen. Der pessimistische, aber doch zutiefst humane Ernst von Jaspers war es, der es ihm ermöglichte, im Nachkriegsdeutschland gleichsam ein Gewissen der Nation zu verkörpern, eine Rolle, die er vor allem dazu nutzte, das Bewußtsein von der Schuld, das die Deutschen in der Zeit des Nationalsozialismus auf sich geladen hatten, wachzuhalten.

In der politischen Öffentlichkeit Frankreichs hatte Jean-Paul Sartre eine noch herausragendere Position inne, ja er hat wie kaum ein anderer den Typus des engagierten Intellektuellen geprägt. Sartre ergriff in öffentlichen Auseinandersetzungen immer wieder Partei – wie etwa 1968, als er gemeinsam mit protestierenden Studenten Flugblätter verteilte. Auch entfaltete er eine fruchtbare Tätigkeit als Autor von Romanen, Drehbüchern und Theaterstücken, was ihm 1964 den Literaturnobelpreis einbrachte, den er jedoch ablehnte.

Seine Beziehung zu Simone de Beauvoir, der Begründerin des philosophischen Feminismus, stellte das oft kopierte Vorbild einer offenen Zweierbeziehung dar. So ist Sartre mehr als ein Philosoph, er ist der Erfinder des Existentialismus als Weltanschauung. Obgleich er Heidegger sehr bewunderte und sich in dessen Spuren sah, brachte Heidegger ihm nur Unverständnis entgegen, denn Sartre war nicht in erster Linie an einer Ontologie interessiert, sondern er wollte eine zeitgemäße Philosophie des Subjekts schaffen. Dabei nimmt die menschliche Freiheit eine Schlüsselstellung ein. „Der Mensch ist zur Freiheit verurteilt" ist einer seiner berühmtesten Aussprüche. Nichts und niemand nimmt ihm seine Entscheidungen ab, allein er selbst ist für sein Leben verantwortlich. Daß dem menschlichen Leben von außen kein

Sinn zukommt, ist jedoch nur ein Teil der Sartreschen Philosophie. Denn für Sartre ist die einzig legitime Antwort auf diese Situation das Engagement. Inhaltlich blieb dieses Engagement zunächst unbestimmt, wenngleich Sartre immer mit dem Marxismus sympathisierte. In seinen Theaterstücken illustriert er plastisch die Gewissensnot, die aus der Notwendigkeit erwächst, vollkommen frei und zugleich ganz und gar engagiert zu sein. Ähnlich ist auch die Situation, in der sich die Protagonisten der Romane und Theaterstücke von Albert Camus vorfinden. Camus kennzeichnet diese Situation als absurd, weil die Welt sich beständig dem Ansinnen des Menschen widersetzt, vernünftig zu sein. So bleibt dem Menschen nichts anderes übrig, als der sinnentleerten Welt stolz gegenüberzutreten und erhobenen Hauptes den menschlichen Sinnanspruch im Bewußtsein seiner Uneinlösbarkeit zu behaupten.

In seinem theoretischen Hauptwerk „Das Sein und das Nichts" von 1943 charakterisiert Sartre die menschliche Existenz im Unterschied zum An-sich-sein der bloßen Gegenstände als Für-sich-sein. Das Für-sich-sein „ist das, was es nicht ist und nicht das, was es ist". Diese paradoxe Formel bezeichnet in ihrem zweiten Teilsatz den Gedanken, daß der Mensch nie in dem aufgeht, was er – bisher – ist. Die menschliche Existenz bildet einen Bruch im fugenlosen Sein, ein Nichts (néant), denn der Mensch ist das einzige Seiende, das kein vorgegebenes Wesen, keine Essenz hat, sondern nur eine Existenz. Er kann und muß sich sein Wesen erst erwerben, indem er seine Vergangenheit negiert und sich in die Zukunft hinein entwirft. Dies ist der Sinn des ersten Teils der paradoxen Formel. In jedem Augenblick steht damit der Mensch vor der Entscheidung, sein Leben neu zu wählen – und er muß auch die Konsequenzen dieser Entscheidung voll und ganz verantworten.

„Das Sein und das Nichts" ist ein philosophischer Bestseller, nicht zuletzt wegen seiner Fülle an alltagsnahen Beispielen und plastischen Beschreibungen. So illustriert Sartre die Gefahr, die Freiheit der menschlichen Existenz vor sich selbst zu verleugnen am Beispiel eines Kellners, der sich als Kellner und nur als Kellner entwirft und dabei verkennt, daß er sich die unkritische Übernahme sozialer Rollenerwartungen selbst zuzuschreiben hat. Genau an diesem Punkt setzt Sartre mit seinem großangelegten zweiten Hauptwerk, der „Kritik der dialektischen Vernunft" von 1960, an, in dem er versucht, die soziale Dimension der Intersubjektivität in den subjektivistischen Ansatz von „Das Sein und das Nichts" zu integrieren.

Martin Heidegger, 1889–1976, Foto von Digne M. Marcovicz, 1968

Martin Heidegger ist einer der Hauptvertreter der modernen Existenzphilosophie. In seinem Hauptwerk „Sein und Zeit" von 1927 wendet er die phänomenologische Methode seines Lehrers Husserl auf die menschliche Existenz an. Er charakterisiert darin den Menschen als einen „geworfenen Entwurf", als ein Wesen also, das in Umstände hineingeboren wird, die es sich nicht aussuchen kann und das sich den Sinn seiner Existenz selbst geben muß. Dabei läuft der Mensch Gefahr, sich dieser Herausforderung zu entziehen und eine „uneigentliche" Existenz zu führen. In der „Kehre", die Heidegger seit Mitte der dreißiger Jahre vollzieht, tritt mehr und mehr das „Sein" ins Zentrum seines Denkens. Seitdem betrachtet er die abendländische Philosophie als Irrweg, weil sie das Sein als Grund aller Gegenständlichkeit „vergessen" und es stattdessen verdinglicht habe.

Philosophische Anthropologie

Kant hatte einst angemerkt, die drei Grundfragen der Philosophie „Was kann ich wissen?", „Was soll ich tun?", „Was darf ich hoffen?" ließen sich im Grunde in der einen Frage „Was ist der Mensch?" zusammenfassen. Die Philosophische Anthropologie versucht nun, diese Frage in Auseinandersetzung mit der wissenschaftlichen Forschung, insbesondere der Biologie, direkt und nicht mehr auf dem Umweg über Erkenntnistheorie, Ethik oder Theologie zu beantworten.

Den Anstoß gab eine kleine Schrift des katholischen Husserl-Schülers Max Scheler mit dem Titel „Die Stellung des Menschen im Kosmos" aus dem Jahre 1928. Scheler stellt sich dort die Frage, worin die Sonderstellung des Men-

Ein Paar Holzschuhe, Gemälde von Vincent van Gogh, 1888, Rijksmuseum Vincent van Gogh, Amsterdam

Heidegger versucht in seiner Spätphilosophie einen nicht verdinglichenden Zugang zum „Sein" zu gewinnen. Zu diesem Zweck wendet er sich der Kunst zu, von der er erwartet, daß sie genau diesen Zugang zu ermöglichen vermag. Sein ästhetisches Hauptwerk ist der Aufsatz „Vom Ursprung des Kunstwerkes" von 1935–1936. Dort betont er gegen die Ästhetik Kants, die die ästhetische Erfahrung, also die Wirkung des Kustwerks auf das Subjekt untersucht hatte, den Eigenwert des Kunstwerks. Das Kunstwerk darf nach Heidegger nicht als ein Ding mißverstanden werden, das sich durch besondere Eigenschaften auszeichnet, wie etwa, daß es die Realität besonders gut oder schön abbildet. Vielmehr zeigt es das allgemeine Wesen der Dinge auf und eröffnet uns damit eine Sicht auf die Welt. So stellt das Gemälde von van Gogh ein Paar Bauernschuhe dar, aber zugleich wird erfahrbar, was das Wesen eines Gebrauchsgegenstandes – das Zeugsein des Zeugs – überhaupt ausmacht: seine Verläßlichkeit. In diesem Werk wird anschaulich, wie die Dinge, mit denen wir uns umgeben und auf die wir uns verlassen, dafür sorgen, daß wir uns in der Welt heimisch fühlen können.

Venezianerin II, Bronzeskulptur von Alberto Giacometti, Privatsammlung

In den Skulpturen Giacomettis sah Sartre Wahrnehmungserlebnisse verfestigt, die auch in seiner Philosophie eine Rolle spielen. So behandelt ein Kapitel von „Das Sein und das Nichts" den „Blick des Anderen". Ich bin, so Sartre, allein in einem Park und projiziere meine Empfindungen auf die mich umgebende Landschaft. Plötzlich gewahre ich einen Menschen, der mich beobachtet. In diesem Moment werde ich zu einem Objekt, das durch den anderen definiert ist.
Auch die Erfahrung der Leere bringt unsere Situiertheit in der Welt, unsere notwendige Bezogenheit auf andere zum Ausdruck. Giacometti ist für Sartre ein Mensch, der seine Leere ständig mit sich herumträgt. Diese Leere teilt sich im betrachten seiner Figuren mit. Sie bleiben in einer „absoluten Distanz" zum Betrachter und erscheinen wie am Horizont, von Gegenlicht umstrahlt und daher ihres Volumens entkleidet.

schen im Weltganzen bestehe. Im Unterschied zum Tier, so Scheler, verfügt der Mensch über eine besondere „Weltoffenheit": Sein Geist befähigt ihn, zu seiner unmittelbaren Umwelt in Distanz zu treten und sich damit der Welt außerhalb seines Wahrnehmungskreises zu öffnen.

Ebenfalls 1928 erschien Helmuth Plessners Werk „Die Stufen des Organischen und der Mensch", in dem er die Sonderstellung des Menschen in einer ihm eigentümlichen „exzentrischen Positionalität" seines Organismus lokalisiert. Während das Tier „zentrisch" im Mittelpunkt seiner Umwelt steht, ist der menschliche Organismus zwar als Leib unmittelbar das Zentrum seiner Umwelt, als Körper aber wird der Organismus zum Gegenstand, über dessen Bewegungen der Mensch gleichsam von außen verfügt. Der menschliche Organismus ist immer beides zugleich: ein Medium des Ausdrucks unmittelbarer Emotionalität und ein Instrument, das zielgerichtet eingesetzt werden kann. Diesen Doppelcharakter des Organismus erläutert Plessner an den menschlichen Ausdrucksformen: Während gestischer Ausdruck und Sprache eine Kontrolle des Körpers erfordern, die eine erfolgreiche Mitteilung an andere ermöglichen, geschieht ein mimischer Ausdruck, wie etwa das Erröten oder das Erbleichen, unwillkürlich – der Organismus verleiht sich Ausdruck. Im Lachen und Weinen schließlich bricht die prekäre Balance zwischen Leibsein und Körperhaben zusammen, da hier, so Plessner, der Mensch so von seiner Körperlichkeit überwältigt wird, daß er als ganzer seine Handlungsfähigkeit verliert.

Arnold Gehlen charakterisiert in seinem Buch „Der Mensch. Seine Natur und seine Stellung in der Welt" von 1940, das als Hauptwerk der Philosophischen Anthropologie gilt, den Menschen als „Mängelwesen". Denn der Mensch bleibt aufgrund seiner mangelhaften natürlichen Ausstattung an Sinnesschärfe, Körperkraft und Instinkt seinen natürlichen Feinden weit unterlegen. Seine Wahrnehmung, seine Motorik und sein Antriebssystem sind extrem unspezifisch, aber eben deshalb auch extrem entwicklungsfähig. Der Mensch nimmt einen viel breiteren Ausschnitt der Realität wahr als Tiere, wenn auch weniger genau, seine Motorik ist nicht auf ein festes Repertoire an Bewegungsabläufen beschränkt, sondern muß ausgebildet werden, seine Antriebe legen ihn nicht auf bestimmte Verhaltensmuster fest, sondern er muß sich entscheiden. Diese Schwächen, die zugleich Stärken sind, ermöglichen es dem Menschen zu handeln, ein Begriff den Gehlen in Anlehnung an Dewey ins Zentrum seiner Analyse rückt. Gleichzeitig zwingen sie ihn dazu, so zu handeln, daß er sich von den Gefahren einer Reizüberflutung, einer plumpen Motorik und diffusen Antrieben entlastet, indem er die Wahrnehmung strukturiert, die Bedürfnisse formt und die Motorik anleitet. Diese Entlastung ist nach Gehlen Aufgabe von Institutionen. Zu diesen Institutionen zählt Gehlen unter anderem die Sprache, aber insbesondere denkt er an jene politischen, sozialen und kulturellen Institutionen, die den Handlungsspielraum des Menschen durch tradierte Weltdeutungen und Verhaltensvorschriften wieder einschränken. Sie erfüllen ihre stabilisierende Funktion desto besser, je stärker sie Kritik und Revision entzogen sind. Es ist – neben seinen oft scharfsinnigen soziologischen Zeitdiagnosen – vor allem dieser Grundgedanke seiner Institutionentheorie,

Jean Paul Sartre, 1905–1980, Foto mit Simon de Beauvoir, 1970

Jean-Paul Sartre zählt zu den berühmtesten Intellektuellen des 20. Jahrhunderts. Er ist der Vordenker des weltanschaulichen Existentialismus, der sich durch eine radikale Ablehnung aller Sinnangebote auszeichnet und jeden einzelnen dazu aufruft, sich für ein Leben zu entscheiden und für diese Entscheidung die Verantwortung zu tragen, ohne irgendwelche Kriterien dafür zu haben, welche Entscheidung richtig ist und welche falsch. Der Mensch ist seiner Seinsverfassung nach nicht darauf festgelegt etwas bestimmtes zu sein – wie ein Stein oder ein Hammer, sondern er muß sich sein Wesen selbst geben, indem er in der Welt handelt.

der Gehlen zu einer der wichtigsten intellektuellen Stimmen der Konservativen in der Bundesrepublik der Nachkriegszeit hat werden lassen.

SPRACHE

Hermeneutik

Erst im 20. Jahrhundert ist die Sprache als Medium der Erkenntnis in den Vordergrund des philosophischen Bewußtseins gerückt. Gewiß, Sprachphilosophie gab es auch zuvor, doch wurde die Sprache meist als bloßes Mittel des Ausdrucks von sprachunabhängig verfaßten Gedanken betrachtet. Diese Auffassung wandelte sich in dem Maße, wie immer klarer die Schwierigkeiten der Bewußtseinsphilosophie zutage traten, die Konstitution von Objekten der Erfahrung lediglich als zweistellige Beziehung zwischen Subjekt und Objekt zu beschreiben. Es wurde immer deutlicher, daß sich die Erkenntnis einer mit anderen geteilten und insofern objektiven Welt nur so vollziehen kann, daß verschiedene Beobachter sich durch das Medium einer geteilten Sprache hindurch auf die gleiche Wirklichkeit beziehen. Die beiden großen Traditionen der Sprachphilosophie dieses Jahrhunderts, die einander meist ablehnend gegenüberstanden und erst gegen Ende des Jahrhunderts näher aneinander gerückt sind, haben sich an zwei unterschiedlichen Typen von Wissenschaft orientiert. Während die Hermeneutik sich anschickte, eine Wissenschaftstheorie der Geisteswissenschaften zu begründen, strebte die Analytische Philosophie nach dem Ideal der Exaktheit naturwissenschaftlicher Aussagen.

Die Hermeneutik ist die Lehre vom Verstehen. Sie hat ihre Wurzeln in der theologischen Auslegung von heiligen Schriften und fand ihre philosophische Form im romantischen Denken Friedrich Schleiermachers. Wilhelm Dilthey hatte im Geist der Lebensphilosophie herausgearbeitet, daß sich der verstehende Geisteswissenschaftler im Unterschied zu dem erklärenden Naturwissenschaftler in seinen Untersuchungsgegenstand, die geschichtlichen Lebensäußerungen des Menschen, hineinversetzen muß, um diese nachvollziehend verstehen zu können. Es war jedoch Hans-Georg Gadamer, der mit seinem Werk „Wahrheit und Methode" von 1960 die beiden Stränge zusammenführte und die Hermeneutik in den Rang einer geisteswissenschaftlichen Grundlagendisziplin erhob. Gadamer teilt mit seinem Lehrer Heidegger den philosophischen Ausgangspunkt. Der Mensch ist in eine Welt hineingeworfen, von der er immer schon ein Vorverständnis besitzt. Nur aus dem Horizont des immer schon Gewußten heraus kann der Mensch sich das Fremde aneignen, das ihm unentwegt begegnet. Im kommunikativen Einlassen auf das Fremde verändert sich sein eigener Standpunkt, und sein Horizont erweitert sich. Exemplarisch geschieht dies in den Geisteswissenschaften, insbesondere bei der Auslegung von Kunstwerken, in denen die welterschließende Kraft der Sprache verdichtet ist. Denn in der Zwiesprache mit dem Werk verschmilzt der ursprüngliche Horizont des Interpreten mit dem des Werkes. Im sogenannten hermeneutischen Zirkel gelangt er so zu einem tieferen Verständnis dessen, was er zu Beginn vorausgesetzt hatte. Da jede Zeit ihre eigenen Fragen hat, kommt dieser Prozeß der Aneignung nie zum Abschluß, wir können die Werke der Kunst wie auch unsere Existenz immer nur anders, nie aber endgültig verstehen.

Logischer Positivismus

Die analytische Philosophie gibt sich mit der Unabgeschlossenheit des Verstehens nicht zufrieden und strebt für das philosophische Wissen die gleiche Exaktheit an, die die naturwissenschaftliche Erkenntnis auszeichnet. Der Stil dieses Denkens, der bis auf den heutigen Tag die akademische Philosophie insbesondere in den angelsächsischen Ländern prägt, konzentriert sich rigoros auf die scharfsinnige Begründung und Widerlegung einzelner Argumente und hält sich weitgehend von ausdrücklichen weltanschaulichen Entwürfen fern. Die Wurzeln der analytischen Philosophie reichen ins 19. Jahrhundert zurück. Der Mathematiker Gottlob Frege hatte im Zuge seines Versuchs, die Arithmetik zu begründen, eine Logik entworfen, mit deren Hilfe sich sowohl die Struktur beliebiger Aussagen als auch ihre möglichen Verknüpfungen formal darstellen lassen. Es war dann vor allem der englische Philosoph und Mathematiker Betrand Russell, der einer breiten Öffentlichkeit durch sein mutiges pazifistisches Engagement – gegen den Ersten Weltkrieg, aber auch gegen den Vietnamkrieg – bekannt geworden ist, der die logische Analyse auf die natürliche Sprache anwendete.

Das Ideal der Exaktheit, das sich die entstehende sprachanalytische Philosophie damit zu eigen machte, kam in zwei ganz unterschied-

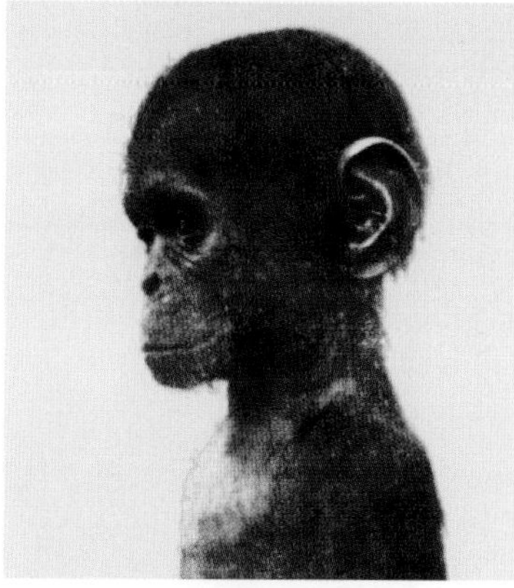

Ein junger und ein erwachsener Schimpanse

Die philosophische Anthropologie stützt sich vielfach auf Resultate der empirischen Wissenschaften, insbesondere der Biologie, wobei einer Entdeckung des Zoologen und Philosophen Adolf Portmann eine herausragende Bedeutung zukommt. Portmann hatte nachgewiesen, daß der Mensch im Vergleich zu seinen nächsten Verwandten gleichsam zu früh geboren wird. Unbehaart, mit reduzierten Instinkten ausgestattet und in vielerlei Hinsicht unfertig muß der Mensch nach der Geburt noch etwa ein Jahr lang eine Art Schwangerschaft außerhalb des Mutterleibes überstehen, bis er so weit entwickelt ist wie andere Tiere bereits bei der Geburt. Wahrnehmung, Motorik und Antriebssystem sind im Vergleich zu Tieren unspezifisch, dafür aber in hohem Maße formbar, was dem Tier versagt bleibt. Diesen Unterschied sieht man sehr deutlich auf den Fotos, die einen neugeborenen und einen erwachsenen Schimpansen zeigen. Das Neugeborene sieht dem Menschen viel ähnlicher als der Erwachsene, so daß man sagen kann, daß der Mensch gleichsam sein ganzes Leben lang ein Neugeborenens bleibt.

Gottlob Frege, Foto um 1920

Der Mathematiker und Philosoph Gottlob Frege gilt als Ahnherr der Analytischen Philosophie. Er hatte im Zuge seines Versuchs, die Arithmetik zu begründen, eine Logik entworfen, mit deren Hilfe sich sowohl die Struktur beliebiger Aussagen als auch ihre möglichen Verknüpfungen formal darstellen lassen. Die formale Logik gleicht einer natürlichen Sprache wie Englisch oder Deutsch darin, daß sie über eine Syntax verfügt, also über Regeln, die angeben, welche Sätze der Sprache wohlgeformt sind und welche nicht. Allerdings sagen die Sätze der formalen Logik nichts über die reale Welt aus, denn ob sie wahr sind oder nicht, ergibt sich aus der empirischen Wahrheit oder Falschheit der Aussagen, aus denen sie zusammengesetzt sind. So ist der aussagenlogische Satz „A UND B" dann und nur dann wahr, wenn sowohl die Aussage „A" als auch die Aussage „B" wahr ist, ganz gleich, was „A" und „B" von der Welt aussagen. Auch die Semantik, also die Lehre von der Bedeutung sprachlicher Ausdrücke verdankt Frege entscheidende Einsichten. So beziehen sich die Kennzeichnungen „Morgenstern" und „Abendstern" zwar auf den gleichen Gegenstand, die Venus, ihr Sinn aber ist verschieden, da es eine informative Entdeckung war festzustellen, daß Morgenstern und Abendstern identisch sind.

lichen Forschungsprogrammen zum Ausdruck, die beide wesentlich von Ludwig Wittgenstein, einem Schüler Russells, geprägt wurden: der logische Positivismus und die „Ordinary Language Philosophy". Der logische Positivismus strebte die Konstruktion einer exakten Wissenschaftssprache an, die frei sein sollte von den Vagheiten und Widersprüchlichkeiten der natürlichen Sprache. Sein Manifest ist das geniale Frühwerk Wittgensteins, der „Tractatus logico-philosophicus" von 1921, eine durchnumerierte Folge apodiktischer Behauptungen. Die Kernfrage des „Tractatus" ist die nach dem Verhältnis von Sprache und Wirklichkeit. Die Welt ist, nach dem berühmten ersten Satz des „Tractatus", alles, was der Fall ist, also eine zusammengesetzte Tatsache. Diese Tatsache läßt sich eindeutig in einfachste Tatsachen zerlegen, die ihrerseits aus einfachen Dingen, nämlich Gegenständen und Eigenschaften zusammengesetzt sind. Eine Sprache, die es erlaubt, die Wirklichkeit adäquat zu beschreiben, muß nun nach Wittgenstein ein genaues Abbild der Wirklichkeit sein – sie muß die gleiche Struktur wie die Wirklichkeit aufweisen. Da die natürlichen Sprachen diese Anforderung nur sehr unzulänglich erfüllen, konstruiert Wittgenstein im „Tractatus" eine Idealsprache, worin einfache Namen für einfache Dinge stehen und worin der syntaktische Aufbau der Sätze die Struktur der Tatsachen abbildet. Erkenntnistheoretisch entscheidend dabei ist, daß für Wittgenstein die Gegenstände und deren Eigenschaften in der Wirklichkeit sprachunabhängig gegeben sind und von der Sprache lediglich abgebildet werden. Wittgensteins tieferes Anliegen im „Tractatus" ist es, den Unterschied zwischen dem aufzuweisen, was man mit der Sprache sagen kann, nämlich wie es sich mit der Welt verhält, und dem, was sich in der Sprache zeigt. Es zeigt sich in den Sätzen einer Sprache nämlich das Verhältnis der Sprache zur Wirklichkeit. Daraus folgt, wie Wittgenstein zugesteht, daß die Sätze des „Tractatus" wie überhaupt alle philosophischen Versuche, etwas über das Verhältnis von Sprache und Wirklichkeit zu sagen, im Grunde sinnlos sind. Die Philosophie kann also für Wittgenstein nicht die Aufgabe haben, ein Theoriegebäude zu errichten. Vielmehr betrachtet er die Philosophie als eine therapeutische Tätigkeit, die uns von der „Verhexung unseres Verstandes durch die Mittel unserer Sprache" heilen soll. Es sind insbesondere jene letzten meditativ, ja fast mystisch anmutenden Sätze des „Tractatus", in denen Wittgensteins Pathos der Klarheit eine existentielle Dringlichkeit gewinnt.

Seit 1924 hatte sich in Wien um den Physiker und Philosophen Moritz Schlick eine Gruppe hochkarätiger Mathematiker, Naturwissenschaftler und Philosophen gebildet, die bald als „Wiener Kreis" bekannt wurde. Ihr Ziel war es, eine Einheitswissenschaft zu begründen, deren in der Sprache der Logik formulierten Aussagen ausschließlich auf empirischen Beobachtungen zurückzuführen sein sollten. Alle Fragen, die sich auf diese Weise nicht exakt beantworten ließen – und damit beinahe die gesamte traditionelle Philosophie, wurden als „Scheinprobleme" verworfen, die sich aus einer Verwendung unsinniger Sätze ergaben. Sinnvoll sind für den Wiener Kreis Sätze nämlich nur dann, wenn man angeben kann, unter welchen Bedingungen sie wahr sind. Kennt man diese Bedingungen, weiß man auch, was der Satz bedeutet. Man spricht daher auch vom verifikationistischen Bedeutungskriterium. Es war insbesondere Rudolf Carnap, der daraus das physikalistische Programm entwickelte, nach dem sich alle Sätze einer wissenschaftlichen Theoriesprache in Sätze einer Beobachtungssprache übersetzen lassen müssen.

Analytische Philosophie

Nach der Flucht der Mitglieder des Wiener Kreises vor den Nationalsozialisten in die Vereinigten Staaten ist seine Tradition dort in veränderter Form weitergeführt worden und hat insbesondere mit Willard van Orman Quine und Donald Davidson neue Höhepunkte erreicht. Ohne auf eine Gebrauchstheorie der Bedeutung im Sinne des späten Wittgenstein abzuzielen, hat Quine, ein Schüler Carnaps, die Grundannahmen des logischen Positivismus einer radikalen Kritik unterzogen. Im Zentrum seines Denkens steht die grundlegende Kontextabhängigkeit jeder sprachlichen Bedeutung und damit jeden Wissens. Eine einzige richtige Beschreibung der Welt, wie sie der Positivismus angestrebt hatte, kann es nicht geben, weil verschiedene, ineinander nicht übersetzbare Wissenssysteme durchaus nebeneinander existieren können. Donald Davidson hält dagegen daran fest, die Bedeutung eines Satzes mit Hilfe seiner Wahrheitsbedingungen zu erläutern, denkt diese jedoch nicht mehr unabhängig vom verstehenden Interpretieren in zwischenmenschlicher Kommunikation. Indem er den

Grundbegriff der Interpretation auch auf das Verstehen von Handlungen ausweitet, gelingt ihm eine Verbindung von theoretischer und praktischer Philosophie auf sprachanalytischer Grundlage, die von der kontinentaleuropäischen Tradition der Hermeneutik inhaltlich nicht mehr weit entfernt ist, aber auf ganz anderen methodischen Grundlagen fußt.

Wittgenstein hatte im Vorwort zu seinem „Tractatus" gesagt, er habe „die Probleme im wesentlichen endgültig gelöst". Es waren jedoch nicht zuletzt die Probleme, die sich dem Wiener Kreis bei der Ausarbeitung einer verifikationistischen Bedeutungstheorie stellten, die Wittgenstein zu einer radikalen Revision seiner früheren Position drängten. Erst nach seinem Tode erschien das Werk, das der Philosophie des 20. Jahrhunderts eine neue Richtung geben sollte, die „Philosophischen Untersuchungen" von 1953. Wittgenstein gibt dort die Auffassung auf, die Wirklichkeit sei unabhängig von der Sprache gegeben und werde durch diese bloß abgebildet. Vielmehr erschließt sich die Welt erst in ihrer sprachlichen Beschreibung. Daher gibt es auch nicht eine einzige korrekte Beschreibung der Welt, sondern welche Beschreibung richtig ist, hängt davon ab, welche Sprache verwendet wird. Aus diesem Grunde verzichtet Wittgenstein auch darauf, eine exakte Idealsprache konstruieren zu wollen, die ohne die Vagheiten der Umgangssprache auskommt. Denn die Umgangssprache ist in Ordnung, so wie sie ist. Es sind vielmehr die Verirrungen des philosophischen (und wissenschaftlichen) Sprachgebrauchs, die Probleme schaffen, welche aber durch eine genaue Analyse der Umgangssprache als gegenstandslos durchschaut werden können. Was also gegenüber seiner frühen Philosophie unverändert bleibt, ist Wittgensteins Auffassung von Philosophie als Sprachtherapie.

Wittgenstein geht in den „Untersuchungen" von der Auffassung aus, daß Sprechen eine regelgeleitete Tätigkeit ist wie etwa auch Spiele. Ein solches Sprachspiel, wie Wittgenstein es nennt, ist in vielfältige praktische Zusammenhänge oder Lebensformen eingebettet und die wissenschaftliche Beschreibung ist nur eine von vielen möglichen. Die Bedeutung eines Wortes ergibt sich nun daraus, welche Funktion es innerhalb eines Sprachspiels erfüllt, das heißt, die Bedeutung eines Wortes ist sein Gebrauch. In dieser unscheinbaren Formulierung verbirgt sich eine völlig neue Bedeutungstheorie. Nicht mehr der Bezug auf bestimmte Gegenstände in der Welt, seien es Dinge oder Eigenschaften, gibt dem Wort seine Bedeutung, sondern einzig und allein die soziale Institution des korrekten Gebrauchs. Man gebraucht ein Wort dann korrekt, wenn man einer allgemein akzeptierten Regel für den Gebrauch des Wortes folgt. Wie aber macht man das? Beim Erlernen einer Sprache lernt man anhand von Beispielen, wie ein Wort zu verwenden ist, und man wendet es

Ludwig Wittgenstein, 1889–1951, Foto um 1930

In seinem Frühwerk, dem „Tractatus logico-philosophicus" von 1921 bemühte sich Wittgenstein um die Grundlegung einer wissenschaftlichen Idealsprache, mit deren Hilfe sich die Wirklichkeit genau abbilden lassen sollte. In den dreißiger Jahren begann Wittgenstein, seine Gedanken über das Verhältnis von Sprache und Wirklichkeit zu revidieren. Das Resultat sind die „Philosphischen Untersuchungen". Dort bricht er mit dem Anspruch des Positivismus, eine einzige korrekte wissenschaftliche Beschreibung der Welt anzustreben. Er betrachtet nun die Sprache als eingebettet in eine Lebensform. Es ist also die Sprache und mit ihr die Lebensform, die der Welt ihre Struktur vorgibt, nicht mehr umgekehrt.

Das Haus der Schwester Wittgensteins in Wien, Foto von Margherita Spiluttini

Als Sohn einer hochmusikalischen jüdischen Industriellenfamilie in den besten Kreisen des kaiserlichen Wien aufgewachsen, wandte sich Ludwig Wittgenstein dem Studium der Ingenieurswissenschaften in Berlin und Manchester zu. Während des Studiums beschäftigte er sich intensiv mit Fragen der Grundlagen der Mathematik. Zunehmend begeisterte er sich jedoch für Philosophie und Wissenschaftstheorie und ging auf Anraten Freges nach Cambridge zu Bertrand Russel, dessen Schüler und Freund er wurde. Nachdem er sein beträchtliches Vermögen an Dichter – unter anderem an Rilke und Trakl – verschenkt, und hinter der Front den Tractatus geschrieben hatte, mit dem er alle philosophischen Probleme gelöst zu haben meinte, wurde er Dorflehrer in Österreich und Gärtner in einem Kloster. 1926 kehrte er nach Wien zurück, erbaute der Schwester ein Haus und kam in Kontakt zum Wiener Kreis, dessen Rationalismus er jedoch recht distanziert gegenüberstand. 1929 ging er zurück nach Cambridge, wo er mit Unterbrechungen bis zu seinem Tode lehrte.

Szene aus dem Film „Frankensteins Sohn", USA, 1939, Regie: Rowland V. Lee, Szene mit Bela Lugosi, Boris Karloff, Basil Rathbone und Paul Muni

In der analytischen Philosophie hat sich seit den fünfziger Jahren die Teildisziplin der sogenannten Philosophie des Geistes (philosophy of mind) herausgebildet, die die klassische Frage nach dem rätselhaften Verhältnis von Leib und Seele unter veränderten methodischen Gesichtspunkten wieder aufnimmt. In der analytischen Philosophie des Geistes wird meist eine monistische Position vertreten, die dem Geistigen die Rolle einer scheinbar selbständigen Sphäre zuschreibt, die jedoch in Wirklichkeit nur eine Funktion des Gehirns ist. Mit der Entwicklung der Computertechnologie und der Informatik arbeiten Vertreter der sogenannten Kognitionswissenschaften, die auch die Philosophie des Geistes umfassen, an der Entwicklung künstlicher Intelligenz. Anders als für Dr. Frankenstein geht es dabei jedoch (noch) nicht um die Erschaffung von Leben, sondern um den Versuch, geisitige Funktionen wie Wahrnehmen oder Lernen, mit Hilfe von Computerprogrammen nachzuahmen.

auf neue Fälle an, ohne dabei auf Kriterien zurückgreifen zu können, die die Richtigkeit der Anwendung garantieren. Letztlich muß einem dabei die Tatsache genügen, daß der neue Fall den Beispielfällen, anhand derer man die Verwendung des Begriffs gelernt hat, hinreichend ähnlich ist. Daraus ergibt sich zum einen eine unvermeidliche Vagheit der Begriffe. Zum anderen zieht Wittgenstein daraus die antiskeptische erkenntnistheoretische Konsequenz, daß die Mitglieder einer Sprachgemeinschaft nicht nur in den Definitionen übereinstimmen müssen, sondern weitgehend auch in den Urteilen über die Welt.

Die nach ihrem intellektuellen Zentrum auch „Oxford Philosophy" genannte „Ordinary Language Philosophy" nahm Wittgensteins Anregungen auf und versuchte in penibler Kleinarbeit, philosophische Probleme durch die Analyse des umgangssprachlichen Gebrauchs der in ihnen vorkommenden Begriffe zu lösen. Als besonders fruchtbar erwies sich dabei die Sprechakttheorie John Austins. Ausgehend von Wittgensteins Beobachtung, daß Menschen immer auch etwas tun, indem sie sprechen, zeigte er, wie sich alle Sprachhandlungen in ihren lokutionären Gehalt und ihre illokutionäre Rolle, also das, was man tut, indem man etwas sagt (wie etwa zum Beispiel Versprechen, Danken etc.), zerlegen lassen.

Wissenschaftstheorie

Karl Popper, ein Mitglied des Wiener Kreises, entfaltete seine Wirkung nach der Flucht vor den Nationalsozialisten aus Österreich vor allem in London. Ihn interessiert jedoch in seinem wissenschaftstheoretischen Hauptwerk „Logik der Forschung" von 1934 nicht so sehr die logische Struktur einer wissenschaftlichen Idealsprache, sondern das Problem, wie man durch Beobachtung überhaupt zu wissenschaftlicher Erkenntnis gelangen kann. Denn die Wissenschaft strebt Gesetzesaussagen an, also allgemeine Aussagen, die für alle Fälle, die in den Anwendungsbereich des Gesetzes fallen, zutreffen. Wie ist es aber möglich, aus endlich vielen Beobachtungen auf ein allgemeines Gesetz zu schließen, das für eine unendliche Zahl von Fällen gilt? Dies ist das sogenannte Induktionsproblem. Poppers Antwort lautet: Es ist überhaupt nicht möglich. Denn noch so viele Beobachtungen können nicht sicherstellen, daß nicht eines Tages eine widersprechende Beobachtung auftritt. Statt dessen ist es die kreative Aufgabe der Wissenschaft, allgemeine Hypothesen aufzustellen und sie dann im Experiment zu prüfen, denn Hypothesen lassen sich zwar nicht bestätigen, aber widerlegen oder falsifizieren. Durch Ausschaltung von immer mehr Theorien erhöht sich dann die „Wahrheitsähnlichkeit" der überlebenden Theorie.

Gegen diese Auffassung ist von Quine eingewendet worden, daß sich empirisch überprüfbare Beobachtungssätze nicht aus einzelnen Hypothesen ableiten lassen, sondern immer nur aus Hypothesenkomplexen. Ob man im Falle einer der Hypothese widersprechenden Beobachtung die Hypothese fallenläßt oder annimmt, daß unbekannte Störungen vorgelegen haben, ist nach Quine eine Frage der Entscheidung. Diese holistische Konzeption wissenschaftlicher Erkenntnis hat der Amerikaner Thomas Kuhn durch seine wissenschaftsgeschichtlichen Untersuchungen in seinem Buch „Die Struktur wissenschaftlicher Revolutionen" von 1962 nachdrücklich unterstützt. Wissenschaft ist für ihn nicht ein Prozeß des stetigen Erkenntnisfortschritts durch Sammeln von Fakten. Dies trifft nur auf Perioden der normalen Wissenschaft zu. Man spricht dann vom Vorliegen eines Paradigmas, das durch allgemein akzeptierte theoretische Hintergrundannahmen charakterisiert ist und innerhalb dessen die gültige Theorie insgesamt nicht in Frage gestellt, sondern zur Lösung noch bestehender Probleme, sogenannter Anomalien, eingesetzt wird. Erweisen sich solche Anomalien als hartnäckig, kann es zu einer wissenschaftlichen Revolution und damit zu einem Paradigmenwechsel kommen.

Ob dies geschieht oder nicht, ist jedoch abhängig von außerwissenschaftlichen Faktoren, wie etwa den politischen Machtverhältnissen. Da das neue und das alte Paradigma inkommensurabel, also unvergleichbar sind, kann für Kuhn von wissenschaftlichem Fortschritt keine Rede sein.

GESELLSCHAFT

Westlicher Marxismus

In Auseinandersetzung mit der im Entstehen begriffenen Wissenschaft der Soziologie bildet sich seit dem Ersten Weltkrieg insbesondere in Deutschland ein Denken über die gesellschaftliche Moderne heraus, das sich als westlicher Marxismus charakterisieren läßt. Allerdings ist dieses Denken damit nur unzureichend umschrieben, denn es bildet nicht weniger als den umfassenden Versuch, die Lage des modernen Subjekts insgesamt, also auch der Kultur und Persönlichkeit, aus gesellschaftlichen Modernisierungsprozessen heraus zu erklären und mit der politischen Praxis zu vermitteln. Den theoretischen Bezugspunkt bildet dabei vor allem das Werk von Karl Marx. Jedoch befreit der westliche Marxismus das marxistische Denken von der Fixierung auf den Bereich des Ökonomischen. So unterscheidet er sich vom orthodoxen Marxismus, der für knapp ein halbes Jahrhundert weltweit die offizielle Lehre der kommunistischen Parteien und der von ihnen kontrollierten Staaten gewesen ist, theoretisch durch die große Bedeutung, die er den sogenannten Überbauphänomenen, also Entwicklungen des gesellschaftlichen Bewußtseins, beimißt und praktisch durch die weitgehende Skepsis gegenüber dem sowjetischen Gesellschaftsmodell.

Die Geburtsstunde des westlichen Marxismus ist das Jahr 1922, das Jahr der Entstehung von „Geschichte und Klassenbewußtsein" des Ungarn Georg Lukács. Er teilt die Auffassung Max Webers, eines der Gründungsväter der soziologischen Wissenschaft, daß die moderne Gesellschaft durch einen fortschreitenden Prozeß der Rationalisierung geprägt ist, also durch eine immer stärkere Ausbreitung von Lebensbereichen, in denen der Mensch sich nicht mehr an gemeinschaftlichen Werten, sondern nur noch an seinen eigenen Interessen orientiert. Lukács beschreibt diesen Prozeß als Verdinglichung, das heißt, der moderne Mensch sieht sowohl sich selbst als auch andere Menschen immer stärker als Dinge an, zu denen er ein rationales Verhältnis ausbildet. Der Ursprung dieses Prozesses liegt für Lukács in der Ausbreitung der Lohnarbeit, in dem der Arbeiter seine eigene Arbeitskraft als ein von ihm abgespaltenes Ding ansieht, das er zu verkaufen hat. Damit haben die Arbeiter im Unterschied zu anderen sozialen Klassen die Chance zu durchschauen, daß das kapitalistische Wirtschaftssystem die Ursache der Verdinglichung bildet, und es war Lukács geschichtsphilosophische Hoffnung, daß das Proletariat in der Revolution mit dem Kapitalismus auch die Verdinglichung überwinden würde.

Zwei Denker, die die Tradition des westlichen Marxismus ebenfalls maßgeblich prägten, aber weit weniger von Weber als vielmehr vom Gedankengut der jüdischen Mystik beeinflußt waren, sind Ernst Bloch und Walter Benjamin. Bloch, lange eng mit Lukács befreundet, versuchte den utopischen Gehalt des Marxschen Denkens mit der spekulativen Philosophie des deutschen Idealismus in einer „Ontologie des Noch-nicht-Seins" zu verbinden. Das, worauf es für Bloch ankommt, ist der noch nicht verwirklichte Tagtraum, die noch nicht eingelöste Hoffnung, das mögliche Sein. „Das Prinzip Hoffnung", sein monumentales Hauptwerk von 1954–1959, verfolgt die Spuren der Hoffnung auf den erfüllten Augenblick noch in die entlegensten Lebensäußerungen des Menschen hinein. An die Stelle der Blochschen Hoffnung ist bei Walter Benjamin die „rettende Kritik" ge-

Karl Popper, 1902–1994, Foto von Ingrid von Kruse

Karl Popper ist der Begründer des kritischen Rationalismus, einer Denkschule, die die Skepsis gegenüber allen umfassenden Sinnangeboten zu ihrem Leitthema gemacht hat. Frühe Berühmtheit erlangte Popper mit seinem Werk „Logik der Forschung" von 1932, in dem er die Auffassung kritisierte, die Entwicklung der Wissenschaften lasse sich als ein stetiges Anwachsen von Wissen begreifen. Doch nicht nur die Wissenschaftstheorie verdankt Popper wichtige Impulse. In seinem Werk „Die offene Gesellschaft und ihre Feinde" von 1945 setzt er den geschichtsphilosophischen Lehren Platons, Hegels und Marx', die seiner Meinung nach potentiell totalitär wirken, weil sie eine bestimmte Gesellschaftsform als Ziel der Geschichte auszeichnen, die Vision einer offenen, pluralistischen Gesellschaft entgegen.

Schwan im St. James Park, Foto von Jon Player

Karl Popper illustrierte seine berühmte These, nach der wissenschaftliche Aussagen sich nicht bestätigen, sondern nur widerlegen lassen am Beispiel von Schwänen. Seit dem Altertum waren in Europa Schwäne bekannt, und sie alle hatten eine weiße Farbe. Der Satz „Alle Schwäne sind weiß" konnte somit als gut bestätigt gelten. Allerdings konnten noch so viele Beobachtungen dieser Tatsache nicht ausschließen, daß eines Tages eine widersprechende Beobachtung auftreten werde, die die Gesetzesaussage „Alle Schwäne sind weiß" widerlegen würde. Genau dies aber war der Fall, als man nach der Entdeckung Australiens dort mit dem Trauerschwan eine Schwanenart vorfand, die eine schwarze Färbung aufwies. Die Hypothese „Alle Schwäne sind weiß" war damit endgültig falsifiziert, also widerlegt. Popper zieht daraus die umstrittene Folgerung, daß ein Fortschritt der Wissenschaft immer nur dann vorliegt, wenn eine Hypothese scheitert, nicht wenn sie bestätigt wird.

Theodor W. Adorno, 1903–1969, Detail eines Fotos, 1968

Theodor W. Adorno, der Philosoph und Soziologe, der Komponist und Musiktheoretiker hatte maßgeblichen Anteil an der Wirkung der kritischen Theorie in der Öffentlichkeit. Sein Denken kreist um das „Nicht-Identische", dasjenige, das sich der Erfassung durch Begriffe entzieht. Er kritisiert die positivistische Erkenntnistheorie, und wirft ihr vor, den Anschein einer wertfreien Wissenschaft zu erwecken, während sie doch in Wirklichkeit den Verwertungszwängen der kapitalistischen Wirtschaft unterläge. In der avantgardistischen Kunst oder der neuen Musik wird der Blick auf das Nicht-Identische frei, ohne jedoch einen Ausweg aus dem Verhängnis des Fortschritts weisen zu können, da dessen unvermeidliche Kehrseite die Versklavung der authentischen Antriebe des Menschen ist.

treten. Er hat den Glauben an eine innerweltliche Annäherung an die Utopie zugunsten einer paradoxen Erlösungshoffnung aufgegeben, für die sich Gerechtigkeit nur noch im erinnernden Angedenken an die namenlosen Opfer der Katastrophen der Geschichte manifestiert. Seine Sensibilität für die Verhängnisse und Offenbarungen des Zeitgeistes brachte er vor allem in literaturkritischen Arbeiten, aber auch in scharfsichtigen Beobachtungen der Alltagskultur zum Ausdruck.

Der Versuch einer Verbindung des hegelmarxistischen Denkens mit der empirischen Sozialforschung war das Spezifikum der „kritischen Theorie" der sogenannten Frankfurter Schule. 1924 war in Frankfurt das „Institut für Sozialforschung" entstanden, das seit 1930 von dem Philosophen Max Horkheimer geleitet wurde. Horkheimer verfolgte mit seinem Institut das Projekt einer interdisziplinären Gesellschaftstheorie, die auf dem neuesten Stand der einzelwissenschaftlichen Forschung die Emanzipationspotentiale moderner Gesellschaften untersuchen sollte. Neben der Ökonomie war es vor allem die Psychoanalyse, aber auch die Rechtswissenschaften und die Literaturwissenschaften, die dazu beitragen sollten, herauszufinden, welche Tendenzen der gesellschaftlichen Entwicklung die geschichtsphilosophisch begründete Erwartung der kommenden Revolution stützten und welche ihr entgegenstanden. Vor dem Hintergrund eines Erlahmens revolutionärer Tendenzen in den westlichen Industriegesellschaften richtete sich die Aufmerksamkeit des Instituts vor allem auf jene Mechanismen, die zur Ruhigstellung der potentiell revolutionären Arbeiterklasse beitrugen. So rückten eine zunehmende Durchdringung von bürgerlichem Staat und kapitalistischer Wirtschaft, der Strukturwandel der bürgerlichen Kleinfamilie und die Herausbildung einer industriell produzierten Massenkultur ins Zentrum des theoretischen Interesses des Instituts.

Die Philosophie Horkheimers und seines engen Mitarbeiters und Freundes, des Philosophen und Musiktheoretikers Theodor W. Adorno, umkreist schon früh den Gedanken einer „Kritik der instrumentellen Vernunft". Sie begreifen den Prozeß der Rationalisierung der modernen Gesellschaft als Entfaltung einer instrumentellen Rationalität, die sich nicht nur die äußere Natur, sondern auch die innere Natur des Menschen technisch unterwirft. Politische Entmündigung, ein Verlust moralischer Orientierungen schon in der familiären Sozialisation und Verdummung durch die Massenmedien greifen so ineinander, daß es dem Menschen unmöglich wird, seinen wahren Bedürfnissen Ausdruck zu verleihen. Dadurch aber sind sie psychisch in der Lage, als Teile des anonymen Getriebes der kapitalistischen Wirtschaft zu funktionieren. Die kritische Theorie hatte es sich zur Aufgabe gemacht, dieses falsche Bewußtsein, das sie philosophisch im wissenschaftlichen Selbstver-

Odysseus und die Sirenen, Gemälde von Francesco Primaticcio

An einer zentraler Stelle ihrer „Dialektik der Aufklärung" von 1947 verwenden Adorno und Horkheimer den Mythos des Odysseus zur Erläuterung ihrer Auffassung vom Verhältnis von Mythos und Aufklärung. Sie wollen zeigen, daß die Selbstbehauptung des rationalen Subjekts eine stetig fortschreitende Naturbeherrschung voraussetzt, die jedoch ihren Preis darin hat, daß die menschliche Vernunft sich den Triebregungen unterwerfen muß. Im Angesicht der Sirenen, die mit ihrem betörenden Gesang noch jeden Seefahrer an ihre tückischen Klippen gelockt haben, läßt sich Odysseus von seinen Kameraden an den Mast fesseln und befiehlt ihnen, ihre Ohren zu verstopfen und durch die Meerenge hindurchzurudern. So kann Odysseus sich nur behaupten, indem er den Verlockungen der Sirenen entsagt. Er muß auf die Erfüllung seiner Sehnsucht verzichten, um als handlungsmächtiges Subjekt zu überleben, während seine Kameraden noch nicht einmal in den zwiespältigen Genuß der Versuchung kommen: sie müssen – stellvertretend für den modernen Arbeiter – für die materielle Grundlage der Selbsterhaltung des Herrn sorgen.

Demonstration von Studenten in Berlin, Foto vom 13. 4. 1968

Seit der Mitte der sechziger Jahre hatte sich, ausgehend von der amerikanischen Universität Berkeley, Studentenbewegungen formiert, die sich in allen westlichen Industrienationen radikal gegen die etablierte gesellschaftliche Ordnung stellten. In den USA richtete sich ihr politisches Engagement gegen den Vietnamkrieg, in Frankreich war es vor allem ein Protest gegen die starren Strukturen des Bildungssystems und in der Bundesrepublik fragte die junge Generation nach den Taten ihrer Väter im Dritten Reich. Gemeinsam war all diesen Bewegungen, daß sie sich einer marxistischen Rhetorik bedienten und für eine sexuelle Befreiung kämpften. So fiel in den USA wie auch in Deutschland Herbert Marcuse, einem Mitglied des inneren Kreises der Frankfurter Schule, der anders als Adorno und Horkheimer nach 1945 in den USA geblieben war, die Rolle einer intellektuellen Leitfigur des Studentenprotests zu, denn in seiner Synthese zwischen marxistischer Gesellschaftstheorie und der Psychoanalyse war die sexuelle Befreiung die Voraussetzung der politischen Revolution. Auch Sartre machte sich im Pariser Mai 1968 zum Fürsprecher der Studenten, während Adorno und Horkheimer in Deutschland sich von deren Gewaltbereitschaft an die Zeit der Diktatur erinnert fühlten und sich daher in ihrer pessimistischen Zeitdiagnose nur bestätigt fanden.

ständnis des logischen Positivismus exemplarisch verkörpert sah, durch Ideologiekritik zu entlarven. Nach der Flucht des Instituts vor den Nationalsozialisten nach New York wurden Horkheimer und Adorno jedoch von einem immer tiefer greifenden Pessimismus ergriffen. Angesichts der stalinistischen Barbarei einerseits und der amerikanischen Massenkultur andererseits verdichtete sich ihre Zeitdiagnose zur Vision einer verwalteten Welt, der die in einem totalen Verblendungszusammenhang befangenen Menschen nicht mehr zu entrinnen vermögen. Philosophischer Ausdruck dieser Fortschrittsskepsis ist die „Dialektik der Aufklärung" von 1947, in der sie die Unterwerfung von äußerer und innerer Natur als Kehrseite jeder – nicht nur der instrumentell-kapitalistischen – Rationalisierung ansehen. Lediglich eine „ästhetische Theorie" (der Titel des letzten Werkes von Adorno) kann noch zeigen, wie Freiheit in den großen Werken der Kunst als ein Sich-Anschmiegen an die Natur aufscheint.

Heute führt vor allem der Philosoph und Soziologe Jürgen Habermas die Tradition der Frankfurter Schule fort. Nachdem Horkheimer und Adorno sich in ihrem Spätwerk religiöser und ästhetischer Erfahrung zugewandt hatten, suchte Habermas wieder Anschluß an die aktuelle Theoriebildung in Philosophie und Sozialwissenschaften. Sein in viele Disziplinen ausgreifendes Werk läßt sich von dem Gedanken leiten, daß die Vorherrschaft der instrumentellen Vernunft in der Moderne kein Verhängnis ist, sondern bloß eine einseitige Ausbildung der technisch-instrumentellen Rationalität auf Kosten der moralisch-praktischen und der ästhetisch-expressiven Rationalität. Alle drei Rationalitätsformen sind aber Teil der Vernunft, der kommunikativen Vernunft, denn Vernunft ist nach Habermas überall dort, wo Menschen sich aufrichtig über etwas verständigen, nicht nur dort, wo sie rational ihre Ziele verfolgen. Die Handlungsbereiche, in denen eine solche Verständigungsorientierung vorherrscht, lokalisiert Habermas in der Privatheit der Familie und in der politischen Öffentlichkeit, die er in seinem Hauptwerk, der „Theorie des kommunikativen Handelns" von 1981, gemeinsam als „Lebenswelt" bezeichnet. Der Lebenswelt stehen in modernen Gesellschaften mit Wirtschaft und Staatsapparat Handlungsbereiche gegenüber, die nicht durch Kommunikation, sondern durch entsprachlichte Steuerungsmechanismen, nämlich Geld und Macht, zusammengehalten werden – Habermas nennt dies das „System". Er reformuliert nun die Zeitdiagnose der älteren kritischen Theorie, indem er gesellschaftliche Probleme auf eine „Kolonialisierung der Lebenswelt" durch das System zurückführt, also auf ein Eindringen von Geld und Macht in Privatsphäre und Öffentlichkeit, die diese möglicherweise nicht mehr verkraften können. Damit versöhnt er die kritische Theorie mit dem aufgeklärten Selbstverständnis liberaler Demokratien am Ende des 20. Jahrhunderts.

Politische Philosophie

Dieses normative Einverständnis mit den Grundinstitutionen des demokratischen verfaßten Kapitalismus spiegelt sich auch in der Wiederentdeckung der politischen Philosophie in der zweiten Hälfte des Jahrhunderts. Vor allem Hannah Arendt, eine Schülerin von Heidegger und Jaspers, gebührt das Verdienst, die Voraussetzungen des Politischen in aller Radikalität herausgearbeit zu haben. Ihr Verständnis des Politischen ist geprägt von der direkten Demokratie der antiken Stadtstaaten, in der sich freie Bürger im öffentlichen Raum des Marktes und der Volksversammlung gemeinsam sprechend begegnen. In ihrem philosophischen Hauptwerk „Vita Activa" von 1958 trifft sie deshalb eine Unterscheidung von Arbeiten und Herstellen auf der einen Seite und Handeln auf der anderen. Während die Arbeit der – zunächst privaten – Reproduktion des Lebens dient und das Herstellen der Erzeugung von Produkten, hat das Handeln keinen Zweck im engeren Sinne. Es verknüpft jedoch die Menschen mit einem sozialen Band, das es ihnen ermöglicht, öffent-

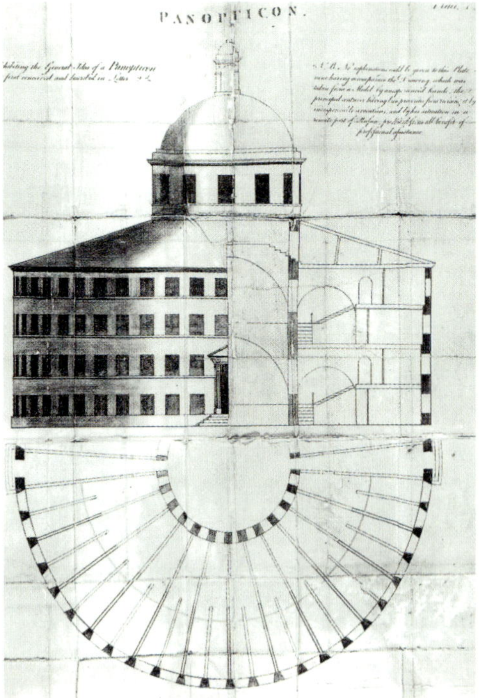

Panopticon von Jeremy Bentham

Michel Foucault hat eine Theorie der Macht entwickelt, die es gestattet, auch solche Unfreiheiten als Resultate von Machtverhältnissen zu deuten, die sich nicht auf die Beherrschung eines Menschen durch einen anderen zurückführen lassen. Macht ist für Foucault nicht an die Machtausübung bestimmter Personen gebunden. Vielmehr ist sie ein anonymes Phänomen, das sich in allen sozialen Beziehungen einnistet und diese prägt. Vernunft heißt für Foucault wie für Adorno immer auch Unterwerfung. Foucault verdeutlicht dies in seinem Werk „Überwachen und Strafen" am Beispiel des von Jeremy Bentham entworfenen Panopticons, einem Bau, in dessen Mitte ein Turm steht, aus dem die kreisförmig angeordneten Zellen mitsamt ihren Insassen vollständig durchschaubar sind, ohne daß der Beobachter im Turm für die Insassen sichtbar wäre. Es ist dieser durchbohrende Blick der Vernunft, der in den modernen Anstalten, den Gefängnissen, Schulen und Fabriken die Körper der Insassen diszipliniert.

liche Angelegenheiten gemeinsam in Angriff zu nehmen. Das gemeinsame öffentliche Sprechen ist nach Hannah Arendt die Quelle aller politischen Macht. Am deutlichsten tritt dies in Revolutionen zu Tage, die sich regelmäßig in basisdemokratischen Institutionen Ausdruck verleihen. Wird in der Moderne der öffentliche Raum immer mehr vom Arbeitsprozeß eingenommen (das heißt von wirtschaftlichen Notwendigkeiten), so wächst die Gefahr, daß es einer totalitären Herrschaft gelingt, sich an die Herstellung eines bestimmten gesellschaftlichen Zustands zu machen und damit die politische Freiheit zu zerstören – was sie als Jüdin in Deutschland am eigenen Leibe erfahren mußte.

Aus einer ganz anderen Richtung nähert sich John Rawls dem Politischen. Nicht die Funktionsbedingungen demokratischer Politik sind es, die ihn interessieren, sondern die Frage nach der Gerechtigkeit von Institutionen und Politik. Sein Werk „Eine Theorie der Gerechtigkeit" von 1971 beendete eine jahrzehntelange Enthaltsamkeit in inhaltlichen Fragen philosophischer Ethik. Um die Unparteilichkeit seiner Konzeption zu garantieren, läßt Rawls hinter einem „Schleier des Nichtwissens" eine fiktive Beratung zwischen allen Gesellschaftsmitgliedern über die gerechte oder „faire" Ordnung der Gesellschaft stattfinden, das heißt, keiner der Beteiligten weiß, welche Fähigkeiten, welchen gesellschaftlichen Status oder welches Vermögen er in Wirklichkeit hat. Rawls zufolge würde man sich in einer solchen Beratung auf zwei Grundprinzipien einer gerechten Gesellschaft einigen. Zum einen müßte jeder das gleiche Recht auf die größtmögliche Menge an Grundfreiheiten haben. Das sogenannte Unterschiedsprinzip hingegen legt fest, daß soziale Ungleichheiten so zu regeln sind, daß sie den am wenigsten Begünstigten die bestmöglichen Aussichten bringen.

Strukturalismus und Poststrukturalismus

Der Strukturalismus, der seine intellektuelle Heimstatt im Paris der fünfziger und sechziger Jahre hat, richtet sich grundsätzlich gegen ein „humanistisches" Denken, wie etwa dasjenige Sartres, das dem Subjekt eine zentrale Stellung einräumt. Vielmehr soll eine exakte Beschreibung der dem menschlichen Denken und Handeln zugrundeliegenden Strukturen zeigen, daß es anonyme Prozesse sind, die in der Moderne den Schein eines handlungsmächtigen Subjekts erzeugen. Die Regeln, nach denen diese Prozesse sich vollziehen, durchschaut der Mensch für gewöhnlich nicht, geschweige denn, daß er sie verändern könnte. Den Glauben des modernen Subjekts, Herr seiner selbst zu sein, entlarvt der Strukturalismus so als blanke Illusion, sei es mit den Mitteln der Ethnologie (Claude Lévi-Srauss), der Psychoanalyse (Jacques Lacan), des Marxismus (Louis Althusser) oder der Literaturtheorie (Roland Barthes). Die Ursprünge des Strukturalismus gehen auf die Linguistik Ferdinand de Saussures zurück. Dieser hatte die Sprache (langue) als ein überindividuelles System von Zeichen aufgefaßt, dessen Struktur vom individuellen Sprechen (parole) unabhängig ist. Es war jedoch Claude

Piazza d'Italia von Charles Moore, 1978, New Orleans, Louisiana (USA)

In der Architektur hatte sich seit den siebziger Jahren eine Kunstauffassung herausgebildet, die den nüchternen Funktionalismus des Bauhauses und seiner Nachfolger ablehnte. Die sogenannte postmoderne Architektur bedient sich ungehemmt aus dem Formenarsenal vergangener Baustile, um den Städten der Gegenwart jene Wohnlichkeit zurückzugeben, die die architektonische Moderne ihrer Ansicht nach daraus vertrieben hatte. Auch in der Philosophie war viel von der Postmoderne die Rede, als deren Hauptvertreter Jean F. Lyotard gilt. Die philosophische Postmoderne geht davon aus, daß die großen Heilsversprechen des Abendlandes ihre Glaubwürdigkeit eingebüßt haben. Die daraus gezogenen Konsequenzen reichen von einer lustbetonten Beliebigkeit („anything goes") bis zu kulturpessimistischen Szenarien der totalen Medialisierung der Wahrnehmung und des Verschwindens der Welt.

Lévi-Strauss, der die strukturalistische Methode, die er im New Yorker Exil kennengelernt hatte, auf die Sozialwissenschaften übertrug, indem er die Verwandtschaftsbeziehungen primitiver Gesellschaften, die aus komplizierten Heiratsregeln hervorgehen, als eine sprachanaloge Struktur deutete, in der gleichsam statt Wörtern Frauen getauscht werden. Die Faszination des Denkens von Lévi-Strauss wird noch deutlicher, wenn man sich seine romantische Überzeugung vor Augen führt, daß sich in der kulturübergreifenden Struktur des „wilden Denkens" das Wissen um eine ursprüngliche Einheit mit dem Ganzen der Natur verbirgt, die für den modernen Menschen unwiederbringlich verloren sei.

Die – nicht immer trennscharfe – Unterscheidung von Strukturalismus und Poststrukturalismus läßt sich dahingehend treffen, daß es dem Strukturalismus um die Aufdeckung einer verborgenen Tiefenstruktur ging, während der Poststrukturalismus zeigen will, daß es diese Tiefenstruktur gar nicht gibt. Die Bloßlegung der Fiktionalität des Subjekts wird dabei zum Akt der Befreiung. Eine Schlüsselstellung nimmt dabei Michel Foucault ein, der die strukturalistische Ethnologie auf die Analyse moderner Gesellschaften überträgt. Foucault begreift den Prozeß der gesellschaftlichen Rationalisierung als Unterwerfung des menschlichen Körpers. In seinen frühen Arbeiten hatte er versucht, die Entstehung des modernen Subjekts aus „humanwissenschaftlichen Diskursen" des „klassischen Zeitalters" zwischen 1650 und 1800 gleichsam „archäologisch" herauszupräparieren. Mit Hilfe der Unterscheidung von Wahnsinn und Rationalität, von Gesundheit und Krankheit grenzen die Wissenschaften vom Menschen ab, was als vernünftiges Subjekt, als Herr in der anthropozentrischen Welt, gelten darf und was nicht.

In den siebziger Jahren wendet sich Foucault dem Phänomen der Macht zu, um genauer zu bestimmen, auf welche Weise Diskurse den menschlichen Körper zu disziplinieren vermögen. Dies geschieht, indem sich Diskurse mit sogenannten Praktiken verbinden. In den wissenschaftlich angeleiteten Institutionen Irrenhaus und Krankenhaus, Gefängnis und Kaserne, Schule und Fabrik wirkt ein mehr oder weniger subtiles Machtgeflecht auf den menschlichen Körper ein und formt so ein Subjekt, das vollkommen von seinen eigenen Triebimpulsen abgeschnitten ist. In Foucaults Machttheorie gibt es keinen Souverän, der Macht über andere ausübt – die Macht ist anonym geworden, so daß auch das politische Engagement sich nicht mehr auf die Veränderung staatlicher Politik richten kann, sondern nur mehr gegen situativ bestimmte Phänomene der Unterdrückung.

Den im engeren Sinne philosophischen Poststrukturalismus begründet Jacques Derrida mit dem in vielerlei Hinsicht an den späten Heidegger anschließenden Projekt der Dekonstruktion des abendländischen „Logozentrismus". In einer Kritik der Zeichentheorie Husserls versucht Derrida zu zeigen, daß Sinn sich einer unaufhebbaren „différance", einer Differenz zwischen Ausdruck und Bedeutung verdankt. Diese Einsicht sei der metaphysischen Tradition des Abendlandes stets verborgen geblieben, weil sie sich in ihrem Verständnis der Sprache immer vom gesprochenen Wort (parole) habe leiten lassen. Die Flüchtigkeit des Gesprochenen macht jedoch die Annahme fester Bedeutungen notwendig, die vom gesprochenen Wort bezeichnet werden. In dieser Annahme erblickt Derrida den Irrglauben des abendländischen Logozentrismus, dem Derrida den Vorrang der Schrift gegenüberstellt. Aus der jüdischen Mystik entlehnt er den Gedanken, daß die Welt von einer verlorenen Urschrift erschlossen werde, zu der alle realen Texte nur Kommentare darstellen. Der wirkliche Sinn der Welt bleibt verborgen. Es ist dieses Verständnis der Welt als verschlüsselter Text, das Derrida zu einer enormen Wirkung in der – vor allem amerikanischen – Literaturwissenschaft verhalf.

„Dies ist keine Pfeife", Gemälde von René Magritte, 1929, County Museum of Art, Los Angeles

Für den Begründer der strukturalistischen Zeichentheorie oder Semiotik Ferdinand de Saussure besteht ein Zeichen aus zwei Elementen: dem Bezeichnenden oder Signifikant (signifiant) und dem Bezeichneten oder Signifikat (signifié). Das Bezeichnete ist nicht etwa der Gegenstand in der Welt, auf den man sich mit Hilfe des Zeichens bezieht – dies ist der Bezug (référence) – sondern ein Abstraktum, etwa ein Begriff. Diesem Begriff wird durch Konvention ein beliebiger Signifikant zugeordnet, der es erlaubt, in der Kommunikation den abstrakten und damit nicht sinnlich wahrnehmbaren Gegenstand, den Begriff, zu gebrauchen. Diese Differenz zwischen Signifikant, Signifikat und Referenz kommt sehr deutlich in Magrittes Bild zum Ausdruck. Das Bild zeigt eine Pfeife, aber die Bildunterschrift lautet: „Dies ist keine Pfeife". Als Darstellung einer Pfeife ist die gemalte Pfeife keine Pfeife, sie verweist allenfalls auf wirkliche Pfeifen. Die gemalte Pfeife ist aber auch kein sprachliches Zeichen im Sinne Saussures, weil ihr der Signifikat fehlt. Sie bezeichnet anders als das Wort „Pfeife" keinen Begriff. Das Bild hat also einen Bezug, aber keine Bedeutung. Auch in diesem Sinne ist die Pfeife Magrittes keine Pfeife.

BEGRIFFSREGISTER

Kursiv gestellte Begriffe verweisen auf andere Begriffserklärungen

A priori, a posteriori (lat.: vom Früheren her, vom Späteren her): Mit Bezug auf die aristotelische Unterscheidung (hysteron und proteron) ein von den *Scholastikern* eingeführtes Begriffspaar der Erkenntnistheorie. Apriorische Erkenntnisse sind von der menschlichen *Erfahrung* unabhängige, rein aus der Vernunft gewonnene Erkenntnisse. Kant faßt unter a priori die Bedingungen zusammen, die die Erfahrung erst möglich machen, d. h. notwendige und streng allgemeingültige Erkenntnisse wie Raum und Zeit, *analytische Urteile, Kategorien* und Vernunftsbegriffe. A posteriori kennzeichnet hingegen alle anderen, durch die Sinne wahrgenommenen Empfindungen und Erkenntnisse, die keine Allgemeingültigkeit beanspruchen können.

Agnostizismus (griech.: a-gnoéin = nicht wissen): Ein von Th. Huxley geprägter Begriff der *Erkenntnistheorie*, wonach das Seiende nur seinen Erscheinungen, nicht aber seinem wahren Wesen nach erkennbar ist, und der die Möglichkeit bestreitet, das Wahrheitsproblem der *Metaphysik* zu lösen. Bereits die *Sophisten* und *Skeptiker* zählen zum A., später v. a. J. Locke, D. Hume u. H. Spencer. Nietzsche kritisiert den A., weil der Standpunkt des Nicht-Erkennen-Könnens der Wahrheit das Erkennen eben dieser Wahrheit voraussetze, womit die Grenze zum *Transzendenten* überschritten sei.

Agora: Bezeichnung sowohl der altgriechischen Versammlung der Bürgergemeinde als auch Name des Versammlungsortes (Marktplatz). Das politische Beraten (agorein) ist eine der wichtigsten Bürgerpflichten im griech. Staatsleben. Jeder männliche Vollbürger ist dazu berechtigt und verpflichtet. A. bringt damit die Grundidee der Polis zum Ausdruck, daß der Staat auf der unmittelbaren Teilnahme seiner Bürger am politischen Leben beruht.

Akademie (griech. Akademeia): Ursprünglich Name eines nach dem Heros Akademos benannten Tempelbezirks bei Athen, in dem Platon 385 v. Chr. eine gleichnamige Philosophenschule errichtet, die 529 n. Chr. von Kaiser Justinian geschlossen wird. Die platonische A. ist bereits in der Antike Vorbild weiterer Schulen (*Peripatos, Stoa*) und beeinflußt das mittelalterliche Bildungswesen. 1440 gründet Cosimo von Medici in Florenz die „Academia Platonica". Seitdem ist A. die Bezeichnung für eine gelehrte Gesellschaft oder Hochschule.

Analytische, synthetische Urteile: Kant unterscheidet in der Einleitung seiner „Kritik der reinen Vernunft" Urteile nach ihrem Verhältnis von Prädikat (Aussage) und Subjekt (Gegenstand). Analytische, d. h. zergliedernde Urteile sind Erläuterungen, in denen die Aussage bereits im Subjektbegriff enthalten ist, z. B. „alle Körper sind ausgedehnt" oder „ein Junggeselle ist unverheiratet". Synthetische Urteile dagegen sind zusammensetzende Erweiterungen, Erfahrungsurteile, in denen die Aussage dem Subjektbegriff einen neuen gedanklichen Inhalt hinzufügt, z. B. „alle Körper sind schwer" oder „Der Amazonas ist 6518 km lang".

Analytische Philosophie: Sammelbegriff für sprachphilosophische Strömungen, die sich Ende des 19. Jh. vorwiegend im angelsächsischen Raum formiert haben. Die A. Ph. vertritt die Auffassung, daß viele philosophische Probleme auf der Ungenauigkeit und Mehrdeutigkeit von alltagssprachlichen Ausdrücken beruhen. Innerhalb der A. Ph. lassen sich zwei Gruppen benennen: die erste Gruppe (u. a. G. Ryle, E. Moore, L. Wittgenstein) beschäftigt sich mit der genauen (logischen) Analyse der Alltagssprache und ihres Gebrauchs. Die zweite Gruppe (u. a. B. Russel, R. Carnap u. d. Wiener Kreis) versucht die unzureichende Alltagssprache durch eine Idealsprache zu ersetzen, die den Ansprüchen formaler *Logik* genügt.

Archimedischer Punkt: Ein imaginärer, fest stehender Dreh- und Angelpunkt außerhalb der Erde und außerhalb eines Systems. Ein über jeden Zweifel erhabenes Wissensfundament, von dem aus alles andere gestützt oder ausgehebelt werden kann. Der Begriff geht auf den Ausspruch des griechischen Mathematikers und Mechanikers Archimedes (287–212 v. Chr.) zurück: „Gebt mir einen Platz, wo ich stehen kann, und ich werde die Erde bewegen."

Ästhetik (griech. aisthetikós = das Wahrnehmbare betreffend): Zunächst die Lehre von der sinnlichen Wahrnehmung, dann als Theorie des Schönen und der Kunst eine philosophische Kardinalsdisziplin. Die philosophische Ä. untersucht die Bedingungen der Entstehung von Geschmacksurteilen, die Wirkung des Schönen auf den Betrachter sowie das Verhältnis von Kunst und Wirklichkeit. Über verschiedene Epochen hinweg ist die Ä. dem Zusammenhang von Sinnlichkeit und Sinnbildung auf der Spur: Platon und Plotin begreifen das Schöne als das Durchscheinen der *Ideen*; für Aristoteles sind Ordnung, Gleichmaß und Abgrenzung Quellen des Schönen. A. E. Baumgarten versucht erstmals 1750 mit seiner Schrift „Aesthetica" eine grundlegende Wissenschaft von der sinnlichen Erkenntnis zu schaffen. Kant erklärt in seiner „Kritik der Urteilskraft" das Schöne als symbolische Vergegenwärtigung eines Übersinnlichen im Sinnlichen; für Schelling ist es die endliche Darstellung des Unendlichen. Hegel und Schopenhauer verstehen die Kunst als anschaubare Wahrheit; Adorno zufolge zielt Kunst auf Wahrheit, im Sinne einer Rettung des Anderen, Nicht-Identischen.

Aufklärung: Europäische Geistesbewegung des 18. Jh., die sich von den tradierten, durch mittelalterliche und kirchliche Autoritäten vermittelten Vorstellungen zu befreien sucht. Ist es bei Descartes noch die leuchtende Kraft Gottes, die der Vernunft zur Wahrheit verhilft, so sind es in der A. die Menschen selbst, die kraft ihrer Vernunft die rationale und politische Ordnung der Welt bestimmen. Maßgebliche Philosophen der A. sind in England vor allem Locke, Berkeley, Hume; in Frankreich die Enzyklopädisten Diderot, d'Alembert, Montesquieu, Rousseau; in Deutschland Chr. Wolff, Lessing und Kant. Letzterer definiert die A. als „den Ausgang des Menschen aus seiner selbstverschuldeten Unmündigkeit" und fordert entsprechend: „Habe den Mut, dich deines eigenen Verstandes zu bedienen" (sapere aude!). Mit ihrem rigorosen Vertrauen auf *Empirie, Vernunft* und den evolutionären Fortschritt der Gesellschaft läuft die Aufklärung jedoch Gefahr, eine neue Unmündigkeit herbeizuführen, nämlich den Glauben an die Universalautorität der Wissenschaft.

Axiome (griech. axioma = Forderung; axioein = für wahr halten): Allgemeine Sätze, die selbst nicht beweisbar sind, sondern die Basis für den Beweis anderer Sätze liefert. A. sind z. B. Euklids Sätze der Geometrie oder die A. der *Logik* (Satz vom Widerspruch, Satz von der Identität). In der Naturwissenschaft bezeichnet man Sätze, die zwar durch die *Erfahrung* bestätigt werden, aber nicht zu beweisen sind, als A.

Bewußtsein (lat.: conscientia): Begleitwissen um das eigene (seelische) *Sein*. In der Philosophie wird das B. sehr unterschiedlich, jedoch allgemein als das Vorstellen von Gegenständen verstanden. Der Begriff erfaßt den gesamten Inhalt der Sinneswahrnehmungen, Empfindungen, Gefühle, Willensregungen und Gedanken. Den neuzeitlichen Begriff prägt Descartes; in seinem *methodischen Zweifel* ist das B. das Wissen des Zweifelnden, daß sein Zweifeln selbst nicht in Frage steht. Descartes findet in dieser Selbstgewißheit die Grundlage seines Seins- und Erkenntnisbegriffs. Kant führt mit dem Begriff des „tranzendentalen Bewußtseins" den Zusammenhang von Selbstbewußtsein und Einheit der Erkenntnisgegenstände ein: Das Subjekt ist sich seiner Identität und wechselnden mentalen Zustände bewußt, weiß aber auch von der Einheit eines Objekts, auf das verschiedene Anschauungen bezogen werden können. Für Kant ist das „transzendentale B." grundlegende Bedingung für die Möglichkeit von Erkenntnisleistungen. Die *Phänomenologie* Husserls definiert das B. als ein immer schon auf etwas gerichtetes und deshalb intentionales B.: Alle Wirklichkeit ist nur insofern, als sie auf ein wahrnehmbares, denkendes, sich erinnerndes B. bezogen ist. Die Welt ist für Husserl das Korrelat von Bewußtseinsleistungen.

Deduktion (lat. deducare = herabführen): Ableitung des Besonderen von Allgemeinem. Das Gewinnen einer neuen Aussage aus anderen Aussagen mittels logischer Schlüsse. *Syllogistik*.

Deismus (lat. deus = Gott, Gottheit): Natürliche Religionsauffassung der *Aufklärung*, die einen Gott anerkennt, der zwar Schöpfer und Urgrund der Welt ist, jedoch nicht in den Ablauf des natürlichen Weltgeschehens eingreift, weder durch Wunder noch mit einer Offenbarung.

Dialektik (griech. dialégein = Kunst der Unterredung): *Logik* des Widerspruchs; Methode des Philosophierens. Schon bei den Eleaten (Xenophanes, Parmenides, Zenon), später bei Sokrates, gilt D. als die Kunst, im Dialog die Wahrheit zu erforschen. Für Platon ist die D. die aus dem Widerstreit der Meinungen erwachsende Erkenntnis. Kant bezeichnet die D. als „Logik des Scheins", als die Kunst, welche die Falschheit in den Schein der Wahrheit stellt. Bei ihm wird die D. als Methode zur Aufdeckung sophistischer Argumentationen verwendet. Bei Fichte (Wissenschaftslehre) und Hegel (Wissenschaft der Logik) ist die D. jene Denkfigur, die den Widerspruch (*Negation*) eines Gedankens oder einer *Idee* mit in sich einschließt. Ihre dialektische Methode zeigt, wie jeder Begriff (These) in sein Gegenteil (Antithese) umschlagen kann, und wie aus dem Widerspruch der beiden ein höherer Begriff (Synthese) hervorgeht, den dasselbe Schicksal ereilt.

Ding an sich: Etwas, das unabhängig von unserem *Bewußtsein* ist. Grund- und Grenzbegriff der *Erkenntnistheorie*. In der vorkantischen Philosophie dasjenige, das frei von jeglicher Sinneswahrnehmung und nur vom reinen Denken zu erfassen ist. In Kants „Kritik der reinen Vernunft" bleibt das „Ding an sich" für den Menschen prinzipiell unerkennbar, es läßt sich lediglich denken. Dadurch wird (auch für Kant) der Begriff zum methodischen Problem. Die philosophischen Fragen, die sich im Anschluß daran stellen, lauten: Wie kann etwas hypothetisch denkbar sein, das in keiner Weise erkennbar ist? Und wie kann das „Ding an sich" überhaupt sinnvoll angenommen werden, wenn es jedem *Bewußtsein* unzugänglich bleiben muß?

Empfindsamkeit: Die Fähigkeit sinnlicher Anteilnahme. Kernbegriff einer vornehmlich literarisch motivierten Epoche des 18. Jh., die durch gesteigerte Hingabe an Gefühle und Gemütsbewegungen die Fähigkeit kultivieren will, sinnlichen Eindrücken eine besondere Bedeutung zu geben. Unter der Führung der *Ästhetik* ist die Kunst das vorrangige Medium der E. Kant grenzt in seiner Anthropologie die E. als Stärke, nämlich den Zustand der Lust und Unlust zuzulassen oder auch vom Gemüt abzuhalten, von der „Empfindelei" ab.

Empirismus (griech. empeiria = Erfahrung): Philosophisch–erkenntnistheoretischer Standpunkt, der die *Erfahrung* als einzige Quelle unseres Wissens ansieht. Für die Vertreter des klassischen E. (Hobbes, Locke und Hume) gibt es keine angeborenen *Ideen*; alle Bewußtseinsinhalte gehen auf sinnliche Erfahrungen zurück, die dann nach den Prinzipien der Ähnlichkeit und *Kausalität* zu Erfahrungswissen kombiniert werden können. Zulässige wissenschaftliche Methoden des E. sind entsprechend Beobachtung und Experimente (*Sensualismus*)

Energeia (griech. Tätigsein, Wirklichkeit, Verwirklichung): Nach Aristoteles ist E. das die Möglichkeit verwirklichende Prinzip. Am Beispiel Lehrer – Schüler erläutert er das Verhältnis von dynamis (=Möglichkeit, Fähigkeit) und energeia: Ein Lehrer kann, indem er Wissen vermittelt, die Fähigkeit eines Schülers verändern, wenn dieser lernfähig ist. Solange der Schüler erworbenes Wissen nicht anwendet, ist er nur der Möglichkeit nach ein Wissender. Erst wenn er dieses Wissen umsetzt, ist diese Aktivität energeia. Sie wird bestimmt als die Verwirklichung jener Aspekte von dynamis, des Vermögens zu wirken und der Potentialität.

Entelechie (griech. entelecheia = sich zum Ziel haben): Ein auf Aristoteles zurückgehender Ausdruck, der besagt, daß das Seiende das Ziel seiner Entwicklung bereits in sich trägt, wie z. B. ein Same schon auf sein Ziel, die ausgewachsene Pflanze, gerichtet ist. Die erste E. eines lebensfähigen Organismus ist für Aristoteles die Seele. Leibniz bezeichnet die *Monaden* als E., da in ihnen der Zweck ihrer Verwirklichung angelegt ist.

Enzyklopädie (griech. enkyklios = kreisförmig ; paideia = Lehre, Ausbildung): Universalwissenschaft der *Sophisten*; dazu zählen: Grammatik, Rhetorik, *Dialektik*, Arithmetik, Musik, Geometrie u. Astronomie. Die E. der Neuzeit zielt auf eine umfassende schriftliche Sammlung des verfügbaren Wissens. Diderot und d'Alembert nehmen 1751 gemeinsam mit 142 Autoren („Enzyklopädisten") das Unternehmen in Angriff, den gesamten Umfang menschlichen Wissens in systematischer Form zusammenzutragen und können 1772 die „Encyclopédie ou dictionnaire raisonné des sciences, des arts et des métiers" abschließen.

Epikureismus: Lehre und Lebenshaltung nach Epikur (341–270 v. Chr.), in der Glückseligkeit und ein lustvolles Leben als höchstes Gut angesehen wird. Um dieses Gut zu erlangen, empfiehlt Epikur ein zurückgezogenes, politisch abstinentes Leben.

Erfahrung (griech. empeiria; lat. experientia): Wissen des Besonderen. Aristoteles bestimmt die E. als Fähigkeit, die Dinge richtig zu erkennen und zu beurteilen. Voraussetzung jeder E. ist die Erinnerung; erst viele Erinnerungen ergeben die Fähigkeit, über Einzelwahrnehmungen zu allgemeinen Begriffen zu gelangen. In der Neuzeit (vgl. *Empirismus*) gilt E. als Basis wissenschaftlicher Erkenntnis; F. Bacon gebraucht E. (experientia) im Sinne von Erforschung, Erkundung, und meint den Erfahrungsprozeß, die Methode der Gewinnung genereller Sätze. Der Empirismus (u. a. Locke) setzt E. mit Wahrnehmung in eins. Locke unterscheidet äußere E. (sensation), das Erfassen der Außenwelt durch unsere Sinnesorgane, von innerer E. (reflection), das dem geistigen Vermögen zugängliche „innere Leben" des Menschen. Kant setzt die E. meist mit empirischer Erkenntnis gleich. Für die *Phänomenologie* ist im Rückgang auf die Lebenswelt der pragmatisch-lebensweltliche Bezug der E. von Bedeutung, da er den Boden für alle wissenschaftliche Bestimmungen und Erkenntnisleistungen abgibt.

Erkenntnistheorie: Theorie des Erkennens. Die E. ist eine philosophische Grunddisziplin, die sich die Fragen des Ursprungs der Bedeutungen, der Prinzipien, Methoden und Grenzen des Wissens vorlegt. Dabei stellt die philosophische E. (im Unterschied zur Wissenschaftstheorie) notwendig die Gültigkeit vorgegebenen, wissenschaftlichen Wissens in Frage. Weil in der Tradition Descartes eine Grenze zwischen dem erkennenden Subjekt und dem zu erkennenden Gegenstand entsteht, ist es notwendig, sich über das Erkennen als Mittel zu verständigen. Während Kant in seiner E. die metaphysischen Erkenntnisse prüft, die unabhängig von jeder *Erfahrung* gelten sollen, stellt Fichte die Frage nach der Möglichkeit von Wissenschaft überhaupt. Je nach Deutung dieser Voraussetzungen spaltet sich die E. bis heute in logische, psychologische und transzendental-phänomenologische Richtungen.

Ethik (griech. éthos = Sitte, Brauch): Moralphilosophie. Die E. untersucht die Voraussetzungen und die Wirkungen menschlichen Handelns. Im Gegensatz zur autonomen E., spricht die autoritative E. dem einzelnen Menschen die Fähigkeit ab, die Maxime seiner Handlungen selbst aufzustellen, so z. B. die in den christlichen Geboten aufgestellte theologische E. Die normative E. zielt darauf ab, universal verbindliche Werte und Normen aufzustellen. Der *Utilitarismus* erhebt Nützlichkeit und Glückmaximierung zum alleinigen sittlichen Prinzip. Die Stoiker waren der Meinung, E. sei von einem Naturgesetz abgeleitet. Kant entfaltet diese Idee im *kategorischen Imperativ*. An die Stelle der Naturbestimmung des Menschen setzt er die Autonomie des Willens, der sich ein Gesetz gibt. Damit ist der Einzelne in der Lage, Rechenschaft über die Gründe seines Handelns abzugeben. Die praktische E. (P. Singer) entwickelt Handlungsoptionen für Probleme, die sich insbesondere aus dem technisch-medizinischen Fortschritt ergeben.

Eudämonismus (griech. eudaimonia = Glück): Zusammenfassender Begriff für verschiedene ethische Lehren, denen allen gemeinsam ist, daß sie das für gerechtfertigt halten, was der Verwirklichung der Glücksseligkeit dient. Zum E. zählt im allgemeinen der *Hedonismus*, für den die Maximierung von Lust an erster Stelle steht, die Lehre der Stoa und der *Utilitarismus*.

Existentialismus: Existenz- u. Seinsphilosophie. Der E. will die Abstraktion des Denkens wieder an die konkrete Selbst- und Welterfahrung des einzelnen Menschen zurückbinden. Das Bewußtwerden dieses eigenen Selbst vollzieht sich in existentiellen Grenzsituationen wie Angst, Schuld, Tod. Zu den Hauptvertretern zählen Kierkegaard, Jaspers und Heidegger (*Ontologie*). In Frankreich steht der Begriff „existentialisme" für Philosophien, die im Gegensatz zum Essentialismus die Vorrangigkeit des Seins vor dem Wesen annehmen. In „Das Sein und das Nichts" erklärt Sartre die Vorgängigkeit der Existenz vor der Essenz damit, daß der Mensch zuerst existiert, sich begegnet, in der Welt auftaucht und sich danach definiert.

Frankfurter Schule: Nach dem 1923 in Frankfurt a. M. gegründeten Institut für Sozialforschung benannte sozial- und wissenschaftskritische Denkrichtung. Ihre Autoren (Horkheimer und Adorno) stehen mit der „kritischen Theorie" für ein Programm, das die Herrschaftsverhältnisse der Gesellschaft analysiert. In der Dialektik der Aufklärung decken Horkheimer und Adorno die verschleierten Machtansprüche der Aufklärung und deren Umschlag in den *Mythos* auf, reflektieren jedoch ihre Theorie selbst als Teil jener Verblendung der *Aufklärung*. In der Tradition der F. S. stehen u. a. Marcuse und Habermas.

Genealogie (griech. genealogia): Herkunfts- und Geschlechterkunde. Im engeren Sinn bezeichnet die G. die Lehre von der Ahnengeschichte der Menschen; im weiter gefaßten Sinn zeigt die G. die gründenden Zusammenhänge zwischen Ideen, die entwicklungsgeschichtlich aufeinander bezogen sind, so z. B. Nietzsche in seiner Genalogie der Moral.

Geozentrisch, heliozentrisch (griech. gē = Erde; helios = Sonne): Geozentrisch lautet die bis ins Mittelalter vertretene Weltsicht, die die Erde als Mittelpunkt des Universums sieht. Mit Kopernikus setzt sich die heliozentrische Ansicht durch, bei der die Sonne im Zentrum des Planetensystems steht.

Hedonistisch (griech. hedon = Lust): Eine Lebensauffassung, die die sinnliche Lust und den Genuß zum Zweck und Ziel menschlichen Handelns erklärt. (*Epikureismus*)

Hellenismus (griech. hellen = der Grieche): Bezeichnung der antiken Epoche (ca. 4 Jh. v. Chr bis zur römischen Kaiserzeit), in der sich die griechische Kultur mit arabischen, persischen und römischen Elementen ausbreitet.

Hen kai pan (griech. = eins und alles): auf die *Vorsokratiker* zurückgehende Formel, die das kosmische Prinzip der All-Einheit umschreibt. Gemeint ist, daß das Universum sich aus Einem zu Allem entfaltet und in das Eine wieder auflöst.

Hermeneutik (griech. hermeneuo = auslegen, übersetzen; tchn = Kunst, Geschick): Die Kunst des Auslegens und Verstehens. Ursprünglich eine Hilfswissenschaft der Theologie und Jurisprudenz sucht die H. nach Regeln für die Auslegung kanonischer Texte, bevor sich mit Schleiermacher eine umfassende Theorie des Verstehens entwickelt. Ziel seines hermeneutischen Verfahrens ist es, einen Autor besser zu verstehen als dieser sich selbst; diesem Ziel kommt der Leser dann näher, wenn er den sprachhistorischen und biographischen Zusammenhang eines Textes überblickt. Von der Frage der „richtigen" Auslegung sind alle Geisteswissenschaften betroffen, deren Gegenstand sprachlich überlieferte Gebilde sind. U. a. besteht das Problem darin, daß das Verstehen eines einzelnen Elements das Verständnis des Textganzen voraussetzt, das wiederum nur über das Einzelne zu gewinnen ist (hermeneutischer Zirkel). Gadamer ist es, der in seiner philosophischen Universal-H. („Wahrheit und Methode") zeigt, daß es kein Verstehen ohne Vorwissen geben kann; er beschreibt das Verstehen als das Verschmelzen verschiedener Sinnhorizonte.

Homo-Mensura Satz (= Mensch-Maß-Satz): Von Protagoras, einem der ersten *Sophisten* aufgestellter Satz: „Der Mensch ist Maßstab aller Dinge: für die seienden, daß sie sind, für die nicht seienden, daß sie nicht sind." Protagoras zieht damit die Summe aus der sophistischen Aufklärung, daß dem Menschen nichts vor- oder übergeordnet ist, das ihn nötigt, *Sein* oder Nicht-Sein anzuerkennen.

Humanismus: Philologisch ausgerichtete Bewegung der italienischen Renaissance (Petrarca, Boccaccio), die sich europaweit gegen die dogmatischen Bindungen der *Scholastik* wendet. Der H. will durch Wiederbelebung und Pflege der griech.-röm. Sprachkultur sowie durch eine umfassende geistige und künstlerische Bildung, dem Menschen ein wertvolles, würdiges Dasein erschließen. Als weitere Vertreter des H. gelten vor allem Erasmus v. Rotterdamm, M. de Montaigne und U. v. Hutten. Das neohumanistische Ideal in Deutschland prägen maßgeblich Goethe, Winckelmann, Schlegel und Humboldt.

Idealismus: Idealistisch im weiteren Sinn ist jeder erkenntnistheoretische Standpunkt, der die Dinge als Komplexe von Vorstellungen auffaßt oder eine Philosophie, die die menschliche Wahrnehmung als eine Scheinwelt ansieht, hinter der eine unerkennbare „Welt-an-sich" steht. Ausgehend von der Ideenlehre Platons, in der die *Ideen* als die wahrhafte Wirklichkeit gelten, dominiert der I. die Philosophie des Mittelalters. Descartes erhebt als erster das denkend-vernehmende Ich zum obersten Prinzip der Philosophie. Berkeley bringt den I. auf die Formel Sein ist Wahrgenommenwerden („esse est percipii"). Kant nimmt im Unterschied dazu die Existenz eines *Ding an sich* an, das unserer Wahrnehmung nicht zugänglich sei; vielmehr könnten wir die Dinge immer nur erkennen, wie sie erscheinen, nicht aber wie sie sind. Fichte radikalisiert den I. durch seine Lehre vom absoluten Ich. Hegels absoluter I. sieht das Denken, die Ideen für das allein Wirkliche und Wahre an.

Ideen (griech. ida bzw. eidos): Nach Platon sind die I. die ewigen, unveränderlichen und nur geistig erfaßbaren Urbilder der Dinge. Die I. stehen für das eigentliche *Sein*; so ist für Platon das wahrhaft Gute durch die überragende Idee des Guten vermittelt, das im Handeln angestrebt wird. Die Dinge haben, indem sie die I. abbilden, lediglich an den Ideen teil (methexis). Die angelsächsische und französische Philosophie kennt I. im geläufigen Sinn als *Vorstellungen* von den Dingen. Für Kant und den deutschen *Idealismus* sind die I. Vernunftbegriffe, deren Gegenstand in der *Erfahrung* nicht angetroffen werden kann.

Illumination (lat. illuminatio = Erleuchtung): Als Erkenntnislicht steht die I. in der Tradition abendländischer Lichtmetaphorik, in der das Erkennen von Wahrheit mit dem hellen, klaren Licht assoziiert wird. Augustinus identifiziert in seiner Erkenntnislehre das Erfassen der göttlichen Wahrheit mit der I., dem Einströmen von Licht.

Induktion (lat. Einführen, Zuleiten): Im Gegensatz zur *Deduktion* die wissenschaftliche Methode, welche von besonderen, einzelnen Fällen auf eine allgemeine Gesetzmäßigkeit schließt.

Kategorien (griech. kategorein = aussagen): Seinsbegriffe. Von Aristoteles eingeführte Bezeichnung für verschiedene Arten von Aussagen, die über einen Gegenstand gemacht werden können. Aristoteles unterscheidet zehn K. (Substanz, Quantität, Qualität, Relation, Ort, Zeit, Tätigkeit, Leiden, Lage, Haben), während Platon nur vier K. (Identität, Verschiedenheit, Beharrung, Veränderung) kennt. Die K. sind für Kant sowohl Bestimmungen der Gegenstände als auch *apriorische* Formen der Erkenntnis, also Verstandesbegriffe, die er aus den möglichen Arten von Urteilen ableitet. Auf diese Weise gelangt er zu zwölf verschiedenen K., die er in vier Gruppen einteilt.

Kategorischer Imperativ: Der K.I. ist ein allgemeines Handlungsprinzip, das Kant u. a. in seiner Kritik der Praktischen Vernunft auf die Formel gebracht hat: „Handle so, daß die Maxime deines Willens jederzeit zugleich als Prinzip einer allgemeinen Gesetzgebung gelten könne."

Kausalität (lat. causa = Ursache): Bezeichnung des innerzeitlichen Folgeverhältnisses von Ursache und Wirkung. Das Kausalitätsprinzip besagt, daß jedes Ereignis eine Ursache hat, und umgekehrt, daß jedes Ereignis zugleich eine Wirkung hervorbringt.

Konklusion (lat. conclusio = Schlußfolgerung, Schlußsatz): K. ist die Aussage einer Schlußfolgerung, die man aus einer oder mehreren Prämissen bzw. Aussagen trifft. Grundbegriff der *Logik* und *Syllogistik*.

Kopernikanische Wende: Radikale Umorientierung eines Wissenschaftlers, benannt nach der Wende des *geozentrischen* ins *heliozentrische* Weltbild. Nach Kant besteht die K.W. darin, daß sich die Erkenntnisobjekte den erkenntnisbildenden Bedingungen des Subjekts zu fügen haben.

Kyniker: Von Antisthenes (444–368 v. Chr.) gegründete Philosophenschule. Die K. leben ihr Ideal eines unabhängigen, alle Kultur- und Besitzwerte verachtenden Daseins. Auf ihre Mißachtung der gesellschaftlichen Konventionen und ihre provozierenden Reden geht der Name Kynismus (später Zynismus) zurück.

Leviathan: Ursprünglich ein im Buch Hiob erwähntes Seeungeheuer. Hobbes wählt in seinem gleichnamigen Werk (1651) den L. als Allegorie eines mächtigen Staatswesens; er geht davon aus, daß die Menschen ihre individuelle Macht einer regulierenden, das Machstreben Einzelner aufhaltenden Gruppe von Menschen, d. h. einem allmächtigen Staat übertragen.

Logik: Vernunft- und Denklehre. Als Wissenschaft von den Bedingungen formaler Richtigkeit und Ordnung des Denkens stellt die L. Regeln für die Folgerungen zwischen Aussagen bereit. In der Philosophie haben sich vier Grundformen der L. herausgebildet: 1. die von Aristoteles und der *Stoa* vorbereitete, im Mittelalter weiter geführte formale L., die die obersten Grundsätze der *Syllogistik* aufstellt: (I) Satz von der Identität, (II) Satz vom Widerspruch, (III) Satz vom ausgeschlossenen Dritten und (IV) Satz vom zureichenden Grund; 2. die transzendentale L. Kants, die darauf abzielt, die Begriffe von Gegenständen als Bedingung möglicher Erkenntnis auszuweisen; 3. Hegels dialektische L., die die L. des Geistes in der dialektischen Entwicklung der Natur des Menschen und der Geschichte herausarbeitet; 4. die von Leibniz geprägte mathematische L., die nach dem Vorbild der mathematischen Zeichen Begriffsverhältnisse durch eindeutige Zeichen darzustellen sucht, und mit diesen algebraisch rechnet.

Logos (griech. Wort, Sprache, Vernunft): Das in der Rede sich äußernde, rationale Vermögen. Zentraler Wertbegriff der griechischen Philosophie. L. gilt zum einen als die Wahrheitsdarstellung in geordeter Form, zum anderen (bei Heraklit und den Stoikern) als alle *Ideen* in sich vereinigende Weltvernunft. Im Christentum schließlich wird L. als Gottes Wort und Schöpferkraft aufgefaßt.

Marxismus: Sozialistische Theorie, die Karl Marx (1818–1883) im Rückgriff auf die Hegelsche *Dialektik* und den *Materialismus* Feuerbachs entwickelt. Aufgrund der ökonomischen Widersprüche zwischen der herrschenden Klasse (Kapitalisten) und der zunehmend verelenden Klasse der Arbeiter (Proletariat) prophezeit der M. einen offenen Klassenkampf, aus dem mit dialektischer Notwendigkeit die klassenlose Gesellschaft hervorgeht.

Materialismus: Philosophische Richtung, die *Materie* bzw. materielle Vorgänge als Grundursache allen Seins und aller Bewußtseinserscheinungen auffaßt. Für den M. ist Materie die einzige, universale *Substanz*, alle Erklärungen werden auf ihre naturwissenschaftlichen Gesetze bezogen. In der Antike waren zuerst die *Atomisten* (Demokrit, Epikur, Leukipp) Vertreter des M. Erneuten Aufschwung erlebte er durch Diderot, Lamettrie und Holbach in der französischen Aufklärung. Marx versteht den M. anders; Sein und Bewußtsein stehen für ihn in einem dialektischen Verhältnis, wobei er das Bewußtsein des Menschen in erster Linie als ein Produkt seines materiellen Seins, d. h. der jeweiligen Produktionsverhältnisse ansieht, in denen er steht.

Materie (lat. materia = Stoff, Grundstoff): M. ist das lateinische Wort für griech. „hyle", jene ungestaltete Ursubstanz, die Aristoteles noch streng von den Möglichkeiten ihrer Form trennt. Descartes hält die M. für eine ausgedehnte *Substanz* (*res extensa*) im Unterschied zur denkenden Substanz (*res cogitans*). Für die *Erkenntnistheorie* ist M. dasjenige an den Dingen, was sie zu räumlich abgegrenzten, wahrnehmbaren Körpern macht.

Metaphysik (griech. meta = hinter; physis = Natur): Oberbegriff, der eine Vielzahl philosophischer Disziplinen versammelt, darunter *Ontologie*, Kosmologie und philosophische Theologie. Das Wort M. (von ta meta ta physika) bezeichnet ursprünglich vierzehn Bücher, die hinter die Physik von Aristoteles geordnet waren. Diese editorische Anordnung entspricht zwar der Folge des aristotelischen Erkenntnisweges, von den sinnlich wahrnehmbaren Gegenständen zu den übersinnlichen; indem Aristoteles sie aber als Wissenschaft von den ersten Ursachen definiert, gehört die M. zum Anfang der Philosophie. Sie fragt nach dem die Natur übersteigenden *Sein*, nach dem Sein des Seienden. über die genuin metaphysische Frage nach den Seinsgründen gelangt die M. unter anderem zu der Frage nach Gott, als dem höchsten Seienden.

Methodischer Zweifel ist das systematische Infragestellen nicht geprüfter Annahmen, das auf einen letztgültigen, unbezweifelbaren Wahrheitskern zielt. Descartes gelangt durch den meth. Zweifel zu der Gewißheit der eigenen Existenz. (siehe *Bewußtsein*)

Monade (griech. monas = Einheit): Monade bezeichnet in der Philosophie das Einfache, Unteilbare; für Platon sind es die unwandelbaren *Ideen*; Epikur und Demokrit fassen darunter die Atome. Monaden stehen im Zentrum der Leibnizschen Philosophie; in seiner Monadologie (1714) begreift Leibniz die Monaden als immaterielle, in sich geschlossene Kraftzentren, aus denen sich die Weltsubstanz zusammensetzt.

Monismus (griech. monos = einzig, allein): Ein philosophisches System, das (im Gegensatz zum Pluralismus) die Entstehung der Welt und die Wirklichkeit auf ein einziges Prinzip, auf nur eine Ursubstanz zurückführt.

Mythos: Der Begriff M. umfaßt den gesamten Überlieferungszusammenhang einer Kulturgemeinschaft in Erzählungen, Götter- und Heldengeschichten oder (meist) vermenschlichten Vorgängen in der Natur. Während *Logos* die Funktion hat, die Wirklichkeit darzustellen, wie sie ist, erhebt der M. keinen Anspruch auf Wahrhaftigkeit.
Platon sieht im M. das ungesicherte, „kindische" Wissen der Vorzeit, eine Art Vorstufe der Philosophie.

Negation (lat. Verneinung, Entgegensetzung): Die Verneinung einer Aussage. In Hegels *Dialektik* ist die Antithese die N. der These. Die Synthese geht wiederum als Negation der Antithese hervor, deswegen auch „Negation der Negation".

Neuplatonismus: Von Plotin begründete, philosophische Richtung der Spätantike (3.–5. Jh.), die Platons Lehren, insbesondere seine Ideenlehre erneuert und weiterführt. Für den N. gehen alle „niedere" Wesensbegriffe in hierarchischen Stufenabfolgen aus dem „Einen", den höheren Seinsstufen (Hypostasen) hervor, ohne daß das „Eine" an *Substanz* verliert (Emanationssystem).

Nihilismus (lat. nihil = nichts): Standpunkt der Verneinung. Der N. bestreitet die Möglichkeit und den Nutzen jeder Erkenntnis, die Gültigkeit irgendeiner Wahrheit oder moralischer Werte. Augustinus nannte die an nichts Glaubenden „nihilisti"; später wurden Ketzer, die nichts oder falsch glaubten als „Nihilianista" bezeichnet. Nietzsche versteht den N. als Zustand der Sinnlosigkeit, als Entwertung der obersten Werte.

Nominalismus: Philosophische Lehre, vornehmlich der *Scholastik*. Die Nominalisten sind der Meinung, daß die allgemeinen Begriffe, die Universalien, in Wahrheit nur Namen (nomina) sind. Sie sind lediglich Benennungen der Dinge, die nicht Wirkliches repräsentieren. Der N. löst damit den mittelalterlichen *Universalienstreit* aus.

Nous, Nus (griech. = Vernunft, Geist): Anaxagoras (500–428 v. Chr.) stellt N. als das lenkende, weltordnende Prinzip dar. Platon versteht darunter die „denkende Seele"; Aristoteles das menschliche Vermögen sinnlicher Wahrnehmung und den Verstand.

Ontologie (griech. on = Sein; logos = Lehre): Seinslehre oder Lehre von den allgemeinen Seinsbegriffen. Die philosophischen Ontologien gehören der *Metaphysik* an; sie stellen angefangen von den *Vorsokratikern* bis zu Kant und Hegel die Frage nach dem Seienden im Ganzen. Husserls phänomenologische O. begreift das *Sein* des Seienden erstmals als das Sich-zeigende. In Heideggers Existenzialanalyse zeichnet sich das Dasein gegenüber anderem Seienden als dasjenige aus, dem es in seinem Sein um dieses Sein selbst geht; die Fundamentalontologie versteht Heidegger als eine *Hermeneutik* des Daseins, die nach dem Sinn von Sein fragt.

Organon (griech. = Werkzeug): Aristoteles spricht von dem Verstand als dem O. der Seele. Später wird O. zum Titel und Sammelbegriff all seiner logischen Schriften. F. Bacon entwickelt in seinem „Novum Organon" (1620) eine analytische, induktive Methode der naturwissenschaftlichen Erkenntnis, die ihre Begriffe und *Axiome* von den Dingen ableitet.

Pantheismus (griech. pan = alles; thes = Gott): Allgottlehre. Theologisch-philosophische Anschauung, nach der Gott in allen Dingen gegenwärtig ist. Ein von J. Toland (1705) geprägter Begriff, der die Trennung von Gott und Schöpfungsnatur aufhebt und Gott in der Gesamtheit der Dinge erkennt.

Paradoxon (griech. para = wider, dxa = Meinung, Erwartung): Das antike P. ist eine Aussage, die dem all gemeinen Verständnis zuwiderläuft und (scheinbar) widersinnig ist; so beruht das berühmte Zenonsche P. von Achillis und der Schildkröte darauf, daß eine unendliche Reihe von Bewegungsakten nicht abschließbar ist; ein von der *Stoa* geprägtes P. „Allein der Weise ist reich" löst sich auf, wenn man „reich" nicht als „viel besitzen", sondern als „nichts bedürfen" definiert. In der *Logik* sind Paradoxien widersprüchliche Aussagen, die nicht aufzulösen sind; so fällt der Satz „Alle Kreter lügen, sagt ein Kreter" oder Sokrates' berühmter Ausspruch „Ich weiß, daß ich nichts weiß" immer wieder auf sich selbst zurück.

Peripatos: Name der von Aristoteles gegründeten Schule, die nach dem gleichnamigen Wandelgang des Lykeion benannt wurde; die ihr folgenden Aristoteliker (u. a. Theorphrastos, Eudemos, Aristoxenos Straton) heißen Peripatetiker.

Phänomenologie: Erscheinungslehre. Die Ph. fragt nach den Bewußtseinsinhalten, d. h. wie sich die Gegenstände der Erkenntnis darbieten. Hegel versteht unter Ph. die Lehre, die die verschiedenen Etappen der Erscheinungen des Geistes auf dem Weg zum reinen Wissen nachzeichnet: von der sinnlichen Naivität, Sittlichkeit, Kunst, Religion, Wissenschaft, Philosophie bis zum absoluten Geist. Für Husserl ist Ph. ein Methodenbegriff; mit der Forschungsmaxime „Zu den Sachen selbst!" will sie durch Analyse der intentionalen Bewußtseinsakte philosophische Erkenntnisse gewinnen, indem sie auf das schaut, was dem reflexiv-schauenden Blick gegeben ist (*Bewußtsein*).

Positivismus: Wissenschaftlich-philosophischer Standpunkt, der Erkenntnisse nur auf faktische Tatsachen, sinnliche Wahrnehmung und Erfahrung gründet und jede *Metaphysik* ablehnt. A. Comte formuliert 1844 („Discour sur l'esprit positif") die Prinzipien des P.; danach sind als Gegenstand der positiven Wissenschaft allein Tatsachen zulässig. Es geht dem P. nicht um Wahrheit, sondern um intersubjektive Gewißheit und die Rückbindung der gewonnenen Erkenntnisse an gesicherte Theorien. *Sein* und *Bewußtsein* sind für den P. nicht identisch, das menschliche Wissen vielmehr relativ und unabgeschlossen.

Postmoderne: Der Begriff gilt zur Bezeichnung neuerer Theoriebildungen der Philosophie der Gegenwart. Verwendet wurde er von Jean F. Lyotard. P. Philosophen wenden sich gegen die Auffassung einer objektiven *Erkenntnistheorie* und halten das menschliche Wissen für historisch bedingt und zufällg. Repräsentiert wird die P. u. a. durch die Arbeiten von Lyotard, Derrida, Foucault.

Potentia (lat. = Können, Vermögen): Die *Scholastik* versteht unter P. das Wesen eines Seienden. Mit Bezug auf die aristotelische Unterscheidung von dynamis-*energeia* ist P. die der Substanz innewohnende Möglichkeit, zu einem ihr gemäßen Sein zu gelangen.

Pragmatismus (griech. pragma = Handlung): Eine maßgeblich von Peirce, James und Dewey entwickelte Philosophie, die Theorien im Hinblick auf ihre praktische Relevanz für menschliches Handeln prüft und bewertet. Für den P. richtet sich der Bedeutungsgehalt eines Begriffs nach der Gesamtheit aller möglicher Handlungsweisen, die unter verschiedenen Umständen aus ihm folgen können. Als „wahr" im Sinne des P. gilt, was verifizierbar und praktikabel ist und von der Forschungsgemeinschaft angenommen wird.

Rationalismus (lat. ratio = Vernunft): Der R. umfaßt jede philosophische Position, die Erkenntnisse vorrangig aus dem vernünftigen Denken ableitet. Damit steht der R. im Gegensatz zum *Empirismus* und *Sensualismus*, denn er sucht unabhängig von aller Erfahrung und nach dem Vorbild der Mathematik ein universales System von Begriffen, Urteilen und Schlüssen aufzustellen. Es finden sich rationalistische Ansätze schon bei den Eleaten und bei Platon; der R. ist aber vor allem die klassische Denkweise der *Aufklärung* (Descartes, Spinoza, Leibniz).

Realismus (lat. res = Sache, Ding): Der R. knüpft an Platons Ideenlehre an und behauptet, die allgemeinen Begriffe (Universalien) seien vor den Dingen und außerhalb des Bewußtsein vorhanden, und zwar als ewige Ideen in Gott und als angeborene im menschlichen Geist. Als führende Auffassung der *Scholastik* steht der R. damit im Gegensatz zum *Nominalismus*. In der Neuzeit vertritt der R. den (naturwissenschaftlichen) Standpunkt, daß es eine von uns unabhängige Wirklichkeit gibt, die wir mittels sinnlicher Wahrnehmung und Verstand erfassen können.

Realität (lat. realitas = Dinglichkeit, Wirklichkeit): Vom Denken unabhängige Wirklichkeit. In der *Metaphysik* das objektive Dahinter des Vorgestellten. Bei Kant ist R. eine der *Kategorien* der Qualität.

Res cogitans, res extensa (lat. = denkende Substanz, ausgedehnte Substanz): Körperliches und Geistiges sind für Descartes zwei verschiedene Substanzen (res); er stellt dem materiellen, ausgedehnten *Sein* (res extensa) ein immaterielles, nicht ausgedehntes Sein (res cogitans) gegenüber (Substanzdualismus). Hieraus geht der Leib-Seele-Dualismus hervor, wonach die Seele den Körper steuert wie ein „Geist in der Maschine".

Rhetorik: Lehre von der Kunst der Rede, ihrem Aufbau, den Ausdrucksmitteln und Stilformen. Gorgias, einer der Sophisten verteidigt die R. gegenüber Sokrates als Streitkunst, während Platon die R. als unphilosophische Schmeichelkunst ablehnt. Aristoteles stellt die R. als Theorie der überzeugenden Argumentation den exakten Wissenschaften zur Seite; Quintilian, der in der Erziehung zum Redner eine sittliche Aufgabe sieht, systematisiert die R. Augustinus will mittels der R. die Auslegung und Verkündung der Heiligen Schrift fördern. Im Mittelalter gehört die R. (zusammen mit Grammatik und *Logik*) zu den sieben freien Künsten (artes liberales).

Scholastik (von lat. schola = Schule): Mittelalterliche Schulphilosophie (9 bis 13. Jh.). In der Sch. steht die Philosophie im Dienste der Theologie; sie hat die Aufgabe, den christlichen Glauben unter Zuhilfenahme aristotelischer und neuplatonischer Lehren zu befestigen. Zu den scholastischen Methoden zählt die Lesung und Kommentierung eines Textes, das Streitgespräch, in dem die Richtigkeit aufgestellter Thesen mit Methoden der *Syllogistik* geprüft wird. Wahrheit im Sinne der Sch. kann nur über kirchliche Autoritäten gefunden werden.

Sein (griech. on, ousia; lat. esse, ens): Die Bedeutungen dieses umstrittenen Grundbegriffs der Philosophie lassen sich in drei Begriffsgruppen teilen: jene die S. als (I) Existenz, (II) als Identität und (III) als logische Beziehung verstehen, die zwischen zwei Begriffen durch die Kopula „sein" ausgedrückt wird. Als einer der ersten definiert Parmenides S. in Abgrenzung von Schein, Werden und Vergehen als das Bleibende, Unvergängliche. Dagegen gibt es für Heraklit kein beharrendes, sondern immer nur ein werdendes S. Aristoteles denkt S. als Sein des Seienden. Die *Ontologie* versteht S. in der Regel als das Existieren von Dingen überhaupt; die Existenzialontologie Heideggers faßt dagegen das S. selbst nicht als ein Seiendes, sondern als ein Entbergungsgeschehen von Seiendem auf.

Semiotik (griech. sema = Zeichen): Zeichentheorie. Die S. untersucht sprachliche Zeichensysteme u. -prozesse. Peirce formuliert neben Saussure die drei wesentlichen Bezugsmöglichkeiten von Zeichen, 1. syntaktisch: die Beziehungen von Zeichen untereinander; 2. semantisch: die Beziehungen zwischen Zeichen und Bezeichnetem; 3. hermeneutisch-pragmatisch: die Beziehung zwischen Zeichen und Interpreten.

Sensualismus (lat. sensus = Empfindung, Sinn): Der S. führt alle Erkenntnis und alles Denken auf Sinnesdaten zurück. Die sensualistische Devise von Locke lautet: „Nichts ist im Verstand, das nicht vorher in den Sinnen gewesen ist." (*Tabula rasa*).

Skeptizismus (griech. skepsis = Prüfen, Untersuchen): Der philosophische S. zieht die Möglichkeit wahrer Erkenntnis ganz oder teilweise in Zweifel. Zu den bekannten Skeptikern zählt neben den Sophisten Protagoras (*Homo-mensura-Satz*) und Gorgias vor allem Pyrrhon von Elis; sein ethischer S. enthält sich jegliche Werturteile, da er der Auffassung ist, daß in Wahrheit nichts gerecht oder ungerecht sein könne.

Sophisten (griech. sophistai = Weisheitslehrer): S. heißen ursprünglich alle nach Weisheit Strebenden. Im 5. Jh. sind S. eine Gruppe von griech. Philosophen (u. a. Protagoras, Gorgias, Hippias), die als Wanderlehrer und meist gegen Bezahlung Unterricht in praktischer Philosophie und *Rhetorik* erteilen.

Sprachphilosophie: Die S. untersucht Wesen, Funktion und Ursprung von natürlichen Sprachen. Dabei fragt sie nach dem Anteil, den Sprache an der Konstitution von Weltwirklichkeit und *Bewußtsein* hat. Für die S. besteht Sprechen nicht nur darin, sprachunabhängige Denk- und Wahrnehmungsinhalte auszudrücken, vielmehr sind die Inhalte immer schon sprachlich konfiguriert. Neben den grundlegenden Untersuchungen Humboldts und Herders ist die S. eine Domände der *analytischen Philosophie* (Russel, Carnap, Wittgenstein, Quine).

Stoa: Philosophenschule, die 300 v. Chr. von Zenon von Kition in Athen gegründet und nach ihrem Versammlungsort, einer Wandelhalle an der *Agora*, benannt wurde. Für die Stoiker ist das Werden und Vergehen der Welt im Plan des göttlichen *Logos* vorgezeichnet; ihr Ideal besteht in einem vernunftgeleiteten, naturgemäßen Leben, das sich von Leidenschaften und Affekten frei hält.

Strukturalismus (lat. structura = Beschaffenheit, Gefüge eines Ganzen): Wissenschaftsmethode (der Linguistik, Literaturwissenschaft, Anthropologie, Psychoanalyse), die die Funktion von Elementen eines übergreifenden Ganzen aus der Struktur, d. h. dem Gesamtaufbau des Systems zu erkennen sucht. Der S. analysiert die symbolischen und sprachlichen Ordnungen, in die er die menschliche Existenz eingelassen sieht.

Substanz (lat. substantia = das Beharrende, das bleibende Für-sich-Stehende): Descartes versteht unter S. dasjenige, das in seiner Existenz von nichts anderem abhängig ist. Dieses Kriterium erfüllen im strengen Sinne nur Gott sowie eingeschränkt die *res cogitans* u. *res extensa*. Spinoza nimmt Gott als einzige und absolute Allsubstanz an; für Kant ist S. nur noch eine dem Subjekt a priori innewohnende Denkform (*Kategorien*), die für das Ding als Erscheinung gilt, das bei allem Wechsel beharrt und dessen Quantum in der Natur weder vermehrt noch vermindert wird.

Tabula rasa (lat. abgeschabte Schreibtafel): Metapher für die menschliche Seele, die noch keine Eindrücke empfangen hat. Bereits Platon u. Aristoteles nennen das Gedächtnis eine Wachstafel; Locke und der *Sensusualismus* vergleichen die Seele mit einem weißen Blatt, das erst durch *Erfahrung* beschrieben wird.

Syllogistik (gr. syllogizesthai = zusammenfügen, folgern): Von Aristoteles begründetes und der *Scholastik* weitergeführtes Regelwerk für formal logische Schlüsse; die S. untersucht, welche Arten von gültigen Schlüssen es gibt. Ein Syllogismus besteht aus mindestens zwei Urteilssätzen und einer *Konklusion*; durch die Unterscheidung in Qualität und Quantität ergeben sich vier Möglichkeiten von Urteilen: allgemein bejahende (alle S sind P), allgemein verneinende (kein S ist P), vereinzelt bejahende (einige S sind P) und vereinzelt verneinende (einige S sind nicht P).

Teleologie (griech. telos = Ziel, Ende): Lehre, wonach alle Geschehnisse, menschliches Handeln, geschichtliche Prozesse und Naturereignisse ziel- und zweckgerichtet sind. Während für Heraklit der *Logos*, für Platon die *Ideen* das höchste Ziel (telos) darstellen, vertreten Aristoteles und die *Scholastik* die Auffassung, daß das Ziel bereits in den Dingen selbst angelegt ist.

Theodizee (griech. theós = Gott, dike = Gerechtigkeit): Leibniz versucht in seinen „Essais de theodicée" (1710) eine Antwort auf die Frage zu liefern, wie ein allmächtiger, gütiger Schöpfergott das Übel und Leiden auf der Welt zulassen kann. Dabei scheint ihm die Unvollkommenheit der Welt als ein notwendiges, metaphysisches Übel; sie ist „die beste aller möglichen Welten", auf der das Übel nicht als Mangel, sondern als Chance zur Vervollkommnung zu deuten sei.

Transzendent (lat. transcendere = übersteigen, -schreiten): In der *Erkenntnistheorie* bezeichnet T. alles, was über die Grenzen des *Bewußtseins* und der *Erfahrung* hinausgeht. T. im Sinne Kants ist alles, was übersinnlich, also über der sinnlichen Erfahrung liegt und nur rational zu erfassen ist, z. B. die Vernunftbegriffe der Freiheit des Willens, des Daseins Gottes und der Unsterblichkeit der Seele.

Transzendental (lat. transcendere = übersteigen, überschreiten): T. nennt Kant in der „Kritik der reinen Vernunft" die Grundbedingung, daß wir die transzendenten Gegenstände, jene, die sich außerhalb jeder sinnlichen Erfahrbarkeit befinden, überhaupt rational erfassen und bestimmen können. T. ist nicht das, was über die sinnliche Erfahrung hinausgeht (*Transzendent*), sondern jede reine Erkenntnis *a priori*, worin keine Empfindung gegeben ist.

Universalienstreit: Bereits im Verhältnis Platon-Aristoteles besteht Streit darüber, ob den allgemeinen Begriffen (Universalien) Wirklichkeit zukommt. In der *Scholastik* trennt diese Streifrage zwei Lager: Für die Realisten, unter ihnen Wilhelm v. Champeaux, exisitiert das Allgemeine unabhängig und vor den Dingen (universalia ante res); für die Nominalisten, u. a. Roscelin v. Compiegne, besteht die Wirklichkeit nur aus Einzeldingen, die allgemeinen Begriffe sind erdachte Namen im Nachhinein (universalia post res).
Eine vorläufige Lösung des U. bietet Abälard, indem er die Universalien in die Dinge verlegt (universalia in rebus); danach entspricht dem Begriff „Mensch" eine in allen Menschen (nicht außerhalb) vorhandene Wirklichkeit des allgemein Menschlichen.

Utilitarismus (lat. utilis = nützlich): Nützlichkeitsphilosophie; der U. betrachtet eine Handlung dann als richtig, wenn sie ebensoviel oder mehr Zuwachs an Nutzen und Glück für alle Betroffenen produziert als irgendeine andere Handlung, und als schlecht, wenn sie das nicht tut. So fordert Bentham 1789 „das größtmögliche Glück für die größtmögliche Zahl von Menschen"; Mill sieht gleichfalls im Lustgewinn das Ziel menschlichen Handelns, bewertet aber die geistigen Freuden höher, als die leiblichen Lustempfindungen.

Vorsokratiker: griech. Philosophen vor Sokrates, deren Denken den Übergang vom *Mythos* zum *Logos* markiert. Dazu zählen (1) die ionischen Naturphilosophen (Thales, Anaximander, Anaximenes); sie fragen nach dem Urstoff, dem alles Seiende zugrunde liegt; (2) Heraklit, der *Sein* als ewiges Werden auffaßt, im Gegensatz dazu (3) Parmenides und die Eleaten, deren *Ontologie* im Seienden gerade das Unveränderliche erkennt, (4) Pythagoras, der in den Zahlen das höchste Prinzip ansetzt, (5) die Atomisten, (6) die Elementarlehren von Empedokles und Anaxagoras, (7) die *Sophisten*.

Vorstellung (lat. representatio): Bewußtseinsbild eines Gegenstandes, das auch in Abwesenheit des Gegenstandes produziert werden kann und auf sinnlicher *Erfahrung* und Erinnerung basiert. Husserl unterscheidet die Tätigkeit des Vorstellens von den Vorstellungsbildern und diese von den Vorstellungsgegenständen, auf die sich die V. bezieht.

Wille: W. ist allgemein die Fähigkeit, sich für oder gegen Handlungen zu entscheiden. Zu einem vollständigen Willensakt gehört 1. das Motiv, so oder anders zu handeln; 2. das eigene Wollen; 3. die eigentliche Willenshandlung. Kant bestimmt den W. als *Kausalität* der Vernunft, als das Vermögen, nach Prinzipien zu handeln; als „freien Wille" bezeichnet er das von subjektiver Willkür befreite Begehren. Schopenhauer, als Vertreter des Voluntarimus, erkennt im W. das Grundprinzip des Seins; der W. steht als selbständige, treibende Kraft des *Bewußtseins* über dem Denken und Fühlen.

Wissenschaftstheorie: Teilgebiet der Philosophie und *Erkenntnistheorie*; die W. ist eine Metatheorie, da sie die Wissenschaft und ihre Methoden selbst zum Gegenstand hat. Zu ihren Aufgaben gehört die Entwicklung eines allgemeingültigen Wissenschaftsbegriffes sowie die Überprüfung der angewandten Methoden auf ihre Begründbarkeit, Zuverlässigkeit und Widerspruchsfreiheit.

NAMENSREGISTER

Kursiv gestellte Begriffe verweisen auf Erklärungen im Begriffsregister

Abälard, Peter (1079 Le Pallet–21.4.1142 Chalon-sur-Saône): Theologe und Philosoph, der durch seine Arbeiten auf dem Gebiet der *Erkenntnistheorie* und *Metaphysik* als Hauptvertreter der *Frühscholastik* gilt. Im *Universalienstreit* nahm er eine vermittelnde Position zwischen Nominalisten und Realisten ein.

Adorno, Theodor W. (11.9.1903 Frankfurt/Main–6.8.1969 Visp/Schweiz): Philosoph, Soziologe, Musiktheoretiker und Komponist. Mitbegründer der kritischen Theorie der *Frankfurter Schule*, der die moderne Massenkultur als Verblendungszusammenhang begreift, der die Herrschaft des Menschen über die äußere und die eigene innere Natur verschleiert.

D'Alembert, Jean (16.11.1717 Paris–29.10.1783 ebd.): Mathematiker, Philosoph und Schriftsteller, der zusammen mit Diderot die „Enzyklopädie", das Lexikon der französischen *Aufklärung*, herausgab.

Anaxagoras (um 500 v. Chr. Klazomenai–428 v. Chr. Lampsakos): Ionischer Naturphilosoph, der als erster den Geist oder die Vernunft (*Nous*) als Prinzip von allem ansah. Als Grundbausteine des Materiellen sah er kleine Partikel an, die durch die göttliche Vernunft zur Welt zusammengefügt werden.

Anaximander (um 610 v. Chr. Milet–um 546 v. Chr. ebd.): Ionischer Naturphilosoph. Prinzip von allem ist für Anaximander nicht mehr das Wasser, wie für seinen Lehrer Thales, sondern das Unbegrenzte (Apeiron), aus dem die Erde durch eine Wirbelbewegung hervorgegangen ist.

Anaximenes (um 585 v. Chr. Milet–um 546 v. Chr. ebd.): Ionischer Naturphilosoph. Für Anaximenes ist das Prinzip von allem die Luft, die in verschiedenen Zuständen wie Wind, Wolken, Wasser, Erde, Stein vorliegt.

Arendt, Hannah (14.10.1906 Hannover–4.12.1975 New York): Deutsch-amerikanische Philosophin und Politikwissenschaftlerin, die das Politische als öffentlichen Raum begreift, innerhalb dessen Kooperation unter Bürgern erst möglich wird. Diesen Raum sieht sie in der Moderne durch die Ausbreitung der Wirtschaft in immer weitere Lebensbereiche bedroht.

Aristoteles (384 v. Chr. Stageira–322 v. Chr. Chalkis): Philosoph und Universalgelehrter der klassischen Antike. Sein umfangreiches Werk, in dem er Unterscheidungen und Begriffsprägungen vornimmt, die unser Denken bis heute formen, wurde zur Grundlage der abendländischen Philosophie.

Augustinus, Aurelius (13.11.354 Tagaste–28.8.430 Hippo): Bischof und Kirchenlehrer, dessen theologisches Denken von der Bedeutung der kirchlichen Gemeinschaft für den Menschen geprägt war. Geschichtsphilosophisch denkt er die Zeit nicht mehr wie die Antike als zyklische Wiederkehr des Gleichen sondern linear als eine Abfolge von sechs heilsgeschichtlichen Stadien bis zum jüngsten Tag.

Bergson, Henri (18.10.1859 Paris –4.1.1941 ebd.): Hauptvertreter der Lebensphilosophie in Frankreich, der das Prinzip der naturwissenschaftlichen Vernunft, das er für starr und lebensfeindlich hielt, verwarf, um ihm das organische Fließen der Zeit und den élan vital, den Impuls des Lebens, gegenüberzustellen.

Berkeley, George (12.3.1685 Kilkenny–14.1.1753 Oxford): Vertreter des englischen *Empirismus*, der alle *Erfahrung* auf Sinneseindrücke zurückführt. Er radikalisiert den *Empirismus* zu einem *Idealismus*, der die Existenz einer bewußtseinsunabhängigen Außenwelt leugnet. Für Berkeley existiert nur das, was auch wahrgenommen wird.

Bloch, Ernst (8.7.1885 Ludwigshafen–4.8.1977 Tübingen): Marxistischer Philosoph, der das „Prinzip Hoffnung" in den Mittelpunkt seines Denkens stellt. Die Kategorie des Noch-nicht-Seins beschreibt dabei jene Utopie eines Weltzustandes, in dem alle in den Menschen und Dingen angelegten Möglichkeiten vollständig entwickelt sein werden.

Bacon, Francis (22.1.1561 London–9.4.1626 Highgate): Begründer des neuzeitlichen Verständnisses von Wissenschaft, die nach Bacon ihr Wissen empirisch, also durch Beobachtung, nicht deduktiv, durch Ableitung aus höheren Prinzipien, gewinnen sollte. Dadurch werde eine Unterwerfung der Natur und eine friedliche Gesellschaft, die die Bedürfnisse aller befriedigen kann, möglich: „Wissen ist Macht".

Benjamin, Walter (15.7.1892 Berlin–26.9.1940 Port Bou/Spanien): Marxistischer Philosoph und Kulturkritiker, der die scharfsichtige Analyse ästhetischer Erfahrungen mit einer tiefen Fortschrittsskepsis verbindet, indem er sich Denkfiguren der jüdischen Mystik bedient. Er nahm sich auf der Flucht vor den Nationalsozialisten das Leben.

Bruno, Giordano (1548 Nola/Neapel–17.2.1600 Rom): Naturphilosoph, der wegen seiner Behauptung, aus der Unendlichkeit Gottes folge die Unendlichkeit des Universums, auf dem Scheiterhaufen verbrannt wurde.

Camus, Albert (7.11.1913 Mondovi/Algerien–4.1.1960 bei Villeblevin): Französischer Philosoph und Schriftsteller, der als Vertreter des *Existentialismus* die Absurdität der menschlichen Existenz hervorhebt, die darin besteht, daß der Mensch immer von Neuem versucht, seiner Existenz einen Sinn abzugewinnen, auch wenn er weiß, daß dieser Versuch in der sinnentleerten Welt zum Scheitern verurteilt ist.

Carnap, Rudolf (18.5.1891 Wuppertal–14.9.1970 Santa Monica, Cal.): Deutsch-amerikanischer Sprachphilosoph und Wissenschaftstheoretiker, der als Hauptvertreter des logischen *Positivismus* versuchte, die gesamte Erfahrung auf elementare Beobachtungen zurückzuführen, aus denen sich eine Einheitswissenschaft aufbauen läßt. Alle anderen philsophischen Probleme erklärt er zu Scheinproblemen.

Davidson, Donald (* 6.3. 1917 Springfield, Ill.): Sprachanalytischer Philosoph, der dem wechselseitigen Interpretieren sprachlicher Ausdrücke durch die Sprecher einer Sprache einen zentralen Stellenwert für die Erklärung sprachlicher Bedeutung gibt.

Derrida, Jacques (* 15.7.1930 El Biar/Algerien): Hauptvertreter des philosophischen Dekonstruktivismus. Für ihn ist die abendländische Philosophie von einem Phonozentrismus geprägt, einer Bevorzugung des gesprochenen Wortes gegenüber der Schrift. Dies äußert sich in einem Logozentrismus, einer Fixierung auf die Vernunft, die Derrida als Irrweg des Denkens ansieht, das es von innen heraus zu „dekonstruieren" gelte.

Demokrit (470 v. Chr. Abdera–um 380 v. Chr.): Hauptvertreter des antiken Atomismus, der davon ausgeht, daß alles, was ist, aus kleinsten gleichartigen Teilchen zusammengesetzt ist, die sich in einem stetigen Fall befinden. Durch Abweichung von der geraden Fallinie kommt es zu Turbulenzen, aus denen die wahrnehmbaren Gegenstände entstehen.

Descartes, René (31.3.1596 La Haye-Descartes–11.2.1650 Stockholm): Begründer der neuzeitlichen rationalistischen Philosophie. Aus dem methodischen Zweifel an der Existenz der Außenwelt ergibt sich für Descartes die Gewißheit der eigenen Existenz: „Ich denke, also bin ich". Daneben gibt es die ausgedehnten Dinge, während Gott als dritte *Substanz* die Erkennbarkeit der Außenwelt garantiert.

Dewey, John (20.10.1859 Burlington, Vt–1.6.1952 New York): Vertreter des amerikanischen *Pragmatismus*, der die Rolle des aktiven Eingreifens in die Wirklichkeit bei der Gewinnung von Erkenntnis betonte und auch als Theoretiker der Demokratie und als Bildungsreformer in den USA einen großen Einfluß besaß.

Dilthey, Wilhelm (19.11.1833 Biebrich–1.10.1911 Seis/Bozen): Hauptvertreter der deutschen Lebensphilosophie. Dilthey bemühte sich vor allem um eine Grundlegung der verstehenden Geisteswissenschaften, die sich für ihn von den erklärenden Naturwissenschaften dadurch unterscheiden, daß sich der Geisteswissenschaftler nacherlebend in seinen Gegenstand, nämlich menschliche Lebensäußerungen, hineinversetzen muß.

Duns Scotus, Johannes (um 1265/66 Maxton/Schottland–8.11.1308 Köln): Scholastischer Philosoph, der versuchte, die Traditionslinien von Aristoteles und Augustinus zusammenzuführen. Er lehrte, daß dem Willen, nicht dem Intellekt, die Vorrangstellung vor allem in der *Ethik* zukomme.

Empedokles (483/82 v. Chr. Agrigent– 430/20 v. Chr.): Wanderprediger und Philosoph, der die vier Elemente, die sich durch Liebe und Haß anziehen und abstoßen, als Prinzip von allem ansah.

Epikur (341v. Chr. Samos–270 v. Chr. Athen): Begründer des auch als *Epikureismus* bezeichneten Spielart des *Hedonismus*, der das Vermeiden von Schmerzen und das Erlangen von Lust in den Mittelpunkt der Lehre vom richtigen Leben stellt.

Feuerbach, Ludwig (28.7.1804 Landshut–13.9.1872 Nürnberg): Vertreter des Linkshegelianismus. In der Auseinandersetzung mit Hegels Philosophie des absoluten Geistes begreift Feuerbach das Einzelwesen als das einzig Reale. In seiner Religionskritik entlarvt er Gott als Projektion menschlicher Wunschvorstellungen.

Fichte, Johann Gottlieb (19.5.1762 Rammenau– 29.1.1814 Berlin): Begründer des deutschen *Idealismus*. Ausgehend von der Philosophie Kants versucht er die gesamte Wirklichkeit als Konstruktion des Selbstbewußtseins zu deuten, das sich so auf sich selbst bezieht, das es sich von sich unterscheidet, indem es sich erkennt. Diese Unterscheidung von Erkennendem und Erkanntem begreift er als Handlung, in der sich das selbstbewußte Subjekt konstituiert.

Foucault, Michel (15.10.1926 Poitiers–25.6.1984 Paris): Hauptvertreter des philosophischen *Strukturalismus*. Foucault begreift das moderne

Subjekt als Produkt eines anonymen Prozesses, durch den die seit dem 18. Jh. entstehenden Wissenschaften vom Menschen aus dem menschlichen Geist und Körper ein Objekt der Beobachtung gemacht haben, das von der Macht moderner Anstalten wie Irrenhaus und Gefängnis, Fabrik und Schule geformt wird.

Frege, Gottlob (8.11.1848 Wismar –26.7.1925 Bad Kleinen): Mathematiker und Logiker, der die formale *Logik* entwickelte, mit deren Hilfe sich angeben läßt, auf welche Weise die Wahrheit von zusammengesetzten Aussagen von der Wahrheit ihrer Teilaussagen abhängt. Zudem zeigte er, daß sich Begriffe als mathematische Klassen von Gegenständen darstellen lassen.

Gadamer, Hans-Georg (* 11.2. 1900 Marburg): Vertreter der philosophischen *Hermeneutik*, der versucht, ein den geisteswissenschaftlichen Verstehensbegriff als zentrales Element der Grundverfassung des menschlichen Daseins auszuweisen.

Gehlen, Arnold (29.1.1904 Leipzig –30.1.1976 Hamburg): Hauptvertreter der philosophischen Anthropologie. Gehlen charakterisiert den Menschen als Mängelwesen, das seine im Vergleich mit anderen Tieren unterlegene natürliche Ausstattung an Körperkraft, Instinkt und Wahrnehmung dadurch kompensieren muß, daß es eine Fähigkeit zum überlegten Handeln ausbildet.

Habermas, Jürgen (* 18.6.1929 Düsseldorf): Philosoph und Soziologe, der heute die Tradition der *Frankfurter Schule* weiterführt. Dabei versucht er die kritischen Impulse der marxistischen Gesellschaftstheorie mit dem Selbstverständnis demokratischer Rechtsstaaten so zu verbinden, daß sich die legitime Grenze zwischen dem System von Staatsapparat und Wirtschaft und der kommunikativen Lebenswelt angeben läßt.

Hegel, Georg Wilhelm Friedrich (27.8.1770 Stuttgart–14.11.1831 Berlin): Hauptvertreter des deutschen *Idealismus*. In seinem System stellt Hegel das Weltganze als Entfaltung des Geistes dar. Diese Entfaltung verläuft dialektisch, das heißt jede Manifestation des Geistes treibt aus sich einen Widerspruch hervor – die Negation der Manifestation. Der Widerspruch hebt sich dann so selbst auf, daß die Negation in der neuen, höheren Manifestation enthalten bleibt und sie dadurch konkreter macht.

Heidegger, Martin (26.9.1889 Meßkirch–26.5.1976 Freiburg): Hauptvertreter des deutschen *Existentialismus*. Er charakterisiert die menschliche Existenz als geworfenen Entwurf, als etwas, das sich in einer Umwelt vorfindet, die sie sich nicht ausgesucht hat, die sie jedoch auf eine ungewisse Zukunft hin überschreiten muß. In seinem Spätwerk macht er die abendländische Rationalität für eine Abwesenheit des Seins verantwortlich.

Heraklit (um 550 v. Chr. Ephesos –um 480 v. Chr. ebd.): Vertreter der ionischen Naturphilosophie, der das Feuer als Prinzip von allem betrachtete. Er richtet sich insbesondere gegen die eleatische Auffassung, das *Sein* sei unbeweglich. Dabei geht er davon aus, daß sich die Wirklichkeit in einem ständigen Fluß befindet.

Hobbes, Thomas (5.4.1588 Westport/Bristol–4.12.1679 Chesterfield): Philosoph und Staatstheoretiker, der auf der Basis einer materialistischen *Erkenntnistheorie* und Anthropologie einen impliziten Gesellschaftsvertrag zur Grundlage der Legitimität des neuzeitlichen Staates macht, der den Kampf aller gegen alle verhindern soll.

Horkheimer, Max (14.2.1895 Stuttgart–7.7.1973 Nürnberg): Philosoph und Soziologe, der als Leiter des Frankfurter Instituts für Sozialforschung eine marxistisch inspirierte kritische Gesellschaftstheorie mit empirischer Sozialforschung verbindet.

Hume, David (7.5.1711 Edinburgh –25.8.1776 ebd.): Vertreter eines extremen erkenntnistheoretischen *Empirismus*, der versuchte, alle Erkenntnis auf unmittelbare Sinneseindrücke (impressions) und deren (begriffliche) Abbilder (ideas) zurückzuführen.

Husserl, Edmund (8.4.1859 Proßnitz–26.4.1938 Freiburg): Begründer der *Phänomenologie*, der die Philosophie als exakte Wissenschaft des reinen Bewußtseins neu begründen wollte und dabei vor allem die Intentionalität oder Gerichtetheit des Bewußtseins herausstellte.

Jaspers, Karl (23.2.1883 Oldenburg–26.2.1969 Basel) Psychiater und Philosoph. Vertreter der Existenzphilosophie, für den die menschliche Existenz gemeinsam mit dem „Umgreifenden", das sie umschließt, vor allem in „Grenzsituationen" von Scheitern, Schuld und Tod erfahrbar wird. Dagegen realisiert sich in der Kommunikation mit anderen die menschliche Freiheit am vollkommensten.

Kant, Immanuel (22.4.1724 Königsberg–12.2.1804 ebd.): Begründer der modernen, kritischen Philosophie und Wegbereiter des deutschen *Idealismus*, der sich der Grenzen und Möglichkeiten von *Metaphysik* und *Ethik* vergewisserte, indem er die Bedingungen der Möglichkeit von *Erfahrung* und Handeln untersuchte.

Kierkegaard, Sören (5.5.1813 Kopenhagen–11.11.1855 ebd.): Philosoph und Theologe. Begründer der Existenzphilosophie, der sich der Verzweiflung und Angst des Menschen angesichts eines sich verbergenden Gottes in aller Radikalität aussetzte.

Leibniz, Gottfried Wilhelm (1.7.1646 Leipzig–14.11.1716 Hannover): Philosoph und Universalgelehrter, der mit seiner *Monadenlehre* der modernen Naturwissenschaft eine ontologische Basis geben und mit der Lehre von der prästabilierten Harmonie das Leib-Seele-Problem lösen wollte.

Lévi-Strauss, Claude (* 28.11. 1908 Brüssel): Ethnologe, der den sprachwissenschaftlichen *Strukturalismus* in die Sozialwissenschaften einführte, indem er die Verwandschaftsbeziehungen primitiver Gesellschaften als sprachanaloge Struktur auffaßte.

Levinas, Emmanuel (30.12.1905 Kaunas–1995 Paris): Phänomenologe, der sich vor allem mit einer Grundlegung der *Ethik* befaßte. Dabei sieht er im Blick des anderen eine Instanz, die uns zu einer unendlichen Verantwortung verpflichtet.

Locke, John (29.8.1632 Wrington/Bristol–28.10.1704 Oates, Essex): Begründer des englischen *Empirismus*. Nichts kann im Geist sein, das nicht durch die Sinne hereingekommen ist. Als politischer Philosoph machte er Gleichheit, Freiheit und die Unverletzlichkeit der Person zu den höchsten Gütern, aus denen er auch eine liberale Wirtschaftsordnung begründete.

Lukács, Georg (13.4.1885 Budapest–4.6.1971 ebd.): Marxistischer Philosoph, der die Rationalisierung der modernen Gesellschaft als Prozeß der Verdinglichung betrachtet, in dem soziale Verhältnisse zwischen Menschen immer stärker wie Verhältnisse zu Dingen gesehen werden. Die Verdinglichung hat ihre Ursache in der Tatsache, daß die Arbeit im kapitalistischen Wirtschaftssystem zur Ware wird, die der Arbeiter gegen Lohn verkauft und damit von sich als lebendigem Wesen abspaltet.

Lukrez (um 97 v. Chr.–10.10.55 v. Chr.): Dichter und Philosoph, der in seinem philosophischen Lehrgedicht die Naturphilosophie des materialistischen Epikureanismus darstellt, nach dem alles nach Naturgesetzen aus dem Zusammenwirken von Atomen erklärt werden könne. Dies soll auch eine Lebensführung ermöglichen, die frei ist von Furcht vor den Göttern oder dem Schicksal.

Machiavelli, Niccolò (3.5.1469 Florenz–22.6.1527 ebd.): Begründer der neuzeitlichen politischen Philosophie. In seinen Werken beschreibt er Techniken des Machterwerbs und Machterhalts, die zur Gewährleistung der öffentlichen Ordnung notwendig sind, unabhängig davon, ob die Regierung legitim ist oder nicht.

Marcuse, Herbert (19.7.1898 Berlin–29.7.1979 Starnberg): Sozialphilosoph und Mitglied der *Frankfurter Schule*. Er untersuchte vor allem die psychischen Auswirkungen des Kapitalismus auf den Menschen und begründete die Hoffnung auf eine Revolution mit der Erwartung eines Aufstandes gegen die Triebunterdrückung durch die herrschende Sexualmoral.

Mark Aurel (26.4.121 Rom–17.3.180 Wien): Hauptvertreter der stoischen Philosophie und römischer Kaiser. Die vollständige Unabhängigkeit von äußeren Verhältnissen soll es dem Stoiker erlauben, einen Zustand der Seelenruhe zu erreichen.

Marx, Karl (5.5.1818 Trier–14.3.1883 London): Als Linkshegelianer begreift Marx die Weltgeschichte als Fortschritt, der einer dialektischen Logik folgt. Allerdings ist es nicht die Selbstverwirklichung des Geistes, die sich dabei abspielt, sondern die Entfaltung der Produktivkräfte. In der Moderne bildet sich dabei das kapitalistische Produktionsverhältnis heraus, das Krisentendenzen hervorbringt, die es zur Aufhebung einer neuen Gesellschaftsformation treiben.

Merleau-Ponty, Maurice (14.3.1908 Rochefort-sur-Mer–3.5.1961 Paris): Französischer Phänomenologe, der in den verschiedensten menschlichen Lebensvollzügen die Leibgebundenheit der Vernunft herausarbeitet. Insbesondere in seiner *Phänomenologie* der Wahrnehmung zeigt er, daß die Möglichkeit des praktischen Eingreifens des Menschen in die Welt seine Wahrnehmung strukturiert.

Mill, John Stuart (20.5.1806 London–8.5.1873 Avignon): Vertreter des englischen *Utilitarismus*, nach dem eine Handlungsweise genau dann moralisch gerechtfertigt ist, wenn sie die Menge des Nutzens in der Welt vergrößert oder die des Schadens verringert, ganz unabhängi davon, welche Art von Handlungen dafür erforderlich ist. Mill versuchte, die Sozialwissenschaften nach dem Vorbild der Newtonschen Physik zu exakten Wissenschaften zu machen, indem er dafür eine allgemeine Methode entwickelte.

Nietzsche, Friedrich (15.10.1844 Röcken–25.8.1900 Weimar): Nietzsche ist der philosophisch wirkungsmächtigste Kritiker der *Aufklärung*. Er zieht die *Aufklärung* mit dem Argument in Zweifel, daß die Motive, denen sich die Normen der aufgeklärten *Erkenntnistheorie* und *Ethik* verdanken, letztlich im Ressentiment derer wurzeln, die nicht stark oder mutig genug sind, die Herausforderung eines freien Lebens anzunehmen.

Nikolaus von Kues (1401 Kues–11.8.1464 Todi): Mathematiker, Kardinal und Philosoph, der in seinem System die Einheit der Gegensätze von Gott, Engel, Welt und Mensch zusammenfaßt, wobei er bereits neuzeitiche Vorstellungen vom Verhältnis zwischen Gott und Mensch formuliert. Denn es gibt kein klares Wissen von Gott, nur eine gelehrte Unwissenheit.

Parmenides (um 515 v. Chr. Elea–445 v. Chr. ebd.): Begründer der eleatischen Seinslehre. Nach Parmenides gibt es überhaupt keine Veränderung in der Wirklichkeit – alles, was wir dafür halten, ist bloßer Schein. Das wirkliche Sein hingegen ist eine in sich ruhende Kugel, die keinerlei Veränderung kennt.

Peirce, Charles Sanders (10.9.1839 Cambridge/ Mass.–19.4.1914 Milford/ Pa.): Physiker und Philosoph. Begründer des amerikanischen *Pragmatismus*, der zu zeigen versuchte, daß sprachliche Zeichen nur in Handlungszusammenhängen eine Bedeutung zugesprochen werden kann. Peirce ist der Begründer der Konsenstheorie der Wahrheit, nach der ein Konsens aller möglichen Gesprächspartner unter idealen Bedingungen mit der Wahrheit gleichzusetzen ist.

Platon (428/27 v. Chr. Athen–348/47 v. Chr. ebd.): Begründer des *Idealismus* in der Philosophie. Nach Platon ist die Welt, wie wir sie kennen, ein bloßes Abbild der Welt der *Ideen*. So ist etwa die Idee des Pferdes das Vorbild für alle realen Pferde, die in der Welt vorkommen, es überstrahlt sie jedoch an Vollkommenheit. Mit Hilfe der Sinne ist es jedoch nicht möglich, die Ideen zu schauen. Zu diesem Zweck ist ein intellektuelles Schauen erforderlich, das sich aus einer konkreten Anschauung zu deren Idee erhebt.

Plotin (um 205– 270 Minturnae): Hauptvertreter des Neuplatonismus. Plotin entwirft eine Seinshierarchie, an deren Spitze Gott als reiner Geist oder die platonische Idee des Guten steht. Je tiefer ein Gegenstand in der Seinshierarchie steht, umso höher ist der Anteil, den die Materie an ihm hat. Mit der Seinshierarchie ist auch eine Bewertung verknüpft, nach der der reine Geist nur gut und die reine Materie nur schlecht ist.

Popper, Karl (28.7.1902 Wien–17.9.1994 London): Begründer des kritischen Rationalismus. Wissenschaftstheoretisch zeigt Popper, daß der wissenschaftliche Fortschritt nicht als ein Sammeln immer neuer Bestätigungen von Hypothesen zu begreifen ist, sondern vielmer als ein Falsifizieren von Hypothesen. In der politischen Theorie plädiert er für eine offene Gesellschaft, die nicht die Erreichung irgend eines Ziels, sondern nur die Freiheit ihrer Bürger anstrebt.

Pythagoras (um 570 Samos–um 480 Metapont): Mathematiker und Philosoph, der einen Geheimbund von Anhängern um sich scharte, die mit ihm die Zahlen als das Prinzip von allem ansahen.

Quine, Willard van Orman (* 25.6. 1908 Akron,Oh.): Vertreter der sprachanalytischen Philosophie, der die Grundannahmen des logischen *Positivismus* einer radikalen Kritik unterzieht, indem er die Kontextabhängigkeit von sprachlichen Bedeutungen und empirischem Wissen nachweist.

Rawls, John (* 21.2.1921 Baltimore): Hauptvertreter der politischen Theorie der Gegenwart. Als Grundprinzipien einer Theorie der Gerechtigkeit, an der sich staatliche Institutionen messen lassen sollen, sieht er gleiche Freiheit für alle an und materielle Ungleichheit nur für den Fall, daß die Ungleichheit allen nützt.

Roscelin von Compiegne (um 1045 Compiegne– nach 1120 Saint-Martin-de-Tours): Philosoph und Theologe der im *Universalienstreit* die nominalistische Position vertrat, daß nur die Einzeldinge existieren und die Universalien, also die Begriffe, nur Schall und Rauch sind.

Rousseau, Jean-Jacques (28.6.1712 Genf 2.7.1778 Ermenonville): Politischer und Sozialphilosoph, der die Legitimität der Regierung von einem Gesellschaftsvertrag abhängig macht, der garantieren soll, daß im Prozeß der politischen Willensbildung die partikulären Interessen einzelner zu einem Gesamtwillen verschmelzen.

Russell, Bertrand (18.5.1872 Trelleck– 2.2.1970 Plas Penrhyn/ Wales): Mathematiker und Philosoph. Vertreter der sprachanalytischen Philosophie, mit deren Hilfe er normalsprachliche Sätze logisch analysiert. Der breiten Öffentlichkeit ist Russell vor allem als Pazifist und philosophischer Schrifsteller bekannt.

Sartre, Jean-Paul (21.6.1905 Paris –15.4.1980 ebd.): Hauptvertreter des französischen *Existentialismus*. Die menschliche Existenz ist für Sartre durch ihre radikale Freiheit gekennzeichnet. In jedem Augenblick muß der Mensch sich für oder gegen einen bestimmten Lebensentwurf entscheiden und die Verantwortung für diese Entscheidung übernehmen.

Scheler, Max (22.8.1874 München –19.5.1928 Frankfurt/Main): Phänomenologischer Philosoph und Soziologe, der dem Formalismus der Kantischen Ethik eine materiale Wertethik gegenüberstellte und die philosophische Anthropologie begründete, indem er die Stellung des Menschen im Kosmos als Stellung zwischen Geist und Leben charakterisierte.

Schelling, Friedrich Wilhelm (27.1.1775 Leonberg–20.8.1854 Bad Ragaz/Schweiz): Vertreter des deutschen *Idealismus*, der nach gemeinsamen Anfängen von Hegel getrennte Wege verfolgte. Seine Systementwürfe gehen davon aus, daß es ein absolutes Ich gibt, das sich jedoch nicht diskursiv nachweisen, sondern nur in intellektueller Anschauung erblicken läßt. Ist die ursprüngliche Einheit des absoluten Ich einmal zerfallen, so ist es die Aufgabe von Politik und Geschichte, sie wiederherzustellen.

Schopenhauer, Arthur (22.2.1788 Danzig–21.9.1860 Frankfurt/Main): Schopenhauers Denken ist von einer zutiefst pessimistischen Grundhaltung geprägt. Der Mensch erkennt die Welt nur innerhalb seiner Vorstellungen, denen der Wille – ein alles durchdringende Kraft der Natur – zugrunde liegt.

Sokrates (um 470 v. Chr. Athen –399 v. Chr. ebd.): Begründer der klassischen griechischen Philosophie. Von Sokrates gibt es keine Schriften, seine Philosophie lebte in Dialogen, die uns u. a. von seinem Schüler Platon überliefert wurden. Sokrates war – wie die Sophisten – ein Aufklärer, weil er argumentative Begründungen für das forderte, was bis dahin einfach geglaubt worden war.

Spinoza, Baruch de (24.11.1632 Amsterdam–21.2.1677 Den Haag): Vertreter der rationalistischen Philosophie. In Spinozas System gibt es nur eine Substanz, die mit Gott identisch ist. Alles Existierende, materielle Gegenstände wie seelische Gegenstände, bestehen aus dieser Substanz.

Thales von Milet (um 625 v. Chr. Milet–um 547 v. Chr. ebd.): Thales ist der Begründer der ionischen Naturphilosophie und gilt als erster Philosoph überhaupt. In Abgrenzung zum vorherrschenden mythischen Weltbild stellte Thales die Frage nach dem Prinzip, das allem zugrunde liegt.

Thomas von Aquin (1225/26 Aquino–7.3.1274 Fossanova): Scholastischer Philosoph und Kirchenlehrer, der das gesamte philosophische Wissen seiner Zeit in einer „Summe" zusammenfaßte. Dabei verband er die Philosophie des Aristoteles mit der christlichen Offenbarung zu einem Weltbild, das bis in die Einzelheiten hinein exakt durchdacht und durchkonstruiert war.

Voltaire (21.11.1694 Paris–30.5.1778 ebd.): Philosoph der französischen *Aufklärung*. Voltaire schuf kein im engeren Sinne philosophisches Werk, aber sein Kampf gegen Rückständigkeit und Dogmatismus führte dazu, daß Voltaire als einer der wichtigsten Philosophen der französischen *Aufklärung* zählt.

Wilhelm von Champeaux (um 1070 Champeaux–1121/22 Châlons-sur-Marne): Frühscholastischer Theologe, der im *Universalienstreit* die radikale realistische Position bezog, daß nur das Allgemeine existiere. Es gibt also keine Individuen, sondern an einem Menschen ist nur die Menschheit real, nicht das, was ihn zu einem bestimmten Menschen macht.

Wilhelm von Ockham (um 1285 Ockham–nach 1347 München): Vertreter der Spätscholastik, der im *Universalienstreit* eine radikal nominalistische Position einnahm, nach der Begriffe nur Zeichen sind, die in der Seele, nicht aber in der Realität existieren. Ockham schloß die Möglichkeit der Erkenntnis der göttlichen Wahrheit mit den Mitteln der Vernunft aus.

Wittgenstein, Ludwig (26.4.1889 Wien–29.4.1951 Cambridge): Hauptvertreter der neueren *Sprachphilosophie*. Während er zunächst versuchte, eine Idealsprache zu entwickeln, die die Struktur der Welt exakt abbilden sollte, widmete er sich in seinem Spätwerk der philosophischen Untersuchung der Umgangssprache. Dabei ging es ihm darum, philosophische Probleme als Ergebnis eines falschen Sprachgebrauchs zu erkennen und zu beseitigen.

Xenophanes (um 565 v. Chr. Kolophon– um 470 v. Chr. Ela): Begründer der eleatischen Philosophenschule. Kritiker des mythologischen Götterbildes der antiken Griechen. Er wirft der populären Auffassung vom Wesen der Götter vor, daß es diese als Wesen mit Schwächen und Fehlern, also als anthropomorph, als menschähnlich beschreibt und sie damit herabsetzt. Statt dessen glaubte Xenophanes an einen einzigen Gott.

Zenon von Elea (um 490 v. Chr. Elea– um 430 v. Chr. ebd.): Vertreter der eleatischen Philosophie, der versuchte mit Hilfe von Paradoxa (z. B. Achilles und die Schildkröte) die Irrealität jeder Bewegung nachzuweisen und damit die eleatische Auffassung von einem unveränderlich in sich ruhenden *Sein* zu verteidigen.

Zenon von Kition (um 335 v. Chr. Kition– 263 v. Chr. Athen): Begründer der stoischen Philosophie, die Zenon dem Epikureianismus entgegensetzte. Zenon lehrte, daß zu einer guten Lebensführung die vollständige Unabhängigkeit von äußeren Einflüssen zählt. Affekte und Streben nach äußeren Gütern erschüttern nur die Seelenruhe und sind daher abzulehnen.

ABBILDUNGSNACHWEIS

Der Verlag dankt den Archiven und Fotografen für die erteilte Reproduktionsgenehmigung und die freundliche Unterstützung bei der Realisierung des Buches.

© Archiv für Kunst und Geschichte, Berlin: 6, 7, 8 oben und unten, 12 oben (Erich Lessing), 13 (Erich Lessing), 14 (Schütze/Rodemann), 15 unten (Orsi Battaglini), 17 oben (Erich Lessing) und unten, 18 (Erich Lessing), 19 (Erich Lessing), 20, 21 (Cameraphoto), 22 oben und unten, 24, 25 unten, 26 (Erich Lessing), 27 oben (Erich Lessing) und unten, 28 oben und unten, 29, 30, 31 oben (Erich Lessing) und unten, 32, 33, 34 unten, 35, 36 unten, 37, 38, 39 oben und unten, 40 oben und unten, 42, 43 unten (Erich Lessing), 44, 46, 47, 49, 50, 52 oben (Erich Lessing) und unten, 53, 55, 56 (Michael Teller), 57 unten, 58 unten, 59, 60, 61, 62, 63 oben und unten, 64, 66 oben und unten, 67, 68, 70, 71 oben und unten, 72, 74, 76, 77, 78, 79 oben und unten, 80 oben und unten, 81, 82 oben, 86 unten, 87, 88 oben und unten, 89 oben und unten (Erich Lessing), 90, 91 oben (Erich Lessing) und unten, 92, 93, 94, 95 (Weegee), 96, 97 (Erich Lessing), 99, 100, 102 oben und unten, 104, 105 oben, 106, 108 oben, 108 unten (Erich Lessing), 109

© Archivio Fotografico Electa, Mailand: 101 unten

© Bibliothèque nationale de France, Paris: 75

© Bildarchiv Steffens: Mainz: 16

© Bildarchiv Preußischer Kulturbesitz, Berlin 1999: 36 oben, 51, 65, 107 oben

© Bridgeman Art Library, London: 45 (Giraudon/BAL), 58 oben, 73, 111

© Christoph Delius, Aachen: 34 oben

© Descharnes & Descharnes, Paris: 98

© Fotomas Index, West Wickham: 110 oben

© Graphische Sammlung Albertina, Wien: 12 unten

© Hulton Getty Picture Collection, London: 9, 84, 86 oben, 107 unten

© Kepler-Kommission der Bayrischen Akademie der Wissenschaften, München: 10

© Kunsthistorisches Museum, Wien: 15 oben

© Kunstmuseum St. Gallen: 83

© Digne M. Marcovicz, Berlin: 101 oben

© Norman McGrath, New York: 110 unten

© Niedersächsische Landesbibliothek, Hannover: 48 oben und unten

© Photothèque des Musées de la Ville de Paris: 69 (Berthier)

© Scala, Florenz: 8 unten, 11, 23, 25 oben, 85

© Margherita Spiluttini, Wien: 105 unten